PUBERTÄT –
ELTERN-VERANTWORTUNG UND ELTERN-GLÜCK

PRIV.-DOZ. DR. RER. NAT. GABRIELE HAUG-SCHNABEL/
NIKOLAS SCHNABEL

PUBERTÄT –
ELTERN-VERANTWORTUNG
UND ELTERN-GLÜCK

WIE SIE IHR KIND BEIM
ERWACHSENWERDEN BEGLEITEN

OBERSTEBRINK
ELTERN-BIBLIOTHEK

DIE OBERSTEBRINK ELTERN-BIBLIOTHEK

Die Oberstebrink Eltern-Bibliothek bietet Lösungen für die wichtigsten Eltern-Probleme und gibt Antworten auf die häufigsten Eltern-Fragen. Von Experten, die in ihrem Fachgebiet auf dem neuesten Wissensstand sind und in ihrer Praxis täglich Eltern beraten und Kinder behandeln. Die Bücher der Oberstebrink Eltern-Bibliothek werden von Kinder- und Jugendärzten, Hebammen, ErzieherInnen, LehrerInnen und Familien-TherapeutInnen laufend eingesetzt und empfohlen. Eltern schätzen diese Ratgeber besonders, weil sie leicht verständlich sind und sich alle Ratschläge einfach und erfolgreich in die Tat umsetzen lassen. Eine Übersicht über alle Titel finden Sie auf den letzten Seiten dieses Buches.

2. Auflage 2008
© by Oberstebrink Verlag GmbH
Alle Rechte liegen beim Verlag

Fotos: v. Soldenhoff, gettyimages, privat
Gestaltung: magellan, düsseldorf
Satz und Herstellung: Aalexx Druck GmbH
printed in Germany 2008
Verlag: Oberstebrink Verlag GmbH
Bahnstraße 44 • 40878 Ratingen
Tel.: 02102/771 770-0 • Fax: 02102/771 770-21
e-mail: verlag@oberstebrink.de
www.oberstebrink.de
Vertrieb: Cecilie Dressler-Verlag GmbH & Co. KG
Poppenbütteler Chaussee 53 • 22397 Hamburg
ISBN: 978-3-934333-35-2

Für Anouk,
die jeden Tag ein Geschenk für uns ist

Für Corina,
deren Liebe und Unterstützung Berge versetzt

Für meine „Peer Group",
auf die ich immer zählen kann

VORWORT

Was macht den Lebensabschnitt zwischen 11 und 18 Jahren zu einer derart besonderen Zeit für den jungen Menschen wie für seine Umgebung?

1969, fast 3 Jahre vor meinem Abitur, bekam ich von einem Klassenkameraden (danke Dietmar!) folgenden Brief:

Abendgebet
Mein Gott,
nach was such ich nur?
Ich such nach der Wahrheit der Römer
und der Weisheit der Griechen.
Ich such nach einer Formel, nach einem Gesetz,
um ein gottverdammtes Problem zu lösen,
das nicht das meinige ist.
Ich suche nach einer Freundin, nach Menschen, nach Liebe, Sex ...
Und ich suche nach mir.
Mein Gott, lass es mich doch bitte geben.

1979 unterrichtete ich neben meiner Doktorarbeit als Biologielehrerin in einem süddeutschen Internat und fand statt einer Klausur zum Korrigieren folgenden Text eines 17-Jährigen im Arbeitsheft:

Mein Kumpel, hör mir zu:
Wenn ich anfange, so zu riechen wie mein Vater,
bring ich mich um!
Wenn ich anfange, so zu reden wie mein Vater,
bring ich mich um!
Wenn ich anfange, nicht mehr zu denken, wie meine Mutter es tut,
bring ich mich um!
Wenn ich anfange, nicht mehr zu lachen, wie meine Mutter es tut,
bring ich mich um!
Wenn ich irgendwann nicht mehr kann,
sie nicht mehr sehen, hören, riechen kann,
bring ich sie beide um und dann mich!

Derart sensibilisiert begann ich mich für den Lebensabschnitt zwischen Kindheit und Erwachsenenalter zu interessieren. Seither arbeite ich als Verhaltensbiologin mit Wissenschaftlern verschiedener Fachrichtungen auch besonders engagiert über die „Pubertät", den großen klassischen Übergang im Leben.
Diese Studien wurden immer wieder angeregt durch die absolute Besonderheit, das spannende Erleben, die kaum beherrschbare Wut, maßlose Verzweiflung, aber auch grenzenlose Phantasie und alles Belastende ignorierende Hoffnung Jugendlicher, mit denen ich in Schulen, in der Beratung oder bei gemeinsamen Aufgaben zusammen kam.

Hierbei wurde ich

- zur Diskussion aufgefordert, wie Anerkennung in der Gruppe der Gleichaltrigen und in der Gruppe der Erwachsenen zu bekommen und zu halten ist
- zum Nachdenken angeregt, warum die Identitätssuche mit so vielen unvereinbar scheinenden Facetten seiner selbst vor Augen gerade heute so schwierig ist
- ermutigt, gemeinsam über Visionen, wie Schule anders aussehen könnte, nachzudenken
- davon überzeugt, dass die vorangehende Generation den Jugendlichen Starthilfe in die Erwachsenenwelt geben muss, sofern sie möchte, dass diese unversehrt, verantwortungsbewusst und mit neuen Impulsen dort ankommen.

Am 18. Geburtstag meines Sohnes Nikolas fassten wir den Plan, zum spannenden Entwicklungsabschnitt Pubertät ein gemeinsames Buch zu schreiben: Weichenstellungen und Wegbeschreibungen durch die Pubertät aus der Sicht von Mutter (Wissenschaftlerin und Pubertätsbewältigerin vor längerer Zeit) und Sohn (Pubertätsbewältiger vor kurzer Zeit und angehender Wissenschaftler).

Unser Verleger Gerhard Oberstebrink hat diese Idee sofort begeistert aufgegriffen, **keinen Elternratgeber im engeren Sinne zu schreiben, sondern ein Buch, das anregt, auch in dieser Zeit miteinander und nicht gegeneinander zu leben, sich besser zu verstehen und dadurch mehr voneinander zu haben und zu lernen.**

Ein derartiges Vorhaben kann nur gelingen, wenn die aktuellen wissenschaftlichen Kenntnisse über Jugendliche und ihren Entwicklungsverlauf dargestellt werden – und zwar in einer Form, die fachliche Befunde so übersetzt, dass sie relevant und anwendbar für den Lebensalltag von Eltern, Lehrern und Jugendlichen werden.

Nun liegt eine wissenschaftliche Zusammenschau und Analyse vor eigenem Forschungshintergrund des interdisziplinären Pubertätswissens vor, bereichert durch den „persönlichen Blick zurück" eines heute 22-Jährigen. Nur so konnte etwas ganz Neues entstehen. Diese Aufgabe war eine große Herausforderung für uns beide, die sich rundum gelohnt hat.

Ergänzt wird der Text durch die Ergebnisse einer Befragung von 14 jungen Menschen, deren Antworten auf viele Fragen zu ihrer Pubertätszeit als Direktzitate oder als Argumente in die Gesamtdiskussion des Themas aufgenommen wurden. Ihnen gilt unser besonderer Dank dafür, dass sie sich darauf eingelassen haben, im Inneren über sich selbst nachzuforschen. Ihre Antworten erhöhen die Authentizität der sachlichen Wissenschaftsbefunde.

Wir freuen uns, wenn dieses Buch dazu beitragen kann, dass Erwachsene und Jugendliche sich mit neuen Augen sehen und sich entschließen können, den Weg zusammen zu gehen – mit der jeweils nötigen Eigenständigkeit.

Gabriele Haug-Schnabel (Mutter)   Nikolas Schnabel (Sohn)

Ein besonderer Dank gilt Joachim Bensel, der unser Projekt über die Jahre ermutigt und begleitet hat, keiner Diskussionsrunde ausgewichen ist und aus respektvollem Abstand wertvolle Beiträge geliefert und so einen wichtigen Einfluss genommen hat, wie auch auf unser echtes Leben.

INHALT

Pubertät,
damit Neues entsteht

In diesem Kapitel erfahren Sie:

▶ Dass es nichts bringt, sich totzustellen

▶ Dass Erwachsene, die regelmäßig mit Jugendlichen zu tun haben, von deren Wesen profitieren

▶ Warum man auch von Wildgänsen einiges lernen kann

▶ Dass es auch im dicksten Streit noch Geborgenheitssignale seitens der Eltern geben muss

▶ Warum für gute Tänzer die Pubertät einfacher ist

DIE PUBERTÄT UND IHR IMAGE IN DER BEVÖLKERUNG

Die Pubertät hat keinen guten Leumund. Das zeigen Elternkommentare deutlich:

- *„Wenn wir diese lästige Zeit nur überspringen könnten. Dass es vorher klappt, wissen wir schon. Und auch nachher werden wir sicher gut miteinander klar kommen. Aber der Gedanke an die Pubertät macht uns Angst."*
- *„Die Pubertät lässt keinen aus, also Augen zu und durch!"*
- *„Leider klappt das Einfrieren und nach einigen Jahren wieder Auftauen nicht."*
- *„Wir tun - so lange es geht - so, als ob sie noch ein Kind wäre, wenn das dann nicht mehr geht eben so, als ob sie schon erwachsen wäre, das erspart ihr und uns Probleme."*
- *„Gott sei Dank gibt es für diese Jahre Internate!"*

Niemand käme auf die Idee, z. B. die Lebensabschnitte „Kindheit" oder „spätes Erwachsenenalter" überspringen zu wollen oder trickreich ausfallen zu lassen oder sich gar von ihnen freizukaufen. Man würde sie auch nicht von vornherein als Krisenzeiträume einstufen und automatisch mit pathologischen Erscheinungen rechnen.

Die Pubertät ist kein attraktives Alter – zumindest nicht in den Augen der betroffenen Eltern. Oder würden Sie eine Jugendliche oder einen Jugendlichen adoptieren? Sicher haben Sie ein Fotoalbum zu Hause mit den Babybildern Ihrer Kinder oder ein Tagebuch, in dem die ersten drolligen Aussprüche festgehalten sind, wann der erste Zahn kam, der erste Schritt, das erste Pipi ins Töpfchen, das erste Kinderfest ...

Aber wer hat ein Fotoalbum oder ein Entwicklungs-Tagebuch für den Zeitraum der Pubertät, mit Erinnerungsbildern oder Texten zu den Themen

- Der erste Pickel
- Das erste Piercing
- Die ersten grünen Haare
- Die erste Provokationsserie am Stück über 6 Tage – ohne Verschnaufpause
- Die erste alkoholisierte Heimkehr morgens um 5 Uhr
- Das erste, wenn nicht zweite „Sitzenbleiben" droht?

Dennoch ist die Pubertät ein wichtiger, ja ein Weichen stellender, lebenslang prägender Entwicklungsabschnitt, also keine unnötige Erziehungslast, keine Unbequemlichkeit im familiären Miteinander, keine vernachlässigbare Epoche, die es zu verhindern oder ignorieren gilt.

Die Pubertät hat keinen guten Leumund – dieser Meinung war auch lange die Fachpresse

Im GEO-Sonderheft „*Kindheit und Jugend*" (1993) fanden sich innerhalb der Rubrik „*Geistige Entwicklung*" für die Spalte Jugendalter folgende Einträge:

- Selbstzweifel und Minderwertigkeitskomplexe, vor allem bei Mädchen
- Die Zahl der Neuerkrankungen an Schizophrenie nimmt vor allem bei jungen Männern stark zu.
- Höheres Risiko für Unfälle, Suizid und Drogenmissbrauch (vor allem bei männlichen Jugendlichen)

Kein Wort darüber,

- dass jetzt ein neues Selbstverständnis entsteht, das die Kindheit abschließt und mit Hilfe dessen jedes Mädchen und jeder Junge nach einem Aufbruch mit klarer Abgrenzung zu sich finden kann
- dass im Jugendalter wichtige Teile des Gehirns noch einmal massiv umgebaut werden, wodurch eine phänomenale Plastizität erreicht wird, die darauf wartet, ausgenutzt zu werden
- dass jetzt all die Voraussetzungen für selbständiges Denken, Planen und Handeln erworben werden
- dass in dieser Lebensphase die wesentlichen Bedingungen und Voraussetzungen für kreatives Arbeiten liegen
- dass durch diese Veränderungen eine besonders gute Anpassung an die Erwachsenenwelt gelingt, die gesellschaftliche Schicht, die das Zusammenleben die nächsten 60 Jahre maßgeblich bestimmen wird
- dass nur 2-3% der Pubertierenden unter Depressionen leiden oder sonstige massive Auffälligkeiten zeigen, während 80 % von ihnen ganz normale Konflikte mit ihren Eltern ausfechten, die nicht mal häufiger als in den Jahren zuvor sind, sondern nur intensiver
- dass Erwachsene, die regelmäßig mit Jugendlichen zu tun haben, von deren wachem und munterem Wesen profitieren

WAS MEINEN WIR EIGENTLICH, WENN WIR VON PUBERTÄT SPRECHEN?

Es lohnt sich, klar zu definieren, was gemeint ist, wenn in diesem Buch von „Pubertät" die Rede ist.

Pubertät ist die Zeit der körperlichen Veränderungen während des Gestaltwandels vom Kind zum Erwachsenen und während der sexuellen Reifung.

Sie wird in **Vorpubertät** und **eigentliche Pubertät** eingeteilt.

Als **Vorpubertät** bezeichnet man die Zeitspanne zwischen dem ersten Erscheinen der sekundären Geschlechtsmerkmale und der ersten Menstruation oder dem ersten Samenerguss.

Die **eigentliche Pubertät** beschreibt die Zeitspanne zwischen erster Menstruation oder dem ersten Samenerguss bis etwa Ende des 16. oder 17. Lebensjahres (wenn die Offenheit für beide Geschlechter nachlässt, und sich der junge Mensch auf ein Geschlecht als Sexualpartner festlegt).

Die späte Pubertätszeit bis etwa zum 20. Lebensjahr hat einen eigenen Namen, sie wird **Adoleszenz** genannt.

Der Begriff „Pubertät" steht aber auch allgemein für die psychologische Bewältigung der körperlichen und sexuellen Reifung – und zwar als individuelles Entwicklungsphänomen wie auch als soziokulturelles Phänomen verstanden – das die Anpassung jedes jungen Menschen an sein psychosoziales Interaktionsfeld beschreibt.

Da in unserem Buch die gesamte Zeit des Erwachsenwerdens – von der Vorpubertät über die eigentliche Pubertät bis zur späten Pubertät – behandelt wird und inzwischen der umgangssprachliche Wortgebrauch auch die psychologische Bewältigung der körperlichen und sexuellen Reifung als Pubertät bezeichnet, verwenden wir – der Einfachheit halber – durchgängig den bekannteren Begriff „Pubertät". So sprechen wir auch an Stellen, an denen im engen wissenschaftlichen Sinne von Adoleszenz die Rede sein müsste, von „Pubertät".

NILS HOLGERSSON – EINE WELTWEIT BERÜHMT GEWORDENE PUBERTÄT

Für den, der eher literarisch ins Thema Pubertät einsteigen möchte, lohnt sich die Lektüre eines vom schwedischen Erziehungsministerium 1905 in Auftrag gegebenen Informations- und Instruktionsbuches für den Schulunterricht. Es handelt sich um die „Wunderbare Reise des Nils Holgersson" von *Selma Lagerlöf*, eine bemerkenswert einfühlsame Schilderung, wie ein Junge die schwierigen Phasen der Pubertät durchläuft und vom Kind zum Erwachsenen wird – nicht in der realen Umwelt seines Elternhauses, sondern während einer traumähnlichen Zeit mit den nach Norden fliegenden Wildgänsen. Möchte man sich mit dem Abschied von der Kindheit beschäftigen und sich die durch den Pubertätsschub in Gang gesetzte fundamentale Neustrukturierung psychischer Prozesse veranschaulichen, sollte man nicht darauf verzichten.

Ruth Klausmeier (1999) gelang eine faszinierende Analyse von Nils, einem Jungen mitten in der Pubertät, faul, boshaft, passiv oder aggressiv. Andere Reaktionsmöglichkeiten scheinen nicht nennenswert. Ein typischer Heranwachsender, der seine Eltern durch sein generelles Desinteresse an ihren Werten verärgert und im Protest Selbstbehauptung erlebt. Mal reagiert er aggressiv, mal passiv. Passivität ist eine wirksame Waffe, sich scheinbar aggressionslos dem elterlichen Erziehungseinfluss zu widersetzen. Sie wirkt aber auch eigennützig als geeignete Grundstimmung, um die heftigen psychischen Schübe der Pubertät abzuwehren und besser auszuhalten. Ein Sonntag, an dem er versucht, auf trügerische Art und Weise die erzieherische Autorität des Vaters zu umgehen, über Zaubermächte zu spotten und ihnen ein Schnippchen zu schlagen, wird ihm zum Verhängnis: Statt einen grandiosen Sieg zu erleben, wird er in einen Däumling verwandelt.

In diesem Zustand begibt er sich auf die Reise mit den Gänsen, lernt Freundschaft, Glück und Leid kennen, wird durch die nötige Verbindung von Schwächen und Stärken teamfähig, erlebt die Gesetzmäßigkeiten einer Gruppe, muss Verantwortung übernehmen und sich Herausforderungen stellen. Er lernt, sich Wünsche nach Nähe einzugestehen, bekommt sie gewährt, kann sie annehmen und wächst an dieser sich selbst möglich gemachten Befriedigung. Er übt sich mit Smirre, dem Fuchs in Lustmomenten der Aggressivität und verliert durch die weise Führung der alten Leitgans Akka die Angst vor dem Älterwerden. Da sie ihm die Relativität kurzer körperlicher Jugend im Vergleich zu lebenslanger mentaler Überlegenheit durch Erfahrungsreichtum vor Augen führt, kann er auch eigene Schwäche und Hilflosigkeit in seinem Inneren akzeptieren und in seine Selbstwahrnehmung integrieren – einer der wichtigen Punkte beim Erwachsenwerden. Genau diese Schritte heißt es in der Pubertät zu durchlaufen, genau hier liegen die vielfältigen Aufgaben der Erwachsenen, die Jugendliche begleiten (siehe Kap. 8).

AUFBEGEHREN, UM ZU SICH ZU FINDEN

Was ist an der Pubertät so wichtig – für die Pubertierenden wie für ihre Eltern – und warum?

Für den jugendlichen Menschen gilt es, fast von heute auf morgen mit einer völlig neuen Hormonsituation zurechtzukommen, mit einem Gehirn, das sich im Umbau befindet, zu denken und zu fühlen und sich den großen psychosozialen Herausforderungen zu stellen und auch noch gestärkt daraus hervorzugehen. Das bedeutet zum Beispiel, sich von seinen Hauptbezugspersonen, die bislang alles beruhigend im Griff hatten oder zumindest schnell wieder in Ordnung brachten und deshalb allgegenwärtig schienen, zu lösen und dann schrittweise als noch ungewohnt neuartiger Interaktionspartner mit ihnen eine völlig veränderte Beziehung einzugehen (siehe Kap. 4, 8).

Allan Guggenbühl bezeichnet vor dem Hintergrund seiner jahrzehntelangen Arbeit mit Jugendlichen die Pubertät als die Lebensphase, die am meisten Spuren hinterlässt – übrigens bei allen Beteiligten.

Auch die Eltern müssen ihre Beziehung zu ihrem Kind neu definieren. Von ihnen wird viel verlangt. Denn sie sollten das Kind motivieren, diesen wichtigen Schritt „raus aus dem Nest" zu machen. Und gleichzeitig signalisieren, dass sie sich schon jetzt auf seine Verwandlung zum jungen Erwachsenen freuen. Sie müssen „Wunder" vollbringen – mal Halt geben, mal loslassen, beides manchmal fast gleichzeitig. Sie müssen lernen, sich zurückzunehmen, sich dann aber wieder gehörig einmischen. Denn Einmischung erwartet der junge Mensch von seinen Eltern – allerdings, um sich entsetzt von ihren Vorstellungen abwenden zu können.

Es ist wirklich so und muss offensichtlich auch so sein, dass elterliche Reaktionen zuerst provoziert und danach dazu benutzt werden, sie als inakzeptabel abzuwerten, um sich durch diesen kurzfristigen Befreiungsschlag über die eigene – keineswegs immer gegensätzliche – Position langsam klar zu werden. Was den Betroffenen oft nicht nachvollziehbar erscheint, wird bei sachlicher Analyse – eben ohne jene blind machende Betroffenheit – als ein höchst effizienter Kommunikationsstil einer Übergangszeit erkannt in der sich vieles ändern muss.

Eltern werden gebraucht – als bewusst gesuchter Prellbock, als psychologischer Airbag, der die Folgen eines rüden Zusammenstoßes zu dämpfen weiß, als emotionales Sprungtuch beim ewigen Auf und Ab der Gefühle. Wer bisher als Vorbild galt und dieses mitunter immer noch uneingeschränkt ist, wird zwischendurch zum Gegenspieler.

WER HAT EIGENTLICH RECHT BEI EINEM PUBERTÄTSSTREIT – DIE KINDER ODER DIE ELTERN?

Und wer könnte ihn verhindern? Beide Fragen sind beim genauen Hinsehen unwesentlich, eigentlich sogar falsch gestellt: Der Pubertätsprozess braucht diese unterschiedlichen Sichtweisen zweier Generationen. Und die Gesellschaft, in die der junge Mensch hineinwächst, braucht die vitale Veränderungsenergie der „Jungen" nach vorn und ebenso die beharrlich stoppende Kraft der „Alten", die befürchten, ansonsten Bestehendes in Frage stellen zu müssen und dadurch bislang stabilisierende Werte zu gefährden.

Andreas Huber (2003) vergleicht anschaulich die Gesetzmäßigkeiten pubertären Familienlebens mit bekannten Dynamiken in der Politik. Für ihn findet im Kleinen, auf Familienebene, etwas statt, was auch in der „großen Politik" zu finden ist. Eher konservative Gruppierungen versuchen, alte Werte aufrecht zu erhalten, zu „konservieren", während progressive Gruppen versuchen, alte Establishment-Mauern aufzubrechen. Tatsächlich finden dann irgendwann tatsächlich Richtungswechsel statt, aber langsamer als von den Jungen beabsichtigt.

Vielleicht ist diese Verzögerungstaktik ein ganz sinnvoller Mechanismus, einerseits einen Wandel nicht so schnell herbeizuführen und Chaos zu vermeiden, andererseits aber auch immer wieder Wandel möglich zu machen. Neues muss erst genügend Substanz haben, damit Basales nicht verloren geht und Bodenhaftung gewährleistet bleibt. Aber die Denkweise der Jugend hat auch eine wichtige Korrektivfunktion. Sie hatte rückblickend schon immer eine eindeutige Vorreiterfunktion. So wurden die Pluralisierung der Lebensweisen und die Modernisierung der Gesellschaft in den letzten 40 oder 50 Jahren in Deutschland erst durch die sozialen und subkulturellen Bewegungen der Jugend möglich. Erst dadurch, dass es kein verbindliches Lebensideal mehr gibt, stehen viele Möglichkeiten, sein Leben zu führen, gleichberechtigt nebeneinander (*Janke* & *Niehus* 1996).

Die Biologie des jungen Menschen sieht jetzt gehäuft zügellose Autonomieschübe vor, die längerfristig ungestörte Harmonie verhindern. Diese Autonomieschübe sind ein Zeichen des Freiheitsdrangs, der dringend nötig ist, um sich wirklich auf die mühsame Suche nach dem eigenen Weg und den passenden Gefährten zu machen. Der Journalist *Willenbrock* beschreibt das treffend, wenn er davon spricht, dass der jetzt unerlässliche Freiheitsdrang der Jugendlichen als Fußtritt wirkt, den sie sich selbst versetzen müssen um wirklich bereit zu sein, das bequeme, warme Nest zu verlassen (2005).

Es geht also nicht um Recht oder Unrecht, auch nicht darum, wer beim Pubertätsstreit gewinnt oder verliert, es geht darum, Vertrautes verlassen zu müssen und die nötige Kraft zu haben, sich nicht durch die von den Eltern bewusst eingesetzten Verzögerungstaktiken beim Erwachsenwerden aufhalten zu lassen. Es geht aber auch um die große Chance aller, Neues nach Prüfung möglich zu machen.

Noch im dicksten Streit muss es aber Geborgenheitssignale und emotionale Stütze seitens der Eltern geben: Alte Vertrautheit – jetzt gepaart mit neuartiger Bestätigung, deutlich vermitteltem Zutrauen und Stolz über Neuentdecktes am offensichtlich doch nicht in- und auswendig bekannten Kind.

Für die meisten Jugendlichen sind die Eltern auch in der „Hochpubertät" die wichtigsten Menschen, denen sie weiterhin das meiste Vertrauen entgegenbringen und von denen sie, wenn es wirklich darauf ankommt, auch allein Unterstützung erwarten. Denn – wenn überhaupt – sehen sie nur in ihren Ursprungsfamilien Facetten einer heilen Welt in dieser turbulenten Zeit.

Ein Blick auf beide Seiten hinter der „Kampffront"

Von außen betrachtet wirken Pubertätskämpfe höchst unterschiedlich, dennoch werden alle Kämpfer ähnliche Gedanken haben:

- Muss ein junger Mensch in dieser Zeit plötzlich alles anders machen?
- Ist es wirklich nötig, zuerst alles bisher Gehabte niederzumachen, um aus dem „Nest" raus zu kommen, vielleicht sogar um den Abschiedsschmerz möglichst niedrig zu halten?

- Ist es nötig, aus Abstand auf alles zu schauen, um festzustellen, was mir wirklich wichtig ist?

So wie in der Trotzphase nach der Entstehung des Selbstbewusstseins (zwischen dem 18. und 24. Lebensmonat) die Worte „mein" und „nein" zu Schlüsselworten werden, mit denen die Kinder erste Erfahrungen mit Abgrenzung und Distanz machen sowie erste Autonomie gegenüber ihren Bezugspersonen erleben, geht es jetzt um „meine Zukunft" und „Nein" zu einigem in meinem bisherigen Leben.

Aber geht es wirklich darum, alles über Bord werfen zu wollen? Bedeutet, etwas in Frage zu stellen, es kompromisslos zu entwerten? Heißt das zum Beispiel automatisch, bestimmte Werte nicht mehr weiter leben zu wollen, sie nicht weitergeben zu wollen? Es geht darum, für eine Zeit „in die Fremde zu ziehen", um zu entdecken, was einem dann wirklich fehlt und was einem wirklich wichtig ist. Was Eltern dabei bedrückt, ist die Situation, Liebgewonnenes in Frage gestellt zu sehen. Es braucht viel Souveränität, darin eine nun mal anstehende Wertediskussion zu sehen.

Beide Seiten haben Angst. Man meint, die Eltern müssten Profis in Sachen Pubertät sein, da sie ihre eigene bereits aktiv hinter sich gebracht haben. Aber auch sie werden plötzlich mit einem völlig neuen Zustand konfrontiert, der ihnen Angst macht, ihr Kind zu verlieren, und dass beruhigend Vertrautes nie mehr so sein wird, wie es war. Für sie geht es um die Verarbeitung eines Verlustes, nämlich Eltern eines Kindes zu sein, eine Art Trauerarbeit wird nötig. Und das bei jedem Kind neu. Manchmal fällt es Eltern bei ihrem ersten Kind bereits schwer, den meisten jedoch beim letzten Kind in der Geschwisterreihe (siehe Kap. 8). Eltern brauchen Zeit, bis sie diese Umbruch-Situation verkraften und darin Neues und Gutes entdecken: nämlich, dass ihr Kind bald groß ist – nicht nur gewachsen, sondern herangereift – und dass sie dadurch die Chance der Teilhabe an einer neuen Lebenswelt, einer neuen Perspektive haben werden. Aber auch Altes wieder zu entdecken, das die kritische Prüfung bestanden hat und als erhaltenswert eingestuft wurde. Für diese gewaltige Umstellung würden sie eigentlich das Verständnis ihrer Kinder brauchen: *„... aber Du musst auch uns verstehen, wir haben doch nur Angst, dass ..."*. Doch genau damit kann und darf jetzt nicht gerechnet werden. Die Eltern sind die Entwicklungsbegleiter der Jugendlichen, nicht umgekehrt.

Für Kinder bedeutet die startende Umstellung beides, Freude und Angst zugleich. Der Philosoph *Jean Paul Sartre* hat ein beeindruckendes Bild für dieses Dilemma geschaffen: *„Die Jugend hat Heimweh nach der Zukunft".* Man könnte daraus schließen, dass der junge Mensch durchaus weiß, wohin er möchte. Doch scheint das nicht in jedem Stadium der Pubertät der Fall zu sein. Mittendrin im Pubertätsprozess überwiegt meist die Angst. Auch ein Kind bedrückt es, das Bekannte, Vertraute der Kindheit zu verlieren. Zum ersten Mal kommt bei ihm das Gefühl auf, dass etwas unwiederbringlich vorbei ist. Die Erwachsenenwelt ist anfänglich eher fremd. Kaum ein Kind freut sich darauf, erwachsen zu werden. Groß zu werden schon – *„wenn ich groß bin, dann ..."* – aber das ist etwas ganz anderes, denn darunter stellt es sich vor, dass es all das darf, was es jetzt noch nicht darf, aber in einer Welt, die weiterhin von den Erwachsenen (Mama und Papa) verantwortlich geregelt und organisiert wird. Werden Jugendliche nach ihrem Wunschalter gefragt, so liegt das meist nur ein oder maximal zwei Jahre über ihrem aktuellen Alter, aber nie wird das Wunschalter mit Ende 20 oder gar 30 Jahre angegeben.

Viele Jugendliche fühlen sich allein, sie passen irgendwie nicht, während alle anderen zu passen scheinen, Eltern, Onkel, Tante Oma, jüngere Geschwister. Jetzt interessiert man sich für Familiengeschichte. Man macht sich auf die Suche nach noch jemand in der Familie, der auch nicht gepasst hat, sich als schwarzes Schaf gefühlt hat und auch so wahrgenommen wurde. Der amerikanische Schriftsteller *Ralph Ellison* hat dafür treffende Worte gefunden: *„Manche Leute sind deine Verwandten, andere hingegen deine Vorfahren. Und du suchst dir aus, welche von ihnen du als Vorfahre haben möchtest. Aus diesen Werten erschaffst du dich selbst".*

Veränderungen sind anfangs immer irritierend. Es dauert, bis die Kraft, die aus einer Veränderung hervorgeht, spürbar wird und entschädigt. Die Pubertät ist eine gute Zeit sich selbst kennen zu lernen: *„Wer bin ich? Was will ich? Was kann ich? Was kann ich besonders gut? Welches ist mein Weg?"*

Die Erwachsenen müssen durch ihr Verhalten und ihre Reaktionen eine weitere bedeutsame Frage des jungen Menschen beantworten: *„Wodurch werde ich ein wichtiges Gruppenmitglied mit Anrecht auf einen Platz in dieser Gesellschaft?"* Das ist nur ein Grund, weshalb Jugendliche nicht gerade jetzt ihr Leistungstief erleben und reihenweise Niederlagen einstecken sollten (Kap. 7, 8).

Auf die Plätze, fertig, Pubertät!

Man kann davon ausgehen, dass der Impuls für die notwendigen Veränderungen in den Startlöchern der Pubertät ebenso genetisch verankert ist, wie die Fähigkeit, am Lebensanfang eine intensive Bindung mit seinen Bezugspersonen einzugehen (siehe Kap. 4). **Jedoch einen bedeutenden Unterschied gibt es.** Während der Beziehungsstart nach der Geburt genetisch vorgezeichnet ist und durch die angeborenen Säuglingskompetenzen und das intuitive Elternverhalten unterstützt wird, muss nach dem u. a. auch genetisch angestoßenen Pubertätsstart die anstehende Beziehungsveränderung beidseitig aktiv angegangen werden. Sich tot stellen, so tun als ob nichts passieren würde und dadurch alles beim Alten bliebe, klappt nicht. Die Abgrenzung der Jugendlichen von ihren Eltern darf nicht den Verlust aller bisheriger Beziehungsebenen zwischen Kind und Eltern bedeuten, muss aber deren zukunftsfähige Umgestaltung bewirken, indem beide Seiten, jung und alt, daran mitarbeiten.

Die Pubertät bringt eine für Heranwachsende neue Situation mit sich, weil sie ihr psychisches System so umbauen müssen, dass sie in der Lage sind, beim Vorwärtsstreben auf die schützende Begleitung der Eltern in bisher gewohnter Form zu verzichten. Soziologen wie *Krappmann* (2001) und *Schröder* (2003) weisen darauf hin, dass der Schutz und das daraus resultierende Sicherheitsgefühl, das die Bindungstheorie als wesentliche Voraussetzung für jedes „Welterkunden" in den ersten Lebensjahren hervorhebt, in der Lebensphase der Pubertät eine andere Qualität bekommen muss, weil sonst keine Eigenständigkeit und Identität erwachsen kann. **Verbundenheit in Autonomie ist das Zukunftsziel.**

Es ist wichtig, den pubertären Umbruch anzuerkennen, das heißt konkret: Konflikte durchleben und zeitweilig trennende Distanzen mit jederzeitiger Rückkehr ermöglichen, um sich nach dieser Erprobungsphase auf neue, völlig andere Weise wieder aufeinander beziehen zu können.

Viele Untersuchungen weisen darauf hin, dass der typische Wechsel zwischen enger Kontaktsuche und rüder Abwendung durch das Wort „Loslösung" unzureichend beschrieben ist. Deshalb spricht man eher von einer Umgestaltung der Beziehung mit zeitweilig gesuchter Nähe trotz gewollter und gepflegter Distanz. Diese zunehmende Abgrenzung erfolgt bei wichtig bleibender, jedoch immer weniger kindlicher Verbundenheit.

Der junge Mensch muss sich neu orientieren, um erwachsen zu werden. Das Gehirn reagiert auf diese Umbruchzeit, es öffnet sich noch mal vollständig, bevor es auf eine Richtung festgelegt wird, in der es dann das erwachsene Alter durchleben soll. Nur so ist es möglich, sich optimal an das anzupassen, was in der jeweiligen sozial, kulturell und ökonomisch variierenden Erwachsenenwelt erwartet wird. Die Lebenserfahrungen nehmen Einfluss auf die Gehirnarchitektur, d.h. die Signalwege, auf denen Informationen und Emotionen weitergeleitet, verglichen und gespeichert werden, stehen zur Neuausrichtung und Verschaltung an. Die enormen Umbau-Prozesse in dieser Zeit haben ihren Preis: eine unerwartet hohe Verletzlichkeit und zeitweilig keineswegs optimale Effizienz beim Denken, Planen und Handeln (Kap. 7).

ES MUSS KRACHEN

Allan Guggenbühl meint sogar, Zoff sei ein nicht zu umgehendes Ritual (2004). Konflikte sind für den Umgestaltungsprozess nötig. Wenn Eltern sich nicht einmischen, nicht protestieren, nicht auf die Barrikaden steigen und um den Erhalt ihrer Vorstellungen kämpfen, also keinen Gegenpol bieten, von dem man sich abgrenzen kann, muss der Jugendliche den Kampf, um weiterzukommen, mit sich selbst führen. Stoßen seine Übergriffe nicht auf Widerstand, wie bei konfliktscheuen Kumpeleltern, die ständig am Harmonisieren sind und dabei meinungsmäßig dauernd den Standpunkt wechseln und damit keine Abgrenzung zulassen, müssen seine Provokationen immer schärfer, d.h. automatisch immer gefährlicher und nachhaltig riskanter werden. Das Dreiergespann „Übermäßiger Alkoholkonsum, weitere Drogen und kriminelle Delikte" kennzeichnet einen derartig exzessiven Pubertätsverlauf, der meist durch verantwortungsloses erzieherisches Versagen aller umgebenden Erwachsenen bewirkt wird.

Es braucht einen Entschluss, um erwachsen zu werden, und dieser Veränderungsimpuls geht nicht ohne eine gewisse Portion an Aggression, individuell ganz unterschiedlich ausgestaltet, z.B.:

- Tabus sprengen, um sich abzugrenzen
- provozieren, um festzustellen, was erhaltenswert ist
- sich über Worte oder Verhalten ärgern, sich provoziert fühlen, damit ein Gespräch entstehen kann
- negativ auffallen, um wahrgenommen werden zu müssen

- nichts tun, was zu einem Lob führen würde, denn das würde Einbindung signalisieren, die auf jeden Fall vermieden werden sollte
- die Vorstellung von heiler Welt strikt ablehnen, denn nichts steht Veränderung massiver im Wege.

Darf ich bitten? Die Aufforderung zu einem ganz speziellen Tanz

Immerhin knappe 20% erleben eine völlig unspektakuläre Pubertät. Was passiert in Familien, die sagen, nichts sei passiert, sie hätten nichts Dramatisches bemerkt oder Spektakuläres erlebt?

Eines muss klar sein: Hiermit sind nicht die 2 – 3% der Pubertierenden gemeint, die eine gefährliche „Pubertätsaskese" durchlaufen, in der ein junger Mensch sich still in eine eigene Welt ohne Außenkontakte zurückzieht, jedem Gespräch ausweicht und jeden Kontakt ablehnt. Er hat keine Pläne mehr und keine Ziele vor Augen und taktet sich bewusst abseits des Lebensrhythmus seiner Mitmenschen. Extreme Körper-Verstümmelungen, zu denen derartige Pubertäts-Verweigerer neigen, können die Vorzeichen von Depressionen und Selbstmordgefährdung sein.

Gemeint sind knappe 20% der Pubertierenden, bei denen die Selbstfindung ohne echte Revolution über die Bühne geht und ohne nennenswerte Verletzungen und Wundenlecken zustande kommt.

Diese jungen Leute sind verständlicherweise zu einem wichtigen Forschungsthema geworden, weil man aus ihrem Lebensweg und ihrem Verhalten – und vielleicht auch dem ihrer Eltern – erfahren möchte, was es bei einer Pubertätsbegleitung zu leisten gilt. Es gibt jedoch wenige Regeln, die verallgemeinert werden könnten.

Was mit Sicherheit gegen Pubertätswirren hilft, sind bislang unbekannte, nun aber begeistert angenommene Herausforderungen in Form von einem neuen Hobby, einem neuen Freundeskreis, einem neuen Lebensumfeld z. B. durch Umzug oder ein verändertes Arbeitsverhältnis der Eltern. Eltern-Kind-Konstellationen, in denen die Eltern während der Pubertät ihrer Kinder sich ebenfalls neuen Herausforderungen stellen müssen, die Erwachsenen sozusagen auch einen Übergang meistern müssen, haben die problemlosesten Pubertäten, die Situation von sich aus von allen Beteiligten eine Neuorientierung und zeitweilige Distanz verlangt.

Ein aktives Daraufzugehen auf die neue Zeit erleichtert ebenfalls den Prozess. Diesen Familien scheint es zu gelingen, sich des gemeinsamen Rahmens immer wieder bewusst zu werden, den keiner wirklich sprengen, höchstens seine Tragfähigkeit und Flexibilität zur individuellen Ausgestaltung austesten möchte, um hinter allem Testen die ersehnte Stabilität und genügend Freiraum für Neues zu spüren (siehe Kap. 8).

Ein neuer Blickwinkel: Statt Kampf ein Tanz, eine aufeinander abgestimmte Choreographie

Immer wieder ist die Frage zu klären: Wer führt gerade? Es geht darum, auch in getrennten Tanzabschnitten und trotz vieler Einzelpirouetten aufeinander bezogen zu bleiben, bei waghalsigen Sprüngen aufgefangen zu werden, um federnd zu landen, sich wieder zu synchronisieren und sich erneut gegenseitig Schwung für Einzeleinlagen zu geben. Die Solopartien sind nötig, es sind neue Herausforderungen – für alle, auch für die Erwachsenen. Dabei sollte man sich aber nie ganz aus dem Blick verlieren. Wirklich gewonnen hat, wer sich am Ende der gemeinsamen Leistung bewusst ist, zu der jeder seinen Part beigetragen hat. Ein Ergebnis, das im Alleingang niemals möglich gewesen wäre.

Wo bleiben die heutigen Abgrenzungsmerkmale?

Die Welt der Kinder geht schleichend in die Welt der Erwachsenen über. Wo kann man als Jugendliche und Jugendlicher noch Grenzen ziehen und provokant auf sich aufmerksam machen, wenn sowohl Kinder als auch Erwachsene dauernd Richtung Jugend rücken? Die Jugend sitzt in der Klemme. Von unten drängen schon Babys in Jeans und Baseball caps nach – und von oben ist der Druck der ewig jung bleiben wollenden Erwachsenen zu spüren. Es gibt keine Initiation mehr für Pubertierende, es gibt auch keine eigenen Rituale, Signale oder Merkmale, die nicht binnen kürzester Zeit von den „Alten" imitiert und dank des dickeren Geldbeutels übertroffen werden.

Mütter und Töchter gehen in die gleichen Läden einkaufen, mit kurzen Tops und gepiercten Bauchnabeln. Graumelierte Herren in coolen Hosen pfeifen in Inlineskatern an einem vorbei und geben sich jugendlich fit. Wir finden heute eine Konkurrenz zwischen Eltern und Kind, die es früher nur unter Freundinnen gab. Dank einer Seife sollen Mutter und Tochter nicht mehr voneinander zu unterscheiden sein, was allein für die Mutter von kurzfristigem Vorteil sein könnte, für die Tochter aber eine massive Niederlage bedeutet. Der Wunsch nach ewiger Jugend lässt das Ziel erwachsen zu werden, nicht verlockend erscheinen. So wird der Vater eher zum Kumpel, die Mutter zur besten Freundin, die zusammen mit ihrer Tochter Popkonzerte besucht, was von vornherein schon eine schwierige Voraussetzung für Abgrenzung ist.

Also müssen die Mittel, sich von Erwachsenen abzugrenzen, immer drastischer werden, und *„nicht selten bekommt der Körper zu spüren, was der Seele auszusprechen nicht erlaubt wird. Es gab noch nie ein so exzessives Piercing wie heute, in der Hoffnung, endlich Tabus zu sprengen"* (*Huber* 2003).

In einer meiner Beratungsstunden erschien eine Mutter mit ihrer 14-jährigen Tochter, beide spindeldürr, beide in schwarz gekleidet, identisch geschminkt mit je einem Hühnerknochen durch das linke Ohrläppchen. Die Tochter hatte sich in ihrer Not das Einkoten als letzte Markierungsgrenze ihrer Identitätssuche „ausgewählt". Die Mutter ahnte nicht, um was sie ihre Tochter beraubte. Es ist nicht verwunderlich, dass die Provokation ins Extreme gehen muss, denn was provoziert uns heute noch?

Pubertät ist wichtig. Und das Verhalten Erwachsener Jugendlichen gegenüber bestimmt den Pubertätsverlauf maßgeblich.

AUS SICHT DER JUGEND:
EIN PERSÖNLICHER BLICK ZURÜCK

I. ANMERKUNG ZU DIESEM KAPITEL

Für mich war die Pubertät bei weitem keine so schlimme Zeit, wie es immer propagiert wird. Klar, ich hatte den Kopf voller neuer Ideen und auch den festen Glauben, sie alle in die Tat umsetzen zu können. Das wirkte unheimlich beflügelnd.

Aber denken Sie nicht, meine Gedanken seien nur um das andere Geschlecht oder Musik und Filme gekreist. Ich habe mir in diesem Alter – wie alle anderen auch – die „wichtigen" Gedanken gemacht – über die Welt, die Gesellschaft, die Ethik, das Glück, den Glauben und die Politik, um nur ein paar Topthemen zu nennen. Doch leider waren ernste Diskussionen über derartige Themen meist nur unter Gleichaltrigen möglich. Bei vielen Erwachsenen musste ich mir den Ruf als ernsthafter Gesprächspartner erst einmal hart erarbeiten. Die meisten Erwachsenen haben erst einmal eine Weile gebraucht, bis sie erkannten, welche Chancen ihnen ein gleichberechtigtes Gespräch mit einem Jugendlichen bietet, bei dem beide Seiten einander zuhören und die Gedanken des anderen ernstnehmen. Die Erwachsenen können dabei

• wirklich Neues erfahren

• einem jungen Menschen ihr Wissen im argumentierenden Gespräch weitergeben, ohne es ihm „einzupauken".

Ich habe damals gelernt, dass jeder bereit sein muss, die eigenen Ansichten zu überdenken oder sogar aufzugeben, wenn der andere bessere Argumente hat. Kann es nicht auch für Eltern, die gerade von einer neuen Sichtweise überzeugt wurden, etwas Tolles sein, zu sehen, dass sich ihr Kind zu einem eigenständig denkenden Individuum entwickelt hat?

2. Anmerkung zu diesem Kapitel

Alle Eltern pubertierender Jugendlicher stehen vor der widersprüchlichen Aufgabe, ihren Kindern Nähe und Geborgenheit zu bieten, sie aber gleichzeitig „aus dem Nest werfen" zu müssen. Eine Gratwanderung, die höchste Ansprüche an alle Eltern stellt. Das stelle ich mir nicht einfach vor. Denn auch für mich als Jugendlicher war es sehr schwierig, die alten „Familienbande" abzuwerfen und sie unter verändertem Vorzeichen neu zu knüpfen. Denn ich wusste: Die Art der Beziehung, wie sie während der Kindheit bestand, wird es nach der Pubertät nie wieder geben. Ich als Jugendlicher hatte also nicht nur die Schwierigkeit, den Verlust alter „Beziehungsbande" zu verkraften, sondern musste die gerade aufgelöste Beziehung sofort wieder neu errichten, um nicht zu lange in der Luft zu hängen. Zum Glück haben mir einige Menschen dabei sehr geholfen. Offensichtlich ertragen aber viele Eltern den ersten Schritt, nämlich die Auflösung der bisherigen „Kindheitsbeziehung" zu ihren Kindern nicht. Einige können nicht loslassen, was Jugendliche dann sofort als klaren Beweis dafür sehen, dass die Eltern ihnen nicht vertrauen. Das ist wiederum ein Anlass für weitere Konflikte und für eine Schwächung der gerade im Entstehen begriffenen neuen Beziehung.

Unter meinen Freunden habe ich oft erlebt, dass Eltern es anscheinend nicht ertragen konnten, dass ihr Kind nun kaum noch auf sie hörte oder sich sogar andere Vorbilder und Weltanschauungen suchte. Das nagte offenbar an ihrem Selbstvertrauen und am Vertrauen in die eigenen Erziehungsmethoden. Aber es musste irgendwie bewältigt werden. Man kann nur hoffen, dass Eltern zeigen können, wie eine positive Bewältigung aussehen kann. Wenn sie sich kritisch mit neuen, oft extremen Ansichten auseinandersetzen und sie nicht von vornherein ablehnen. Ich hätte dicht gemacht, wenn meine Ansichten von mir wichtigen Menschen von vornherein verteufelt worden wären und sie versucht hätten, durch Kritik und Drohungen eine Umkehr zu ihren „alten" Idealen zu erzwingen. Zum Beispiel so: *„Mit der Einstellung kommst du nicht weit!" „Aus dir wird ja sowieso nie etwas Rechtes!"*

„Du endest als Sozialhilfeempfänger, wenn du so weiter machst!"
Solche Drohungen hätten mich auch nicht überzeugt. Denn niemand
kann in die Zukunft sehen. Warum sollte jemand später nicht erfolgreich sein, nur weil er in der Pubertät andere Ansichten als die Eltern
hat? Jugendliche spielen die Hauptrolle im familiären Pubertätsstück,
sie stecken mittendrin und haben nicht genügend Distanz, um richtig durchzublicken. Eltern sollten nicht die neue Beziehung zu ihrem
Kind, die gerade erst im Entstehen ist, durch Schwarzmalerei nachhaltig belasten. Deshalb sollten sie zuerst einmal offen sein gegenüber
neuen Denkansätzen und Lebenseinstellungen ihres Kindes, bevor
sie – wenn nötig – konstruktive Kritik anbringen. Wer das erlebt, hat
Glück.

3. ANMERKUNG ZU DIESEM KAPITEL

Ein großes Handicap, das die heutigen Eltern mit sich tragen, sind
die immer noch spürbaren Altlasten der Nachkriegsgeneration. Denn
deren Eltern, die jetzigen Großeltern, wuchsen größtenteils in einer Diktatur auf, in der Andersartigkeit und Nonkonformismus oft
schreckliche Konsequenzen hatten. Auch ohne jegliche Sympathie für
die damalige Ideologie musste man sich oft anpassen, um zu überleben. Jahrzehnte später, nun mit eigenen Kindern, übertrugen viele
Eltern jetzt, meist unbewusst, diese Autoritätsvorstellungen aus ihrer
Kindheit und Jugend auf ihre Kinder. So wuchsen viele der heutigen
Eltern noch unter rigiden Moral- und Wertvorstellungen auf. Die waren schon in ihrer Kindheit unpassend, doch fließen sie immer noch
in die Erziehung der heutigen Jugendlichen mit ein – und können
geradezu katastrophal sein.
Dem entgegenzuwirken bedeutet nicht, alle „älteren" Moral- und Wertvorstellungen kurzerhand über Bord zu werfen, sondern sie kritisch
im Spiegel der heutigen Zeit zu reflektieren. Nur so können problematische erzieherische Maßnahmen, die man selbst in der eigenen
Kindheit erlebt hat, verschwinden.
Auch liberale Erziehungsmethoden von vor dreißig Jahren sind nicht

zwangsläufig heute noch aktuell und passend. Wir Jugendlichen müssen heute mit ganz anderen Problemen kämpfen als unsere Eltern damals. Darum muss jede kindgemäße Erziehung auch immer ihrer Zeit und den Verhältnissen angepasst werden und auf zeitlosen Basiswerten neue Entwicklungen zulassen.

Unterschiedliche Auffassungen über Erziehung gibt es zwischen Eltern und Jugendlichen immer – auch wenn das Eltern-Kind-Verhältnis noch so gut ist. Ich habe die Erfahrung gemacht, dass es immer etwas bringt, miteinander zu reden. Und dass die Jugendlichen nicht warten sollten, bis die Erwachsenen mal mit ihnen reden, sondern selbst die Initiative dazu ergreifen und Gespräche „anzetteln".

KAPITEL 1: DAS WICHTIGSTE IN KÜRZE

▶ Die Pubertät ist eine vorurteils- und angstbesetzte Lebensphase, aber auch eine extrem wichtige Zeit der Veränderung, Anpassung und Selbstfindung.

▶ Das Aufbegehren der Jugendlichen ist notwendig, um sich über die eigene Position im Leben klar zu werden und um gesellschaftliche Veränderung möglich zu machen. Eltern rutschen in die konträren Positionen der Haltgebenden und des Prellbocks.

▶ Angst existiert auf beiden Seiten. Angst vor dem Verlust der Kindheit, Angst vor dem Verlust des Kindes.

▶ Bindung bekommt eine neue Qualität, Beziehungen müssen umgestaltet werden: Ziel ist Verbundenheit in Autonomie.

▶ Eltern dürfen nicht durch Kumpelhaftigkeit die Abgrenzung ihrer Kinder verhindern.

PUBERTÄT
FRÜHER UND HEUTE

In diesem Kapitel erfahren Sie, ...

▶ dass Haare, Kleidung, Körperausdruck und Sprache wichtige Signale sind

▶ warum Jugendschelte eine uralte Tradition hat

▶ dass sich die Jahrtausendwende-Jugend immer weniger an der Lebenserfahrung
  bzw. Lebensweisheit der Älteren orientieren kann

▶ warum die Jugend penetrant *„Warum nicht?"* fragen muss

▶ was das Geheimnis altersunabhängigen Jugendseins ist

▶ dass die deutsche „Jugend 21" demografisch gesehen eine Minderheit ist

▶ was „schlüsselqualifiziert" bedeutet

DIE PUBERTÄT FRÜHER –
EIN KURZER BLICK ZURÜCK

Mit „früher" ist hier nicht der Zeitraum gemeint, als die Eltern oder Großeltern der heutigen Jugendlichen pubertierten, sondern wirklich früher, in der Zeit unserer Vorfahren in steinzeitlicher Vergangenheit. Traditionale Gesellschaften von heute –insbesondere die Jäger-und-Sammler-Kulturen in Südamerika, Südafrika und in Neuguinea – bilden annähernd unsere eigene Vergangenheit ab. 99 % der Menschheitsgeschichte verbrachten unsere Vorfahren unter Umgebungs- und Sozialisationsbedingungen, die sich radikal von den heutigen unterscheiden. Die Lebensweisen der Menschen in noch existierenden traditionalen Gesellschaften erleichtern uns die Vorstellung über diese Zeit, obwohl sie, wie wir, Angehörige der Spezies Homo sapiens sapiens sind, mit allen intellektuellen Potentialen dieser Entwicklungsstufe, und deshalb nicht mit unseren stammesgeschichtlichen Urahnen wirklich identisch sind. Ihre Lebensweisen und sozialen Strukturen scheinen jedoch nach unserem heutigen Kenntnisstand der 4-5 Millionen Jahre dauernden Lebensweise unserer prähistorischen Vorfahren zu ähneln. Der auffälligste Unterschied ist das Fehlen „technischer" Zivilisation.

Ein gedanklicher Ausflug zu traditionalen Gesellschaften soll den Blick schärfen für die Besonderheiten unserer heutigen Pubertätssituation, in der sich Kinder und Jugendliche befinden, die immer noch ihre wirklich uralte genetische Ausstattung und die damit in Verbindung stehenden angeborenen Bedürfnisse haben (siehe Kap. 4, 7).

Bei diesem Ausflug arbeiten wir mit einem stark vereinfachten kulturübergreifenden Schemamodell und ignorieren der Einfachheit halber die fast grenzenlose Detailvielfalt der Kulturen wie die immensen Unterschiede zwischen Mädchen- und Jungenpubertäten. Wir konzentrieren uns auf übergeordnete Gemeinsamkeiten.

Die traditionale Pubertät ist dreiphasig. Sie umfasst die **Trennung** von der Kindheit, den **Übergang** in eine neue Welt und die **Einfügung** in den Lebensabschnitt junger Erwachsener. Alle 3 Phasen werden ursprünglich durch Initiationsriten und Feierlichkeiten markiert. Die traditionale Pubertät ist ein kollektives Geschehen.

In der ersten Phase, der **Trennungsphase**, vserlässt das Kind in der Gruppe von Gleichaltrigen sein Dorf. Es kommt zu einer Trennung von der Familie als symbolisches Zeichen für die zu Ende gegangene Kindheit. Häufig legen die Initianden ihren bisherigen Namen und ihre typische Bekleidung der Kinder ab. Fern vom Dorf, oft viele Tagesmärsche entfernt, in speziell dafür ausgewählten Territorien, beginnt für den jungen Menschen die **Übergangsphase**.

Mit ihr ist in der Regel eine für den jeweiligen Stamm typische Kennzeichnung in Form von Schmucknarben, Tätowierungen oder Verstümmelung verbunden, etwa eine Beschneidung oder das Ausschlagen eines Zahnes. Die Schmerzen und Peinigungen, die die Heranwachsenden zu ertragen haben, dienen dem Zweck, sie an den Stamm und dessen Gebote zu binden. Die bei den Operationen bewusst hinterlassenen Narben sind nicht mehr zu beseitigen, sie signalisieren die nicht mehr rückgängig zu machende Integration in die Erwachsenenwelt. Mit ihnen wird ein bleibendes Zeichen der Stammeszugehörigkeit gesetzt.

In der Übergangsphase, die 6 bis 8 Wochen dauern kann, wird der junge Mensch auf seine spätere Rolle im Stamm vorbereitet. Er wird in Stammessitten und Stammesgeheimnisse, in sexuelle Rollen, Rechte und Verantwortungen des Erwachsenseins eingewiesen, von anerkanntesten Stammesmitgliedern, von weisen Männern und Frauen.

Nach dieser Zeit steht der **Wiederaufnahme und Einfügung** der jungen Erwachsenen nichts mehr im Wege. Die Jungen und Mädchen kehren als Männer und Frauen in ihr Heimatdorf zurück, wo man ihre Rückkehr festlich feiert. Sie tragen nun Erwachsenenbekleidung und haben oft einen neuen Namen. Alle Stammesangehörigen begegnen ihnen mit Achtung, wie sie der neuen Erwachsenenrolle zukommt. Dazu gehört auch automatisch die Aufnahme in die sexuelle Welt.

Pubertäts- und Initiationsriten sind in ihrer ursprünglichen Funktion also als Hilfestellung der Gesellschaft beim Übergang von der Kindheit ins Erwachsenenalter zu verstehen. Die genaue Festlegung ihres Ablaufs lässt den Jugendlichen keinen Moment allein. Die Übergangsphase ist sicher einer der betreuungsreichsten und intensivsten Abschnitte seines Lebens.

Die Initationsriten beweisen ihm seine soziale Einbettung, sie sind aber auch Zeichen seiner Unfreiheit, sich zu einer anderen Lebensform als zu der seiner Eltern, seines Stammes, zu entschließen. Sein Weg ist lückenlos geschützt. Der Preis dafür ist seine bedingungslose Vorgegebenheit, scharf getrennt in ein traditionelles Frauen- oder Männerleben.

Das kann nicht der Weg unserer Jugendlichen in westlich geprägten Gesellschaften sein, doch dürfen Erwachsene hier nicht auf jede Übergangsbegleitung fahrlässig verzichten.

Die Pubertät heute – ein erster kurzer Blick zum Einstieg

Wie sieht zum Vergleich ein gleichermaßen stark vereinfachtes Schemamodell für heutige Pubertäten aus?

Einheitliche gesellschaftlich sanktionierte, traditionelle Pubertätsriten und -bräuche sind in unserer heutigen westlichen Welt weitgehend abgeschafft.

Die Trennung kommt nur langsam und schleppend in Gang, oft gegen den Widerstand der Eltern, die aus den verschiedensten Gründen nicht loslassen können, ihre Kinder nicht erwachsen werden lassen wollen.

Der Übergang ist in unserer Gesellschaft extrem verlängert. Die Zeit zwischen abgeschlossener Geschlechtsreife und akzeptiertem Mitglied der Erwachsenenwelt kann 8-10 Jahre lang dauern.

Übergang und Eingliederung müssen bei uns vom jungen Menschen weitgehend selbst geleistet werden. So erleben die Jugendlichen ihre Initiation als Eintritt und Anfang in eine neue Welt häufig keineswegs mehr als kollektives feierliches Geschehen, sondern überwiegend als individuelle Krise, in die sie hineingeraten. Der junge Mensch befindet sich weitgehend allein gelassen auf der Suche nach seiner Daseinsform – eine inzwischen kaum überschaubare Zahl nicht einzuschätzender Lebensformen vor Augen, die ihm alle zumindest theoretisch machbar scheinen.

Der Kinder- und Jugendpsychiater *Klosinski* hat das klar erkannt und beschreibt, dass es in unserer Gesellschaft dem Jugendlichen auf seinem Weg zu sich selbst primär darum geht, sich von der Erwachsenenwelt abzusetzen. Haare, Kleidung, Körperausdruck, Sprache sollen Signale setzen: Wir, die Jugend, wollen anders sein, anders leben, wir machen uns unsere Kultur selbst und setzen uns von der Erwachsenenwelt ab. Das bedeutet, einen kaum bewältigbar erscheinenden Spagat zu leben:

Sich im Beisein und unter den Augen der Eltern abgrenzen, sich eigenständig und individuell definieren, und gleichzeitig in die Gruppe der Gleichaltrigen hinein kommen und integriert bleiben, um angesichts familiärer und schulischer Turbulenzen zumindest deren Rückhalt nicht zu verlieren (siehe Kap. 6).

Klosinski fasste die Situation zusammen: Während durch Zeichen am Körper bei den Initiationsriten der traditionalen Gesellschaften die dauerhafte **Integration in die Erwachsenenwelt** deutlich wird, für alle unübersehbar markiert, möchten viele der heutigen Jugendlichen in unserer modernen, anonymen Gesellschaft, dass an ihrem Körper und an ihrem Äußeren **deutliche Distanz gegenüber der Erwachsenenwelt** abgelesen werden kann.

Warum? Wir müssen uns schrittweise einer einigermaßen zufrieden stellenden Antwort auf diese Frage nähern.

DIE SCHON IMMER BELIEBTE JUGENDSCHELTE

„Die Jugend von heute…!" lautet der in jeder Generation wiederkehrende Stoß-seufzer von Erwachsenen, die zwar selbst auch einmal jung waren, das aber vergessen zu haben scheinen. Sie können sich offenbar nicht mehr an ihre eigenen Jugendsünden erinnern, an ihre Verwirrung, ihre Träume, Unsicher-heiten, Ängste und Hoffnungen. Daran, dass es nichts Schöneres gibt, als Er-wachsene zu provozieren. Daran, dass man in diesem Alter an Grenzen gehen, ja sie überschreiten muss, um daraus allmählich ein funktionierendes Werte-system entwickeln zu können. Daran, dass man in diesem Alter die ganze Welt umstürzen und umkrempeln will, weil man so vieles von dem, was schon da ist, nicht in Ordnung findet." (Auszug aus dem Vorwort von *Amelie Fried* zu *Huber, A.: Die Lebensweisheit der 15-Jährigen*)

Die Jugendschelte scheint ein von jeher in allen Kulturen auftretendes Phä-nomen zu sein. Der griechische Schriftsteller *Hesiod* schimpfte bereits 700 v. Chr. über die *„unerträglich rücksichtslose Jugend"*. *Aristoteles* (griechischer Philosoph, der 300 vor Chr. lebte) schrieb: *„Ich habe überhaupt keine Hoffnung mehr in die Zukunft unseres Landes. […] Unsere Jugend ist unverantwortlich und entsetzlich anzusehen."* (zitiert nach *Huber* 2003).

Heute ist das nicht anders, die Jugendschelte ist ein hoch aktuelles Thema.

Die Veröffentlichungen in der „Flachpresse" scheuen sich nicht, „die Jugend" als ungezogen, aggressiv, ja gewalttätig, als faul, dumm, nicht leistungsfähig, als konsumversessen, sexualisiert und in frühen Jahren bereits dem Alkohol und anderen Drogen verfallen zu bezeichnen, Jugendliche als körperlich wie psychisch krank darzustellen.

Mit Gründen für dieses Desaster ist man schnell zur Hand. Verwöhnt, verzo-gen und verroht seien die heutigen Jugendlichen, sie kennen keinen Respekt. Schuld daran seien die zu wenig anwesenden, zu wenig erziehenden Eltern und zu laschen Lehrer ohne Vorbildcharakter und Autorität – zwei Erwachse-nengruppen, die zuerst zu wenig bieten und dann zu wenig verlangen. Dann noch der zunehmende Einfluss durch Fernsehen, Internet und Computerspiele.

Das größte Malheur sei – so ist zu lesen –, dass es kein richtiges Familien-leben mehr gebe, keine familiäre Zuwendung und Geborgenheit, keiner zur Verantwortung bereit sei, Kinder zu erziehen, so dass alle ohne gegenseitiges Interesse nebeneinander her leben, quasi a-sozial.
Aber dieses Meinungsbild über die heutige Jugend stimmt trotz häufiger Wie-derholung nicht mit der Realität überein. Erst wenn vertraut gewordene Vor-urteile aufgegeben worden sind, wird sichtbar, wie die Jugend wirklich ist, wo ihre Probleme, aber auch ihre großen Chancen liegen.

WOZU BRAUCHEN DIE ERWACHSENEN IHR BILD VON DER UNNÜTZEN JUGEND?

Andres Huber stellt fest, dass es offensichtlich in der Menschheitsgeschichte schon immer einen Generationenkampf gegeben hat, in dem die jeweils ältere Generation der jüngeren gegenüber niemals gewillt war, die gesellschaftliche Verantwortung einfach an sie zu übergeben. Es existiert ein Misstrauen ge-genüber der nächsten Generation, die – ohne, dass es verhindert werden kann – diese Gesellschaft erobern wird, und die mit ihren eigenen Gefühlen, Werten und Vorstellungen an das Bestehende herangeht. Spätestens ab der Pubertät sehen die Erwachsenen in ihren heranwachsenden Kindern die nächste maßge-bende Gruppe dieser Gesellschaft. Sie ahnen, dass es zu Veränderungen kom-men wird, selbst Alltägliches wird in Frage gestellt, folglich muss man sich mit allem neu auseinandersetzen. Das ärgert oder irritiert. Die Pubertät der Kinder wird nie so sein, wie die eigene erlebt wurde, da jeweils ein Individuum in eine andere Erwachsenenwelt wechselt. Der Übergang von der Kindheit ins Erwach-senenalter verläuft nicht nach Regeln, auf die man sich vorbereiten könnte. Die Abläufe sind unaufhaltsam, außerdem weder vorherzubestimmen noch zu kontrollieren. Nicht (mehr) kontrollieren zu können, ist das Schwierigste für die Eltern, sie müssen – ohne zu wissen, wie es weiter gehen wird – im Ver-trauen auf ihr Kind loslassen, und sie müssen lernen, ihm Verantwortung zu übergeben.
Die Jugendschelte war wahrscheinlich schon immer eine Sammlung individu-eller Meinungen, die durch gesellschaftliche Vorurteile und Stereotypien gebil-det wurde. Das Wehklagen *„Diese Jugend!"* basiert auf massiven gesellschaft-lichen und auch individuellen Ängsten der Erwachsenen: Ihnen macht Angst, dass sie durch das Gefühl der Jugendlichen, endlich „am längeren Hebel" zu

sein, in Frage gestellt werden, dass sie scheinbar gezwungen werden, Schritte weiter gehen zu müssen und zu akzeptieren, dass die Jungen noch weiter gehen werden – und dafür ihre Gründe haben.

Wenn unter den Erwachsenen gemeinsam beschlossen wird, dass die Jugend „unnütz" ist, besteht eine Chance, den Zeitpunkt hinauszuzögern, ab dem man sich wirklich mit ihr und ihren Ideen auseinandersetzen, sie als Partner sehen und als Nachfolger akzeptieren muss. Diese Akzeptanz fällt heute auch deshalb besonders schwer, weil die Erwachsenen in unserer sich extrem schnell verändernden Zeit etwas spüren, was *Beate Großegger*, die Leiterin des Instituts für Jugendkulturforschung in Wien, erforscht hat: Die Jahrtausendwende-Jugend orientiert sich im Gegensatz zu früheren Jugendgenerationen immer weniger an der Lebenserfahrung bzw. Lebensweisheit der Älteren. Die vielen neuen Anforderungen in unserer schnelllebigen Zeit sind ein Grund dafür. Dass eine Neuorientierung und Abkehr von „Altem" mitunter, keineswegs immer, auch angebracht sein kann, beschreibt *Huber* an einem Beispiel folgendermaßen: Während es den Älteren von ihren Einstellungen, Kompetenzen und ihrem ganzen Lebensrhythmus her schwer fällt, sich mit den neuesten Technologien, Kommunikationsformen oder kulturellen Impulsen anzufreunden, werden die Jungen damit ganz selbstverständlich groß.

Es braucht wohl Beides, die anfänglich massive Abwehr der Alten gegenüber Veränderungsvorschlägen und neuen Sitten sowie das unerbittlich provokante Drängen der Jungen auf einen Wandel, um einen „Stop-and-Go-Prozess" in Gang zu setzen, der dafür sorgt, dass gesellschaftliche Grenzen und Tabus immer wieder mit Bedacht den Vorstellungen jetzt lebender Menschen angepasst werden, um vor dem Hintergrund ihrer bisherigen Lebenserfahrungen gesellschaftliche und kulturelle Weiterentwicklung zu ermöglichen.

- Lebens- und Erhaltenswertes aus der Vergangenheit, aber auch Werte aus den Ursprungsfamilien, würden sonst im hitzigen Überschwang der Jugendlichen vorschnell über Bord geworfen werden und Gefahr laufen, verloren zu gehen. Hier zum Innehalten und Nachspüren zu bewegen, ist die mühsame Aufgabe der Alten.
- Es gibt aber auch für zukünftige Lebenskompetenz als unerlässlich erkannte Veränderungen, die ohne den Druck der jungen Generation keine Chance hätten, sich gegen vertraut Etabliertes durchzusetzen. Die Jugend muss penetrant „Warum nicht?" fragen, um wirklich Unersetzbares von Ersetzbarem trennen und differenzierte Veränderungen durchführen zu können.

Das Leben auch als Spaß zu verstehen, was junge Menschen tun, fällt den heutigen Erwachsenen anscheinend besonders schwer. Für sie ist es aus ihrer Lebensgeschichte und vor allem aus ihrer Nachkriegserziehung heraus nur mit Mühe nachzuvollziehen, dass man dem Leben den nötigen Ernst entgegenbringen und trotzdem Spaß daran haben kann. Vielleicht ist genau diese Einsicht eines der Geheimnisse altersunabhängigen Jugendseins.

ZIELE, WERTE UND LEBENSBEWÄLTIGUNG

DIE „JUGEND VON HEUTE"

- Die jungen Menschen sind optimistisch und pragmatisch.
- Sie sind bildungsambitioniert und setzen auf gute Abschlüsse.
- Sie wollen ihre Probleme selbst lösen. Sie suchen private Lösungen für ihren Lebensweg. Nicht ohne Grund hat der 4. Bericht zur Lage der Jugend in Österreich den Titel *„Nimm dein Leben selbst in die Hand".* Sie wollen selbstbestimmt, selbständig und selbstverantwortlich leben. Wo es nicht so klappt, wird eine Notparole daraus: *„Hilf dir selbst, sonst hilft dir keiner".*
- Sie sind sehr kommunikationsfreudig und in vielfältige soziale Beziehungen eingebunden.
- Karriere und Familie sind für Frauen zwei zentrale gleichberechtigte Zielvorstellungen.
- Leistung, Sicherheit und Einfluss liegen stark im Trend, ebenso Kreativität, Toleranz und Genuss.

Die großen Lebensziele unterscheiden sich überraschend wenig von denen der Vorgänger-Generation, sind aber wahrscheinlich noch klarer und ehrlicher:
- Ein harmonisches Familienleben
- Gute Freunde
- Sicherheit, vor allem bezüglich des Arbeitsplatzes
- Spaß
- Ein Beruf, der nicht nur Pflicht ist, sondern Möglichkeiten zur Selbstverwirklichung bietet und auch Freude macht

REALISTISCHES ZUR LAGE DER JUGEND

Die Datenbasis für die folgende Kurzbilanz stellen die Ergebnisse von mehreren repräsentativen Großstudien dar, deren wissenschaftliche Sachlichkeit und Differenziertheit beeindruckend sind:

- Stern-Studie (bundesweit, *Schulte-Markwort* 1999): Unter Leitung von *Michael Schulte-Markwort* wurden Ende 1999 fast 1.000 Jugendliche zwischen 12 und 18 Jahren und ihre Eltern befragt.
- Siegener Jugendstudie (Nordrhein-Westfalen, AG Sozial- und Jugendhilfeplanung der Stadt Siegen 2002): Unter Leitung von *Jürgen Zinnecker* wurden 2001 fast 8.000 10- bis 18-Jährige befragt.
- 14. Shell-Jugendstudie (bundesweit, *Hurrelmann* & *Albert* 2002): Unter Leitung von *Klaus Hurrelmann* wurden mehr als 2.500 Jugendliche befragt.
- Kinder- und Jugendgesundheitssurveys (KiGGS) (bundesweit, Robert-Koch-Institut 2006, *Viciano* 2006): Unter Leitung von *Bärbel-Maria Kurth* mit rund 18.000 Kindern und Jugendlichen im Alter von 0 – 17 Jahren.
- Hinzu kommen Ergebnisse des 4. Berichtes zur Lage der Jugend in Österreich unter Leitung von *Beate Großegger* (*Großegger* 2004).

Die jungen Menschen gehen unbefangen mit den faszinierenden Möglichkeiten des Konsums und der neuen Kommunikations-Medien um. Auch das Vorurteil von der konsumbesessenen Jugend ist falsch. Zwar hatte noch nie eine junge Generation so viel Geld, doch auch noch nie so viel Geld gespart. 90 % der Jugendlichen sind kritische Käufer mit Blick auf Produktqualität und Preis-Leistungs-Verhältnis. Das ist ganz wichtig, um angesichts von Überfluss und Markenfetischismus nicht die Orientierung zu verlieren und einigermaßen realistische Erwartungen aufbauen zu können.

Auf die veränderte Welt, auf veränderte Werte reagieren Jugendliche frei, kreativ, ja bunt bis mitunter widersprüchlich, ohne starre ideologische Verortung, was ihnen zwar den Vorwurf der Prinzipien-Untreue einbringt, aber auch eine nachhaltige erfolgreiche Reaktion auf die Tatsache darstellt, dass eindimensionales Denken und traditionelle Werthaltung als starres Orientierungsmuster ausgedient haben. Trotz ihres Optimismus sehen sie die globale Zukunft durchaus düster, sehen aber Ansätze für Veränderungspotential durch gezieltes Aktivwerden.

Großegger fasst diese besondere Lebensperspektive so zusammen: *„Für die Jugend besteht die zentrale Entwicklungsaufgabe nicht mehr darin, Ambivalenzen und Widersprüche aufzulösen, sondern vielmehr darin, bestehende Ambivalenzen und Widersprüche in ein stimmiges Spannungsverhältnis zu bringen. In der Identitätsforschung spricht man hier von Identitätsbildung nach dem Prinzip der additiven Identität."* Trotz aller bewusster und gelebter Veränderung gibt es ein deutliches Interesse an Traditionen und Sinn für Rituale.

GESUNDHEIT

Wie geht es der deutschen Jugend? Auch hier braucht es Zahlen statt Mythen, um der Behauptung, in Deutschland wachse eine kranke Population heran, entgegenzutreten, meint *Bärbel-Maria Kurth*, die Projektleiterin des Kinder- und Jugendgesundheitssurveys (KiGGS) und antwortet (*Viciano* 2006):

„Gut. Die meisten Kinder sind gesund, treiben Sport und haben kein Übergewicht. Die Lebenserwartung steigt, die Sterblichkeit sinkt, und Infektionskrankheiten werden immer effektiver bekämpft."

- Etwa 15 % der Kinder und Jugendlichen von drei bis 17 Jahren sind übergewichtig, etwas mehr als 6% leiden unter Adipositas.
- Fast 22 % der Kinder und Jugendlichen wurden als auffällig in Bezug auf ihr Essverhalten eingestuft, wobei das Erkrankungsrisiko für Mädchen im Laufe der Jugendzeit zu-, für die Jungen abnimmt.
- Die Anfälligkeit für Ess-Störungen geht mit psychischen Auffälligkeiten und Depressionen einher.
- 77 % der Kinder zwischen 3 und 10 bewegen sich regelmäßig im Freien. Mädchen sind im Jugendalter weniger aktiv als Jungen.
- Über 30 % der Jugendlichen zwischen 14 und 17 rauchen bereits, ein Fünftel davon täglich.

Die Gesundheitsbilanz braucht den realistischen Blick, es ist keineswegs ein entmutigendes Ergebnis, was aber nicht heißt, dass die gesundheitliche Vorsorge und Versorgung nicht weiterhin besser und gezielter werden müssen. Denn:

- Armut ist das größte Gesundheitsrisiko für ein Kind,
- Kinder aus benachteiligten sozialen Schichten und mit Migrationshintergrund sind doppelt so häufig von Ess-Störungen betroffen wie solche aus wohlhabenden und gebildeten Elternhäusern. Sie sind auch deutlich weniger bewegungsaktiv. Vom Aktiv- wie vom Passivrauchen sind sie besonders stark betroffen.
- Das gleiche Verteilungsmuster findet man auch bei psychisch auffälligen Mädchen und Jungen. Es dominieren Ängste, Depressionen und Störungen des Sozialverhaltens.
- Einzig von allergischen Erkrankungen, unter denen fast 17 % aller Jugendlichen aktuell leiden, sind deutlich weniger Kinder mit Migrantenhintergrund oder aus sozial schwachen Familien betroffen.

Wie komplex die Situation von Jugendlichen aus benachteiligten Familien ist, wird in Untersuchungen klar, die zeigen, dass in erster Linie das Bildungsniveau in der Familie darüber entscheidet, ob Belastungen und Probleme eher bewältigt werden oder zu gesundheitlichen Störungen führen. Ein ungünstiges Familienklima und ein niedriger Sozialstatus erweisen sich als folgenschwere Risikofaktoren.
Die Krankheiten von Jugendlichen sind in der Mehrzahl der Fälle direkte oder indirekte Folgen unzureichender Problembewältigung und deutlicher Belastung. Hierzu mehr in Kap. 5 , 7 und 8.

FAMILIE

In der 14. Shell Jugendstudie (*Hurrelmann* & *Albert* 2002) gibt es ein besonders interessantes Ergebnis: Auf die Frage, ob die Jugendlichen ihre eigenen Kinder genau so erziehen würden wie das ihre Eltern getan haben, stimmen 70 % zu, sie bejahen den liberalen Erziehungsstil. Die Jugendlichen erkennen ihre Eltern an, akzeptieren sie als Vorbilder und haben vor allem volles Vertrauen zu ihnen. Damit nehmen die Eltern eine klare Ausnahmeposition unter den weiterhin eher mit Misstrauen betrachteten Erwachsenen ein.
- Für die Mehrheit der Jugendlichen und ihre Eltern ist die Familie ein unangezweifelt stabiler und wichtiger Bestandteil des täglichen Lebens, die Ressource überhaupt. Bei echten Schwierigkeiten (schlimmer Liebeskummer, finanzielle Sorgen oder Gesetzeskonflikte) wird vorzugsweise bei den

Eltern Rat und Unterstützung gesucht. Diese Ergebnisse, zumeist aus der Stern-Studie, entlarven das immer wieder ausgerufene Ende der Familie und die Beziehungslosigkeit zwischen Kindern und Eltern als klare Fehleinschätzung. 50 % der Jugendlichen geben auf die Frage nach den liebsten Menschen zuerst ihre Eltern an, dann ihre Geschwister und Freunde.

- Die Familie lebt, ist vital und krisensicher. Über 80 % der Deutschen halten sie für sehr wichtig. Alle Großstudien zeigen, dass die düsteren Aussichten über einen allgemeinen Verfall der Familie keine empirische Basis haben.

Diese erfreuliche Bilanz darf aber nicht darüber hinwegtäuschen, dass man von 5 % dramatisch zerrütteten Familien ausgehen muss – die Grauzone reicht bis etwa 20 % –, in denen Kinder ohne Netz heranwachsen und ohne innere und äußere Sicherheit in der Erwachsenenwelt ankommen (siehe Kap. 8).

Was wirklich in Gefahr ist, ist die standardisierte Normalfamilie, die sich aus verschiedensten Gründen als nicht tragfähig genug erweist. *Huber* (2003) zeigt, dass die Familien, auch die vielfältigen neuen Patchwork-Familien, sehr viel flexibler und sozial überlebensfähiger sind, als die meisten von uns gedacht haben. Die Familie ist weiterhin das soziale Trainingslager, der Heimathafen – für Jugendliche übrigens über einen sehr langen Zeitraum hinweg. Soziologisch und auch psychologisch gesehen sind entweder die Mutter oder der Vater oder beide zusammen die längsten und intensivsten Begleiter der Jugendlichen.

PEERS UND SOZIALE BEZIEHUNGEN

Fast so intensiv wie in der Familie leben die Jugendlichen in der Gesellschaft der Peers (der annähernd Gleichaltrigen). Hier kommt es zu den wenigsten Missverständnissen, man muss sich nicht dauernd „verworten", wird verstanden oder einfach in Ruhe gelassen. Man ist gern unter sich. Und diese im Jugendalter ausgeprägte Gruppenorientierung vermittelt Sicherheit, sich in der Angebots- bzw. Optionsvielfalt der individualisierten Gesellschaft zurechtzufinden. Der 4. Bericht zur Lage der Jugend in Österreich zeigt, dass sich Jugendliche bei den meisten Problemen bevorzugt an Freunde und Freundinnen wenden, die ein paar Jahre älter sind, weil die vor nicht allzu langer Zeit meist mit ganz ähnlichen Fragen konfrontiert waren und daher sehr gut nachvollziehen können, was in ihren jüngeren Freunden gerade vorgeht. Ein echter Glücksfall für die Jugendlichen und eine Erleichterung und Entlastung für die Eltern ist es, wenn diese etwas älteren Freunde bereits „eine Stufe weiter sind", also über lebenswelterprobte Problemlösestrategien verfügen, die von ihnen eher als von den eigenen Eltern angenommen werden können (siehe Kap. 6)

Die Ergebnisse der Großstudien:
- Der Einsatz für gesellschaftliche Angelegenheiten und für andere Menschen gehört zum Lebensstil der Jugendlichen ganz selbstverständlich dazu
- Trotz des geringen staatlich-politischen Interesses sind Dreiviertel der Jugendlichen in ihrem Lebensumfeld sozial und gesellschaftlich aktiv. Die unpolitische und völlig ideologiefreie Einstellung schließt soziale und gesellschaftliche Aktivitäten keineswegs aus. Studenten halten mit 44 % an regelmäßigen gesellschaftlichen Aktivitäten den Rekord.

Kommunikationsfreudig ist die Jugend. Und sie ist in vielfältige soziale Beziehungen eingebettet, die von außen betrachtet eigentlich nicht zusammenpassen können. Aber das geht und ist bereichernd, aber auch unerwartet anstrengend. Sozial aktive und vielseitig interessierte und engagierte Jugendliche leben mit einem ständig aktivierten Informationsmonitoring-System, ein Begriff von *Hurrelmann* (1999, 2001, 2002): Alles im Auge behalten, offen, jederzeit ansprechbar und antwortbereit sein, überall stimmig auftreten und als authentisch empfunden werden. Da läuft ein soziales Radargerät, das die Umwelt ständig sondiert und nach Möglichkeiten und Zusammenhängen absucht. Diese anstrengende Lebensweise, vielleicht ist es sogar schon ein Lebensstil, hat aber auch ihren Preis. Und der ist für manche zu hoch – abzulesen an psychischen oder psychosomatischen Störungen, Gereiztheit und Nervosität, aggressiven oder depressiven Symptomen, an Ausweichhandlungen und am Konsum psychoaktiver Substanzen oder anderen Suchtstrategien, um bestehen zu können.
Vier Fünftel der Jugendlichen sind nach *Hurrelmann* Gewinner im sozialen Wandlungsprozess. Sie haben die Herausforderungen angenommen, die in der sozialen Emanzipation ihrer Altersrolle liegt. Aber einem Fünftel gelingt es nicht, die auf Selbstdefinition und Eigensteuerung angewiesene Auseinandersetzung mit den Anforderungen zu bestehen. Hier spielen mangelnde Schutzfaktoren sicher eine große Rolle (Kap. 4).

Schule, Bildung, Ausbildung

- Was seit „Pisa" niemand glaubt: Die deutschen Jugendlichen sind bildungs-ambitioniert; noch nie gab es so viele Abiturienten (aber immer noch die wenigsten in ganz Europa) und noch nie so viele gute Abiturzeugnisse. Doch nur 20 %, ein Fünftel der Jugendlichen, fühlen sich auf die heutige Welt gut vorbereitet.

- Die Mädchen, die jungen Frauen sind die Spitzenreiter in Sachen Bildung, Ambitionen, Selbstbewusstsein, Karriere machen und Verantwortung über-nehmen. Sie haben im gesamten Bereich der Schulbildung die Jungen über-holt. Selbst ihre Begeisterung für Technik hat zugenommen. In allen Facet-ten der Sozialkompetenz sind sie weiterhin führend.

- Dennoch sind Lernfreuden und Lernkultur in deutschen Schulen eher schwach entwickelt. Die deutsche Wirtschaft beklagt die mangelnde Allge-meinbildung generell bei Schulabgängern. Die nicht mehr zeitgemäße deut-sche Lehrerausbildung, gekoppelt mit fehlender Weiterbildungsbegeisterung bei über 2/3 der deutschen Lehrer, wird dafür mitverantwortlich gemacht.

- Es gibt unter den Jugendlichen über 20 % echte Schulverlierer. Die meisten von ihnen, weit über einer zufälligen Verteilung liegend, sind 15-jährige männliche Jugendliche aus Migrantenhaushalten oder aus sozial benachtei-ligten Familien. Der extrem hohe „Sozialgradient" – das Maß für die Abhän-gigkeit des Leistungserfolgs von Herkunft und Umfeld der Schüler – zeigt, dass es Deutschland nicht gelingt, seine Migrantenkinder zu integrieren und zu fördern. Chancengleichheit und Aufstieg durch Bildung treffen für diese Jugendlichen nicht zu. Sie sind zum Problem geworden, erleben aber auch wenig, was ihre Probleme verringern könnte.

- Dem deutschen Bildungsangebot gelingt es trotz zunehmender Wachheit der Schüler und eindeutig erhöhtem Bildungsengagement nicht, Lernumwelten anzubieten, die die vorhandenen Kräfte und Ressourcen angemessen mo-bilisieren können. 40 % der Jugendlichen aus Ostdeutschland und 30 % der Jugendlichen aus Westdeutschland haben massive Zukunftsängste, weil sie bereits während und nach der Schule jede Vorbereitung auf das heutige Leben vermissen.

Trotz dieser keinesfalls optimalen Bedingungen gelingt es allen Studienergebnis-sen nach immer mehr Jugendlichen, ihr individuelles Lebenspotential wahrzu-nehmen und sich für dessen Weiterentwicklung eigenverantwortlich zu fühlen.

GENERATIONENKONFLIKT

Wir leben in einer Zeit mit extrem wenigen Spannungen zwischen den Generationen. Von Seiten der Jugendlichen gibt es keinen Kampf der Generationen, zumindest nicht mit den eigenen Eltern. Erwachsene außerhalb des nahen Bezugssystems Familie werden allerdings weitaus weniger verständnisvoll wahrgenommen. Laut Stern-Studie sehen auch Eltern ihre Jugendlichen keineswegs nur als Problem. Es ist ihnen wichtig, dass die Jugendlichen in wichtige Prozesse des Familienlebens und des Arbeitsalltags kommunikativ eingebunden sind. Bei vielen Familienbeschlüssen dürfen Jugendliche heute mitentscheiden, genauer: Es wird von ihnen erwartet, sich mit Ideen und Taten einzubringen (Kap. 8).

Auf beiden Seiten liegt ein verringertes Konfliktpotential vor. Das heißt nicht, dass während der gesamten Pubertätszeit eitel Sonnenschein herrscht – es muss zu Auseinandersetzungen kommen (siehe Kap. 1, 8) –, aber auch nicht, dass in vielen Familien nachhaltige Zerwürfnisse eine gegenseitige Annäherung in dieser spannenden Zeit unmöglich machen. Eine bis vor ein oder zwei Generationen noch häufig bis ins Erwachsenenalter anhaltend unversöhnliche Kampfsituation ist selten geworden.

Mindestens drei Ursachen sind laut Studienergebnissen für die relative Ruhe zwischen den Generationen verantwortlich:

- Die allermeisten Jugendlichen befinden sich in ihren Lebenszielen und Werten großteils nicht auf Konfrontationskurs zu den Wertewelten der Elterngeneration.
- Traditionelle, auf elterliche Autorität begründete Erziehungsvorstellungen sind in Deutschland wie in Österreich die Ausnahme geworden. Sie wurden mehrheitlich von einem „autoritativ-partizipativen" Erziehungsstil abgelöst, der von stärkerer emotionaler Nähe und kommunikativer Teilnahme und Verständnis gekennzeichnet ist. Dabei werden die Jugendlichen stärker in Erziehungs-Überlegungen einbezogen und an Entscheidungs-Prozessen beteiligt. In Familien, in denen weiterhin ein autoritärer Erziehungsstil dominiert, ist dieser als Risikofaktor für die Entwicklung des Kindes und der Eltern-Kind-Beziehung zu sehen (siehe Kap. 8).
- Die Jugendlichen rechnen es ihren Eltern hoch an, dass diese versuchen, ihnen eine gute Ausbildung als Basis für die zukünftige Absicherung ihres Lebensunterhalts zukommen zu lassen. Ganz deutlich ist zu spüren, dass bei

den meisten Jugendlichen angesichts der unsicheren beruflichen Zukunft ihre Ausbildung als Zukunftsinvestition an Bedeutung gewonnen hat. Und zwar kommt diese Einsicht aus sich heraus, nicht auf Druck der Eltern.

FREIZEIT UND SPASS

Interessanterweise kann das Thema Freizeit trotz des entschärften Generationenkonflikts in den Familien viel Streitpotential beinhalten, weil sich bei Freizeit und Spaß offensichtlich die Geister von Jugendlichen und Erwachsenen scheiden. Es beginnt mit unversöhnlich erscheinenden Auseinandersetzungen über abendliche Ausgehzeiten und außerhalb der Familie verbrachte Wochenenden. Die neu eingeforderten Freiräume müssen erkämpft werden, die „junge" Seite schießt mit maßlosen Forderungen anfangs über das Ziel hinaus. Die Angst vor einem Verbot lässt es zu nicht zu akzeptierenden Ausbruchsversuchen kommen. Die „alte" Seite überreguliert aus Angst, die Kontrolle zu verlieren – nach dem Motto: Wehret den Anfängen. Das ist schon sachlich – ganz ohne Emotionen betrachtet – eine schwierige Ausgangsposition. Und es geht nicht ohne Emotionen.

- Neben Familie und Freunden ist die selbst gestaltete Freizeit für Jugendliche einer der wichtigsten Lebensbereiche.
- Viel Freizeit zu haben, ist für Jugendliche ein Kriterium für Lebensqualität.
- Freizeit wird von ihnen minutiös geplant und organisiert, obwohl Freizeit keineswegs automatisch Aktivität bedeuten muss. Es geht um die individuell als passend empfundene Mischung aus attraktiven Erlebnisangeboten und genüsslichem Faulenzen und Nichtstun (Chillen).

Mit diesem „Nichtstun" und auch mit der aufwändigen Freizeitplanung haben die Eltern Schwierigkeiten: *Wenn Du soviel Zeit und Sorgfalt in deine Schulpflichten investieren würdest wie für die Planung deiner Wochenenden, hättest du überall Einser!"* Doch genau das geht nicht. Dazu bietet unser Schulsystem auch viel zu wenig selbst gestaltbare Bildungsfreiräume (siehe Kap. 7)

Der österreichische Jugendbericht bringt die Sache auf den Punkt: Jugendliche wollen aus der ihnen zur Verfügung stehenden Freizeit das Bestmögliche herausholen, jedoch ohne sich dabei von der Freizeitgesellschaft der Erwachsenen unter Druck setzen zu lassen. *„Das gängige Klischee, dass die heutigen*

Jugendlichen Protagonisten einer hemmungslosen und zutiefst oberflächlichen Spaßgesellschaft seien, geht demnach an der Realität vorbei. Tatsache ist vielmehr, dass die heutige Jugend mehr als jede Jugendgeneration zuvor darum bemüht ist, Lebensernst und Lebensspaß/Lebensgenuss mit hohem Authentizitätsanspruch in ein ausgewogenes und harmonisches Verhältnis zu bringen."

Doch das trauen ihnen die Erwachsenen nicht zu – vielleicht auch, weil sie das selbst nie gelernt haben.

Der Freizeit-Kriegsschauplatz zwischen Eltern und Kindern ist die am Computer verbrachte Zeit. Laut Stern-Studie sitzt knapp die Hälfte der Jugendlichen täglich nicht mehr als eine halbe Stunde lang vor dem PC, nur ganz wenige über 2 Stunden – inklusive der Zeit, die sie am Rechner für die Schule arbeiten. Diese wenigen sind allerdings in vielerlei Hinsicht als gefährdet einzustufen (Kap. 8).

Der Umgang mit Medien ist nur für eine kritische Minderheit von 5-15 % der Jugendlichen problematisch. Es handelt sich objektiv betrachtet um eine kleine, besonders auffällige Minderheit mit hohem Gefährdungspotential für sich und ihre Umgebung. Für diese haben die Erwachsenen eine besonders hohe Verantwortung, aber noch lange nicht das Recht, sie als typische Vertreter der heutigen Jugend darzustellen. Die große Mehrheit der „Jugend 21" ist nicht medienkrank, sondern mehr oder weniger medienkompetent, d.h. sie kann damit medientechnisch und medienpraktisch gut umgehen. *Huber* stellt fest, dass nur einer von 10 Jugendlichen wirklich als sozial inkompetent beurteilt wird. Das ist ein Wert, von dem man in der kommunikativen Welt der Erwachsenen nur träumen kann.

Die Erwachsenen sind sich weder bei der Internetbenutzung noch bezüglich der vielen Computerspiele auf dem Markt ihrer Verantwortung auf vielen Ebenen bewusst, zu der weit mehr als generelle Verbote oder die Festlegung der täglichen Spielzeit gehören (siehe Kap. 8).

Die Angst vor medien- bzw. computersüchtigen asozialen Jugendlichen lässt bei den Erwachsenen Panikreaktionen aufkommen, die größtenteils von Vorurteilen geleitet werden.

Die empirischen Untersuchungen erbringen hoch differenzierte Ergebnisse – z. B. in der Stern-Studie die starken User betreffend, die wöchentlich mehr als 3 Stunden lang online sind: Sie haben im Durchschnitt ein besser entwickeltes Sozialverhalten als Gleichaltrige, die das Internet nicht nutzen. Es sind auch diejenigen, die sehr viel stärker in öffentlichen Vereinen oder Gruppen engagiert sind. *Schulte-Markwort: „Die Erfahrungen, die in der virtuellen Welt gemacht werden, ersetzen nicht die realen Erfahrungen, sondern ergänzen sie."* 40 % der Jugendlichen sind sich bewusst, dass Kontakte im elektronischen Netz oberflächlich bleiben und beständige Beziehungen nicht ersetzen können.

HEUTE ERWACHSEN WERDEN

Es ist beeindruckend, was Jugendliche erleben, beherrschen und verkraften müssen, um in der heutigen Zeit erwachsen zu werden. Die Jugend des 21. Jahrhunderts wird mit vielen alten ungelösten Aufgaben konfrontiert und muss mit noch nie dagewesenen oder noch nicht bemerkten zurechtkommen. Diese Herausforderungen können ein Problem darstellen, aber auch eine Chance sein.

Die deutsche „Jugend 21" ist demografisch gesehen eine Minderheit (*Hondrich* 2000)**.** Es ist die erste Jugendgeneration, die gegenüber den Alten zahlenmäßig deutlich schwächer und als Wähler und Konsumenten nicht ganz so interessant ist, was im Klartext bedeutet, dass ihre Zukunft bei Planungen nicht automatisch berücksichtigt wird. *Hurrelmann*, der Studienleiter der 14. Shell-Jugendstudie fordert nach dieser Erkenntnis nicht nur eine Frauenquote sondern auch eine Jugendquote.

Alte Lebensmuster sind nicht mehr – wie selbstverständlich – zu verwenden. Kinder und Jugendliche wissen, dass sie mit den alten Modellen ihrer Eltern und Großeltern das heutige Leben und die an sie herangetragenen Anforderungen nicht mehr bewältigen können. Es gibt so gut wie keine Selbstverständlichkeiten mehr, auf die ältere Generationen noch beruhigt im Alltag und in ihrer Lebensplanung zurückgreifen konnten. Soziologen sprechen von der „fluiden Gesellschaft", d. h. alles ist im Fluss und verliert sein Maß an Selbstverständlichkeit. *Heiner Keupp* (2004) sieht in Globalisierung, Digitalisierung, in einem tief greifenden Wertewandel und in einem immer weiter zunehmenden Individualismus und Pluralismus Gründe dafür, dass es kein gemeinsames Richtmaß mehr für alle gesellschaftlichen Gruppen gibt, weil es einfach zu viele unterschiedliche Bezugspunkte geben kann, die relevant sein könnten.

Eine normale Pubertät in einer normalen Familie – gibt es nicht. Tief greifende Strukturänderungen in allen Lebensbereichen haben massive Auswirkungen auf unser Verständnis von Normalität. Wie wird man „normal" erwachsen? Was ist eine Familie? Selbst Wertbegründungen sind nicht mehr automatisch mit der Kultur gegeben und dadurch gesichert. Genau genommen muss jeder seine eigene familiäre Lebensform finden, auf der Basis unterschiedlichster Vorgeschichten. *Heiner Keupp* weist eindringlich darauf hin, dass die Familie nicht mehr schon aus ihrer Form heraus, also von sich aus Sicherheit gibt, sondern allein durch die Beziehungen, die zwischen den einzelnen Personen gestaltet werden – mehr oder weniger tragfähig. Auch die neuen Lebensformen können durchaus Sicherheit, Klarheit und Ordnung entstehen lassen. Nur ist nichts mehr vorgegeben, sie müssen vom Einzelnen gestaltet werden.

Für *Hurrelmann*, den Studienleiter der 14. Shell-Studie, ist die Jugend von heute im Gegensatz zu ihren Vorgängern mehrheitlich schlüsselqualifiziert: d.h. sozialkompetent, selbstsicher und ich-stark, kritikfähig, systemisch-ganzheitlich denkend, komplexitätsfähig, flexibel, interkulturell erfahren. Ihr ist es gelungen, auf gegebene gesellschaftliche, kulturelle, wirtschaftliche und politische Verhältnisse zu reagieren.

In seinen Augen haben die meisten der „Jugend 21" ihre Balance gefunden. Sie kommen mit dem neuen Leben oft besser klar als die Erwachsenen und schaffen sich das Fundament für eine positive Zukunft. Sie suchen eine Balance zwischen Selbständigkeit und Kooperation und zwischen Erfolg und Spaß, genauer: Lebensfreude. Kampf spielt in ihrem Lebensentwurf keine Rolle.

AUS SICHT DER JUGEND: EIN PERSÖNLICHER BLICK ZURÜCK

1. ANMERKUNG ZU DIESEM KAPITEL

Wenn man sich heute eine Tageszeitung kauft, egal ob FAZ oder Bild, dann stößt man leicht auf einen Artikel über den exzessiven Alkoholkonsum von Jugendlichen. „Koma-Saufen" ist ein beliebtes Stichwort zu diesem Thema. Doch um was geht es beim Saufen unter Jugendlichen wirklich? Saufen ist eine Art Initiations-Ritus geworden: Wer säuft, wirkt erwachsen und hat deutlich sichtbar seine Kindlichkeit abgelegt. Und die Erwachsenenwelt liefert uns Jugendlichen ja auch die beste Anleitung zum Saufen.

Die in Deutschland weit verbreitete Sitte des Stammtisches, vor allem in ländlichen Gebieten, ist nicht wirklich eine Veranstaltung mit gemäßigtem Alkoholkonsum. 25 Müller-Schorlen (halb Wein, halb Mineralwasser) an einem Abend sind – Zitat einer Wirtin – „normal". Ich sage nicht, dass der Alkoholkonsum bei Jugendlichen unproblematisch ist. Ich möchte nur einen Denkanstoß liefern, dass man sich als Jugendlicher immer Vorbilder in der Erwachsenenwelt sucht – auch wenn es darum geht, was dazugehört, wenn man gemütlich zusammensitzt.

2. ANMERKUNG ZU DIESEM KAPITEL

Die Kritik an Jugendlichen ist ein häufig genutztes Mittel, um Schlagzeilen und Stimmung zu machen. Bevor Sie die Meinung der Medien bedenkenlos teilen, sollten Sie kurz über das Folgende nachdenken.

- Es heißt, die Jugend sei „konsumversessen" – doch seit Jahren wird von Politik und Industrie zum Konsumieren aufgerufen, um die Wirtschaft anzukurbeln. Eine der Hauptzielgruppen der Werbung sind Schulkinder und Jugendliche.
- Es heißt, die Jugend kenne keinen Respekt, habe keine Moral mehr. Dabei werden Politiker und Manager – die „Vorbilder" also –

immer wieder der Korruption überführt. Im Fernsehen werden jedes Elend und jede Gefühlsregung hemmungslos zur Hauptsendezeit vermarktet. Die Integration von Ausländern läuft mehr als schleppend. Das stärkste Land der Welt setzt sich konsequenzenlos über Vereinbarungen der Vereinten Nationen hinweg. Vor diesem Hintergrund ist es für uns Jugendliche nicht so einfach zu lernen, vor was und wem man Respekt haben soll und wen man sich noch als Vorbild nehmen könnte.

- Es heißt, die Jugend sei nicht leistungsbereit. Das ist grundsätzlich falsch, weil man als Jugendlicher eigentlich sehr ehrgeizig ist, jedoch in – aus Erwachsenensicht – falschen Interessensfeldern. Wenn einem allerdings ständig suggeriert wird, dass man später sehr wahrscheinlich keinen Job bekommt, dann ist es in den Augen vieler Jugendlicher reine Zeitverschwendung, sich voll Ehrgeiz und Elan auf vermeintlich bereits verlorenes Terrain zu stürzen.

3. Anmerkung zu diesem Kapitel

„Man lebt, um zu arbeiten!" „Nein, man arbeitet, um nach eigenem Entwurf leben zu können!" Diese beiden Sätze repräsentieren einen großen Generationenkonflikt unserer Zeit. Während vor allem die Nachkriegsgeneration in einem Klima des Aufbaus aufgewachsen ist und gelernt hat, dass Arbeit das Höchste ist, hat die jetzige Generation diese Vorstellung nicht mehr. Geld gilt als Mittel, um sich selbst den Lebensstandard, den man anstrebt, ermöglichen zu können. Wir leben heute in einer Welt, die auf dem persönlichen Glück des Einzelnen aufbaut. Junge Menschen wissen, dass zum Glück auch ein Beruf gehört, in dem man anerkannt ist. Und deshalb bemühen sie sich auch um Ausbildung und Beruf. Aber das ist nicht alles. Spaß ist für uns Jugendliche ein sehr wichtiger Punkt im Leben. Und zum ersten Mal in der Geschichte kann sich diese Generation dem Spaß am Leben ohne staatliche und religiöse Zwänge hingeben. Wir leben in einer Demokratie. Niemand wird aufgrund seiner Meinung verhaftet. Kein Kirchenmann hat die Macht, sich zwischen zwei Liebende wegen

falschen Glaubens oder unverheirateten Zusammenlebens zu stellen. Dieses Wissen – und besonders das Wissen, dass es sehr lange nicht so war – nehmen die Jugendlichen als Anlass, das nun in vollen Zügen zu genießen. Dafür werden sie sich auch einsetzen.

4. ANMERKUNG ZU DIESEM KAPITEL

Die allgemeine Meinung über deutsche Schüler ist schlecht: Sie seien unmotiviert, ja faul und ihnen fehle jegliche Allgemeinbildung. Doch liegt das nur an den Schülern? Ich habe erlebt, dass Lehrer leider sehr selten speziell ausgebildet sind, um Jugendlichen echte Bildungsangebote zu machen. Sie haben meist ein gutes Fachwissen, doch an Anregungen begeistert zu lernen, an wirklich umgesetzter Pädagogik fehlt es. Anders kann ich es mir kaum erklären, dass unsere Klasse bei einem Lehrer beliebt war und beim anderen verhasst und schlecht beleumundet. Schüler schätzen Wissen, aber sie legen auch Wert auf die Art, wie es vermittelt wird. Der Umgang, den ein Lehrer mit seinen Schülern pflegt, ist von wesentlicher Bedeutung. Schreit ein Lehrer oft, beschämt oder demotiviert er die Schüler, dann hat er bereits verloren. Hat ein Lehrer zudem keine Ahnung von dem, was er gerade unterrichtet, und kann das nicht zugeben, dann kann kein Respekt entstehen.

Die heutigen Lehrer haben es sehr schwer. Sie müssen neue Wege in der Art des Unterrichts gehen, sie müssen sich mit immer mehr zur Kritikfähigkeit und Argumentation erzogenen, freidenkenden Schülern „herumschlagen" und auch noch den Ansprüchen ständig steigenden Fachwissens gerecht werden. Doch das ist ihre Aufgabe, dafür werden sie bezahlt. Kein Beruf kann es sich leisten, Neuerungen abzulehnen. Wenn Lehrer Fachwissen besitzen, es gut vermitteln können, ihre Schüler als gleichwertige Gesprächspartner behandeln und mit ihnen zusammen „die großen und kleinen Probleme" zu lösen versuchen, werden sie von der überwältigenden Mehrheit der Schüler respektiert, wenn nicht sogar geliebt.

KAPITEL 2: DAS WICHTIGSTE IN KÜRZE

▶ Ohne willkommen heißende Pubertätsriten kommt es nicht zur Integration sondern zur Distanz zur Erwachsenenwelt.

▶ Seit mindestens 3.000 Jahren schelten Erwachsene stereotyp ihre Jugend aus Angst vor Kontroll- und Werteverlust.

▶ Den meisten deutschen Jugendlichen geht es gesundheitlich gut.

▶ Für die Mehrheit der Jugendlichen ist die Familie der wichtigste Heimathafen.

▶ Das Verhältnis zu den Lehrern bleibt problematisch. Schule bereitet nicht ausreichend aufs Leben vor und erzeugt auch Bildungsversager.

▶ Freizeit ist für Jugendliche ein Kriterium für Lebensqualität.

▶ Die „Jugend 21" ist mehrheitlich schlüsselqualifiziert und kommt mit dem neuen Leben oft besser klar als die Erwachsenen.

3

DER START IN DIE PUBERTÄT

In diesem Kapitel erfahren Sie, ...

▶ dass das neurophysiologische Signal für den Beginn der Pubertät im Detail noch nicht bekannt ist

▶ dass die eigentliche Pubertät im Kopf beginnt

▶ dass der Zeitpunkt für den Menstruations-Start sich weiterhin kontinuierlich nach vorn verschiebt.

▶ warum es vom bisherigen Entwicklungsverlauf nicht unabhängig und für den weiteren Entwicklungsweg nicht unwesentlich ist, wann eine Pubertät startet

▶ warum „in der Mitte" Pubertierende am verständnisvollsten behandelt werden

Wann beginnt die Pubertät?

Wann rechnen Eltern damit, „dass alles anders werden wird, weil nun die Kindheit zu Ende geht"?

Etwa um den 10. Geburtstag befürchten Eltern bei überraschend heftig geführten Diskussionen mit provokanten Antworten und bislang nicht bekannter Unversöhnlichkeit ihres Kindes den Beginn der Pubertät. Sehen die nächsten Tage wieder harmonischer aus, und kommt es nur noch zu den gewohnten Meinungsverschiedenheiten, dann atmen Vater und Mutter beruhigt tief durch – in der Hoffnung, dass es vorerst nur blinder Alarm und noch nicht ein Vorbote der mit Schrecken erwarteten Pubertät war, was sich da bei ihrem Kind in Form veränderten Verhaltens gezeigt hat. Aber sie werden ihr Kind von nun an anders sehen, sie werden misstrauisch und hellhörig auf weitere Vorzeichen der „neuen Zeit" achten. Und sie werden beginnen, das „Kind" zu vermissen. Ihre Vorahnungen, dass es bald zu einigen spürbaren und sichtbaren Umstellungen kommen wird, sind insofern durchaus gerechtfertigt, als zumindest die körperlichen Veränderungen, die der Pubertät – also der sexuellen Reifung – vorausgehen, im Alter von 8 oder 9 Jahren mit einem bereits hormonell gesteuerten Wachstumsschub begonnen haben. In diesen Jahren vergrößern sich bei den Jungen die Hoden, bei den Mädchen die Scheide, die Gebärmutter und die Ansätze der Brust.

Aber keine Angst: Wenn Eltern sich entschließen, in dieser besonderen Zeit „geistig mit zu wachsen", können bei beiden Generationen aus anfangs hilflos machenden Veränderungen bereichernde Neuerfahrungen hervorgehen.

Das genaue neurophysiologische Signal für den Beginn der Pubertät und damit auch für die Auslösemechanismen der nun kaskadenartig startenden hormonellen Prozesse ist im Detail noch nicht bekannt.

Viele Erklärungsansätze für die Auslöser der Prozesse, die jede Pubertät starten, standen lange unverbunden nebeneinander.

Jahrzehntelang wurde davon ausgegangen, dass der Ablauf der Pubertät einem ausschließlich „von innen" gesteuerten biologischen Plan folgt. Warum dieser zu mehrjährigen Unterschieden beim Pubertätsstart zwischen Mädchen und

Jungen, aber auch unter den Mädchen und unter den Jungen führen konnte, war lange nicht zu erklären.

Die eigentliche Pubertät beginnt im Kopf.

Die Steuereinheit ist der Hypothalamus, ein Gehirnteil mit intensiven Verbindungen zur Großhirnrinde und zum Limbischen System, den für Verstand und Gefühle verantwortlichen Gehirnregionen. Vieles deutet darauf hin, dass das Gen GPR54 hauptverantwortlich für die Aktivierung der Pubertät ist. Bei Menschen, bei denen dieses Gen nämlich funktionsuntüchtig ist, bleibt die Pubertät gänzlich aus. Sie werden nicht geschlechtsreif, die nötigen hormonellen Veränderungen und die Ausbildung der sekundären Geschlechtsmerkmale finden nicht statt.

Das GPR54-Gen ist offensichtlich dafür zuständig, dass der Hypothalamus ein Signalhormon (Gonadotropin-Releasing-Hormon) ausschüttet, das eine ganze Kette verschiedener Hormonaktivitäten anregt, die zu den massiven Umbauten des kindlichen Körpers zum Körper des Jugendlichen führen.

Kinder kommen in unseren Breiten immer früher in die Pubertät.

Nach dieser Gen-Entdeckung war man zwar einen großen Erkenntnisschritt weiter, aber eine wichtige Frage blieb weiter unbeantwortet: Wie ist bei all dieser genetischen Vorprogrammierung zu erklären, dass in den letzten zwei Jahrhunderten die Pubertät bei Mädchen und Jungen immer früher eintritt? Seit über 140 Jahren verfolgen Wissenschaftler diesen weiterhin anhaltenden Trend zur immer früheren Geschlechtsreife:

- 1860 bekamen Mädchen in Deutschland ihre erste Periode durchschnittlich mit 16,6 Jahren, 1920 bereits mit 14,6 Jahren, 1950 mit 13,1 Jahren und 1980 mit 12,5 Jahren. Und der Zeitpunkt für den Menstruationsstart verschiebt sich weiterhin kontinuierlich nach vorn. 1994 lag er bei 12,2 Jahren. Und nach Hochrechnungen des Sexualwissenschaftlers *Norbert Kluge* werden in den nächsten Jahren im Durchschnitt die Mädchen bereits im 10. oder 11. Lebensjahr zum ersten Mal ihre Tage bekommen.
- Ganz ähnlich verläuft der Trend auch bei der Geschlechtsreife der Jungen: 1980 lag der Zeitpunkt des ersten Samenergusses durchschnittlich bei 14,2 Jahren, während er 1994 bereits bei 12,6 Jahren war.

- Auch in einem anderen Zusammenhang wird man sich an neue Zahlen gewöhnen müssen, die Veränderungen markieren. Bislang war zu beobachten, dass Mädchenpubertäten zwischen dem 10. und 18. Lebensjahr erfolgen, während Jungenpubertäten zwischen dem 12. bis 20. Lebensjahr ablaufen. Das bedeutete, dass Mädchen durchschnittlich 2 Jahre vor den Jungen zu pubertieren begonnen. Neue Erhebungen zeigen nun eindeutig, dass dieser Entwicklungsunterschied zwischen Jungen und Mädchen im Laufe der Zeit immer geringer geworden ist: Inzwischen liegen zwischen dem Beginn der Mädchengeschlechtsreife und der der Jungen im Durchschnitt nur noch wenige Monate.

Wie kommt es zu dieser deutlichen Entwicklungsbeschleunigung heutiger Kinder gegenüber Kindern aus einer früheren Epoche? Über dieses Phänomen, säkulare Akzeleration genannt, wurde schon viel spekuliert. Mal wird sie recht überzeugend auf die Wirkung einzelner Umweltgifte (z. B. Bisphenol A), auf die überstimulierende Reizflut der modernen Zivilisation in Form von Massenmedien, Werbung und fortschreitende Sexualisierung der Gesellschaft, aber auch auf veränderte Stresseinwirkungen auf den Organismus, auf die Umstellung der Ernährung auf mehr Eiweiße oder mal auf verbesserte Wohnverhältnisse zurückgeführt.

Auf die Veränderungen der Lebenswelt von Kindern und Jugendlichen wird in Kapitel 8 ausführlich eingegangen – ein Faktorengefüge, das immer mehr im Verdacht steht, ebenfalls Einfluss auf den Pubertätsstart zu nehmen.

Der aktuelle Forschungsstand erklärt den Entwicklungstrend zu immer früher einsetzender Geschlechtsreife vor allem mit der sich seit langem stetig verbessernden Ernährungssituation, die dazu führt, dass Kinder immer früher an Gewicht zulegen und auch bereits in weit jüngerem Alter ihre endgültige Körpergröße erreichen.

- Für den Start der pubertätstypischen (puberalen) Hormonproduktion muss ein bestimmtes Körpergewicht erreicht sein, etwa 30 kg zu Beginn des ersten Wachstumsschubs, etwa 47 kg beim Einsetzen der Monatsblutungen sind die Regel.
- Der Körper muss Energie sammeln, um den anstrengenden Wachstumsschub durchzustehen. Bevor die großen Umstellungen losgehen, müssen Mädchen einen Mindestanteil von 17 % Fett am Körpergewicht erreichen. Fettzellen stimulieren bei ihnen die Produktion von Geschlechtshormonen,

so dass durch eine Gewichtszunahme und Steigerung des Körperfettanteils die sexuelle Reife ausgelöst werden kann.

- Je mehr Körperfett in einem weiblichen Körper vorhanden ist, desto eher setzt die erste Regelblutung ein. Bei der vorverlegten Geschlechtsreife macht sich somit auch das zunehmende Übergewicht bei vielen Kindern bemerkbar. Im Gegenzug können aber auch früh beginnende Ess-Störungen mit betonter Magerkeit den Pubertätsstart verzögern. Auffallenderweise haben sehr schlanke Mädchen ihre Menarche später, ebenso sportlich sehr aktive, wie z.B. Balletttänzerinnen oder Hochleistungssportlerinnen. Bei letzteren wird beobachtet, dass die erste Menstruation häufig in Trainingspausen eintritt. Somit könnten sowohl Ernährungsfaktoren und damit zusammenhängende Gewichtsfaktoren als auch der Aktivitätsgrad für den Zeitpunkt der sexuellen Reife mitentscheidend sein.

Die Ernährungsfaktoren sind sicher von großer Bedeutung, reichen aber keineswegs als befriedigendes Erklärungsmodell für die Tatsache aus, dass einzelne Mädchen oder ganze Gruppierungen von ihnen einen frühen oder späteren Pubertätsstart haben. Sie erklären z.B. nicht ausreichend, weshalb

- in besonders armen Regionen, in denen zwar Unterernährung eine Rolle spielt, die Mädchen aber auch früh körperlich belastender Arbeit und schwächenden Infektionskrankheiten ausgesetzt sind, die erste Menstruation besonders deutlich verzögert ist,
- Mädchen aus Familien mit hohem Einkommen ihre erste Menstruation ein halbes bis ein dreiviertel Jahr vor Mädchen aus finanziell schlechter gestellten Familien bekommen, die im Durchschnitt eher übergewichtig sind.
- bei psychischer Instabilität, also eingeschränkter „emotionaler Gesundheit" der Beginn der Pubertät vorgezogen wird, während er bei körperlicher Gesundheit eher später liegt.

Der Weg in die Pubertät

Es scheint vom bisherigen Entwicklungsverlauf nicht unabhängig zu sein, aber auch für den weiteren Entwicklungsweg nicht unwesentlich, wann eine Pubertät startet. Der Zeitpunkt, zu dem die Pubertät im Leben eines Menschen einsetzt, hat offenbar gravierendere Folgen für seine Biographie als bislang angenommen. So muss es vor dem Hintergrund des momentanen Durchschnittalters für sexuelle Reife in Europa als riskant bezeichnet werden, schon vor dem 10. oder nach dem 14. Geburtstag in die Pubertät zu kommen.

Wo liegen die Risiken besonders früher und besonders später Pubertäts-Starts?
Warum gibt es auch hier offensichtlich eine „goldene" Mitte?

Eine erste Monatsblutung vor dem 10. Geburtstag bedeutet für ein Mädchen, zu einem Zeitpunkt in den Körper und vielleicht sogar zum Teil in die Rolle einer Erwachsenen schlüpfen zu müssen, an dem ihre Psyche „noch voll in der Kindheit steckt", d.h. kindgemäße Wahrnehmungsformen und Verarbeitungsmuster vorherrschen. Übergänge zum Erwachsenwerden, für die es noch gar nicht bereit ist, müssen zumindest gedanklich vollzogen werden. Seine körperliche Entwicklung überholt mit erhöhtem Tempo seine psychische Entwicklung und übernimmt zumindest eine Zeitlang die Führung, was in vielen Situationen mit Unsicherheitsgefühlen einhergehen kann.

Unterschiede im Entwicklungstempo bewirken Unterschiede im Verhalten. Dieser hochkomplexe Zusammenhang lässt sich am Beispiel der Mädchen vereinfacht folgendermaßen darstellen:

- Das hormonelle (endokrinologische) Geschehen beeinflusst den Gehirnstoffwechsel.
- Das Gehirn nimmt seinerseits Einfluss auf die Verhaltenssteuerung.
- Gehirn und verändertes Verhalten beeinflussen die Wahrnehmung dieser Mädchen durch andere Menschen, d.h. früh pubertierende Mädchen zeigen Verhaltensbesonderheiten und werden auch von ihrer Umgebung als „besonders" wahrgenommen.

Extreme Frühentwickler unter den Mädchen (erste Monatsblutung vor dem 10. Geburtstag) haben im Durchschnitt weit früher ein deutlich größeres Interesse am anderen Geschlecht und signalisieren auch durch Kleidung, Sprache und Körperhaltung ein sexuell bereits reiferes Verhalten als ihre gleichaltrigen Geschlechtsgenossinnen und besonders als die Jungen in ihrem Alter. Weil ihnen aufgrund ihrer vorauseilenden Entwicklung unter den Gleichaltrigen die Gesprächspartner fehlen, müssen sie sich zwangsläufig Älteren zuwenden. Ihr Verhalten, das von dem anderer Mädchen ihres Alters abweicht, wird durch die Kontaktaufnahme und die Reaktionen älterer Jungen belohnt und damit verstärkt, ohne dass jedoch ihre weiterhin vorhandenen kindlichen Verhaltensanteile berücksichtigt oder gar befriedigend beantwortet werden.

Genau dieses „frühreife" Verhalten wird von den Erwachsenen als keinesfalls altersgemäß passend und somit als „auffällig" eingestuft. Es kommt schnell zu Abwertungen und Sanktionen, nicht selten ungerechtfertigt. Mit ihren vergleichsweise frühen Autonomiebestrebungen ecken diese Mädchen überall an. Zusätzlich werden sie von ihren Altersgenossinnen aufgrund ihres veränderten Verhaltens als nicht mehr dazugehörig empfunden und verlieren so den Rückhalt der Gruppe. Ein Leben „zwischen den Stühlen" beginnt zumindest für Monate, was verständlicherweise häufig mit vermindertem Selbstvertrauen und – angesichts der erlebten Überforderungen und deutlich zu spürendem sozialen Druck – mit Versagensängsten oder generell erhöhter Ängstlichkeit einhergeht.

Unter den sich früh entwickelnden Mädchen haben übrigens nur wenige eine Führungsposition unter den Gleichaltrigen inne, es fehlt dafür an Akzeptanz. Viele präsentieren in dieser vorgezogenen Entwicklungsphase Verhaltensauffälligkeiten und schlechte Schulleistungen.

Extreme Frühentwickler unter den Jungen haben es auf den ersten Blick einfacher als die mit ihnen vergleichbaren „Turbo-Mädchen". Diese Jungen verlieren in der Regel nicht den Kontakt zu den meisten ihnen bekannten Mädchen, die aufgrund ihrer generell schnelleren Entwicklungsgeschwindigkeit ähnlich weit entwickelt sind und „passen". Ihr früher Wachstumsschub – verbunden mit einer deutlichen Vermehrung an Muskelmasse und zunehmend männlicherer Statur – lässt sie bei Gleichaltrigen und auch bei Erwachsenen unabhängig und selbstbewusst erscheinen. Ihre offensichtlich gesteigerte körperliche Leistungsfähigkeit trägt außerdem dazu bei, dass früh entwickelte Jungen recht oft Führungspositionen in der Gruppe der gleichaltrigen, aber meist noch nicht so weit entwickelten Jungen einnehmen.

Doch der Schein eines leichten Lebens trügt. Bei Befragungen wird deutlich, dass sich auch extreme Frühentwickler unter den Jungen nicht wohl in ihrer „neuen" Haut fühlen. Auch diese „Noch-Kinder" überfordert die neue Geschlechtsrolle, und sie empfinden alle damit im Zusammenhang stehenden spürbaren Anforderungen „an eigentlich jemanden anderen gerichtet" (Aussage eines 12-jährigen Frühentwicklers).

Risikopfade der Frühentwickler

Der Schweizer Psychologe *Fend* (1991, 92, 94) hat in seiner, den Wandel vom Kind zum Jugendlichen über Jahre begleitenden Studie untersucht, wie es zu potentiellem Risikoverhalten beim Übergang von der Kindheit in die Adoleszenz kommt. Besonders interessant sind die von ihm beschriebenen Risikopfade der Frühentwickler.

Die wichtigsten Ergebnisse vorweg: Das rasche Abstreifen der Kindheit ist nicht – wie ursprünglich diskutiert – Ausdruck einer bereits früh gelungenen Selbständigkeitsentwicklung, sondern Zeichen eines riskanten Entwicklungspfades. Die sozialen Erfahrungen in der Kindheit nehmen Einfluss auf den Pubertätszeitpunkt. Das ist für Frühentwickler eindeutig nachzuweisen.

Typisch ist, dass Frühentwickler schon im 12. bzw. 13. Lebensjahr weit weniger am Leben ihrer Eltern orientiert sind, auf das sie allerdings auch als Kind nie Einfluss nehmen konnten. Es gibt wenig Wissen voneinander, noch weniger gegenseitige Bezogenheit oder gar Rücksichtnahme. Was ihre Kinder beschäftigt oder womit sie sich beschäftigen, wissen die wenigsten Eltern dieser Gruppe. Im Gegenzug zeigen auch diese Kinder wenig Interesse am Leben oder den Lebensvorstellungen ihrer Eltern. So kommt es in diesen Familien kaum zu weltanschaulichen Auseinandersetzungen, dafür aber zu vielen ermattenden Kleinkriegen durch höchst unterschiedliche Vorstellungen über Alltagsverlauf, Konsumverhalten und Ausgehzeiten.

Die frühe Distanzierung von Zuhause ist nicht die einzige Entwurzelung, die Frühentwickler erleben. Es kommt zu einer vergleichbar starken Distanzierung von der Schule, weil Unterricht, Lehrkräfte und Klassenkameraden ihnen nicht als Lern- und Lebensort attraktiv erscheinen. Frühentwickler haben nach *Fend* sowohl im Elternhaus als auch in der Schule Ausgrenzung erlebt, auf jeden Fall wenig Akzeptanz und geringes Interesse an ihrer Person und an ihren Ideen. Auch in der Schule fehlt es an erfolgreichen Herausforderungen und

Bestätigung, mit denen sich die Kinder identifizieren könnten. Viel zu wenige Erfolge sind zu verbuchen, die aber für eine positive Identitätsfindung so wichtig wären.

Diese umfassenden Defiziterlebnisse vor Augen wird die Unterstützung durch die Altersgruppe, die Peers, besonders wichtig. Es wundert nicht, dass diese Kinder die meisten sozialen Beziehungen in Cliquen außerhalb von Schule und Familie haben. Hier erfahren sie Zustimmung, wenn auch fast ausschließlich auf Äußerlichkeiten bezogen, wie Kleidung, Sprache und Musikgeschmack. Man hat kein gemeinsames Ziel vor Augen, das auch kritischer mit der sozialen Umgebung umgehen oder bezüglich neuer Gruppenmitglieder wählerischer sein ließe. Diese Cliquen sind eher ein Sammelbecken für Noch-Kinder, die zu früh aus dem ohnehin nicht besonders stabilen Familiennest gefallen sind. Die mangelnde Sozialkompetenz der einzelnen Gruppenmitglieder sorgt auch hier für viele problematische Cliquenkontakte, die aufgrund unzureichender Konfliktlösungsstrategien wenig Zusammengehörigkeitsgefühl und keine echte Bestätigung aufkommen lassen. Die Frühentwickler nehmen ihre Probleme ins neue Milieu mit. Die fehlenden tragfähigen Sozialkontakte werden durch autoritäre Strukturen auszugleichen versucht. Doch was Halt geben soll, demütigt oder überfordert erneut.

BESONDERHEITEN EINER „TERMINGERECHTEN" ODER EHER SPÄTEN PUBERTÄT

Etwas später, aber nicht zu spät dran zu sein, macht den Pubertätsstart offensichtlich einfacher. Denn diese Mädchen oder Jungen entsprechen dem jeweiligen kulturellen Ideal. Man erwartet einen Entwicklungsschritt ihres Körpers wie ihres Verhaltens zu diesem Zeitpunkt. Die Umgebung rechnet mit Veränderungen und hat sich darauf eingestellt. Das hat zur Folge, dass „in der Mitte" Pubertierende am verständnisvollsten beantwortet werden und deshalb diese Umbruchszeit auch weit weniger irritierend empfinden und vor allem weniger anstrengend erleben. Ansprechpartner für Themen aus ihrem alten und aus ihrem neuen Leben finden sie auf jeden Fall in ihrem Bekanntenkreis.

Aber: Es scheint auch einen fast zu späten Zeitpunkt zu geben, die Kindheit zu verlassen. In diesem Bereich sind die Untersuchungsergebnisse keineswegs einheitlich und verlangen ein genaueres Hinsehen. Spätentwickler unter den Jungen gelten häufig als unbeliebt, weil sie im Vergleich zu ihren

Alterskameraden und vor allem zu den bereits eindeutig weiter entwickelten gleichaltrigen Mädchen eher „kindisch" wirken, auf jeden Fall weniger selbstbewusst und weniger durchsetzungsfähig, meist ängstlicher. Nichtsdestotrotz zeigt sich immer wieder in Befragungsergebnissen, dass die Jungen diese Zeit, noch frei von neuen Anforderungen, durchaus unbeschwert erleben können.

Auch für die Spätentwickler unter den Mädchen sind die Ergebnisse nicht eindeutig. Für ein europäisches Mädchen gilt es heute als außergewöhnlich spät, erst nach dem 14. Geburtstag seine Blutung zu bekommen. Immer wieder zeigt es sich jedoch, dass diese Mädchen eher Positives durch ihre längere Kindheit erleben. Sie genießen länger den Bonus des süßen Mädchens und die damit verbundene Freiheit eines Kindes. In Bezug auf schulische Leistungen und soziale Kontakte schneiden sie weit besser ab als ihre schon weiter entwickelten Kameradinnen. Unter den Spätentwicklern findet man aber auch tendenziell vermehrt ängstlichere und auch depressivere Mädchen. Das könnte das Risiko einer verlängerten Kindheit sein, wenn diese seit Jahren zu wenige Gelegenheiten bot, Selbständigkeit und Selbstwirksamkeit zu erfahren.

Nun kann man als Eltern für sein Kind natürlich nicht beschließen, wann die Pubertät stattfinden soll, und den Pubertätsstart durch sein Verhalten terminieren. Dafür gibt es zu viele nicht kalkulierbare Einfluss-Faktoren. Aber ganz unbeteiligt sind die im Elternhaus gemachten Erfahrungen an diesem Entwicklungsverlauf offensichtlich auch nicht.

Die junge wissenschaftliche Disziplin der Sozioendokrinologie, die den Zusammenhang zwischen Hormonproduktionen und Verhalten untersucht, arbeitet daran, dieses komplexe, noch nicht völlig aufgeklärte Phänomen zu durchschauen, um erklären zu können, wie und wann das Wechselspiel aktivierender und hemmender Mechanismen letztendlich pubertäre Prozesse auslöst.

Dem die Pubertät einleitenden hormonellen System liegt zweifelsfrei ein genetisches Programm zugrunde, das zwar nach einem inneren Plan abläuft, aber ein „Fenster" zur Außenwelt hat. Durch Untersuchungen zur Frühreife bzw. verzögerten Reife kann überprüft werden, auf welche Weise externe Reize die Pubertätsentwicklung beeinflussen.

Untersuchungen von Kindheiten in anderen Jahrhunderten oder in Nicht-Industrieländern zeigen, dass Stress durch frühe Arbeitsbelastung und schlechte Ernährung eine verlangsamende Wirkung auf die Aktivierung des Hormonhaushaltes hat. Vergleichbares ist bei Leistungssportlerinnen bei hoher körperlicher Belastung festzustellen. Ein späterer Pubertätsstart ist die Folge.

Stresserfahrungen im Zusammenhang mit emotionalen familiären Belastungen wirken hingegen aktivierend. Erstaunlicherweise führen Häufungen von kritischen Lebensereignissen (z.B. Scheidung, Verlust eines Elternteils, viele Umzüge, Arbeitslosigkeit der Eltern, Schulschwierigkeiten) – also Kumulationen emotionaler Belastungen in der Kindheit (bereits vor dem 9. Lebensjahr) – zu einer Vorverlegung des Pubertätsbeginns. Eine große neuseeländische Studie fand z.B. den Sachverhalt, dass Mädchen in Familien ohne Väter signifikant früher ihre erste Menstruation erlebten.

Wie sind solche Zusammenhänge zwischen sozialen Erfahrungen und biologischen Prozessen erklärbar? Es muss ein Verbindungsglied geben. Stress-Erfahrungen scheinen die plausibelste Erklärung zu sein, da sowohl am Stress-Kreislauf als auch im Prozess der Pubertätsregulation Hormone wie Adrenalin beteiligt sind. Verschiedenartigste Umweltbelastungen auf den Organismus, genauer auf das Kind, greifen über den Weg stressbedingter Hormonproduktion in biologische Prozesse wie den Zeitpunkt für den Pubertätsstart ein.

Diese Thesen der Sozioendokrinologen bekommen Unterstützung und Bestätigung aus einer ganz anderen Forschungsrichtung, der Evolutionären Psychologie, die menschliches Denken und Verhalten aus unserer Stammensgeschichte heraus zu erklären versucht. Sie sieht in einem vom durchschnittlichen Pubertätsbeginn abweichend sehr frühen oder aber auffällig späten Pubertätsstart zwei völlig unterschiedliche Lebensstrategien, die – je nach Kindheitserfahrungen mehr oder weniger wahrscheinlich – unbewusst gewählt werden:

- Die *„Bloß weg hier“*- Strategie
- Die *„Noch Zeit genug, erwachsen zu werden“*- Strategie (siehe Kap. 6)

„Warme", geborgene Kindheiten, in denen die Bedürfnisse von Kindern altersgemäß wahrgenommen und dem jeweiligen Entwicklungsstand angepasst werden, leisten offensichtlich einen verstärkenden Beitrag zu einem **mittleren Pubertätsstart**, eben entwicklungsgemäß, ohne jede Eile (siehe Kap. 8).

Als Kind wenig Schutz in seiner Familie zu erleben, elterliche Reaktionen als nicht verlässlich und auch nicht vorhersehbar zu erfahren, nicht beantwortet zu werden, seine Bedürfnisse nicht befriedigt zu bekommen, bei Not nicht beruhigt und bei Aktivitätsdrang nicht angeregt zu werden, sind Faktoren, die gehäuft bei Kindern mit **extrem früher Pubertät** gefunden werden. Die psychosozialen Belastungen durch familiäre Instabilität und fehlende Geborgenheit gehen auffallend oft mit einer extrem frühen sexuellen Ausreifung einher;

man spricht hier von der *„Bloß weg hier"*- **Strategie**. Wahrscheinlich wollen diese Kinder so schnell wie möglich selbständig werden, um diesen ungünstigen Verhältnissen zu entfliehen. Vater und Mutter nicht als stabile Elternfiguren und zuverlässige Lebenspartner kennen gelernt zu haben, erhöht nicht nur die psychosozialen Auffälligkeiten in der Kindheit, sondern führt auch zu einem extrem frühen Einsetzen der Pubertät und – als Folge davon – zu frühen eigenen Kindern, oft bevor die jungen Menschen selbst in der Lage sind, sich gegenseitig zuverlässige Partner geschweige denn für ihre Kinder stabile Eltern zu sein. Man muss hier einen für mehrere Generationen riskanten Entwicklungspfad befürchten.

Das Eltern-Kind-Verhältnis muss mitwachsen, sich zu einem Eltern-Jugendlichen-Verhältnis wandeln, sich weiter entwickeln. Das bedeutet, dass es all die Voraussetzungen bietet, damit Kinder auch groß werden dürfen, dass Autonomieerlebnisse möglich gemacht und Experimente für eigene Lebensentwürfe zugelassen werden.

Denn die *„Noch Zeit genug, erwachsen zu werden"*-**Strategie** kann, wenn sie Jahre andauert zum **Programm der Spätpubertierenden** werden und nun Risiken mit sich bringen. Die Eltern müssen den noch kindlich wirkenden Jugendlichen loslassen lernen, damit dieser seine Persönlichkeitseigenschaften kennen lernen und an ihnen arbeiten kann. Jeder zu stark elternbegleitete oder gar elterngemanagte Erfolg kann nicht als Eigenerfolg abgebucht werden, die Bewährungsprobe steht also noch aus und muss einen immer höher werdenden Angstberg überwinden.

Ein zu langes Verharren im Kindheitsstatus wirkt als ständig wachsende Blockade, seinen eigenen Weg zu finden und auch zu gehen. Zu wenige Gelegenheiten, selbst Erfahrungen zu sammeln und Selbstwirksamkeit zu erleben, führen zu einem Verharren in den „alten" Strukturen des Elternhauses, dem man eigentlich schon entwachsen ist. Sich selbst wie auch den Eltern wird die Chance verbaut, in einen neuen Lebensabschnitt einzutreten. Belastende Abhängigkeiten, Antriebslosigkeit bis hin zu Depressionen können die Folge sein und einer Neugestaltung der gereiften Beziehung im Wege stehen.

Aus Sicht der Jugend: Ein persönlicher Blick zurück

1. Anmerkung zu diesem Kapitel

In die Pubertät zu kommen, bedeutete für mich eine gewaltige Umstellung, mit der ich zunächst einmal selbst zurechtkommen musste. Und dann hatten natürlich noch meine Eltern damit zu kämpfen. Und nicht nur sie. Auch für mein Umfeld, meine „Peer Group", war der Start in die Pubertät ein echtes Problem. Freundschaften mit dem anderen Geschlecht wurden schwierig, weil einem der eigene Körper plötzlich mitteilte, dass die Freundin jetzt nicht mehr nur eine gute Freundin ist, sondern auch noch echt toll aussieht. Hinzu kam ein bis dahin nicht gekanntes Verlangen nach Nähe und Zärtlichkeit. Das konnte zum Problem werden, wenn die begehrte Person körperlich zwar schon nach Frau aussah, emotional aber noch nicht so weit war. Ich habe erlebt, dass solche Freundschaften an dieser Kluft gescheitert sind. Das war dann eine Belastung für beide Betroffenen, aber oft auch für die ganze Freundesgruppe. Eltern können in dieser Situation nur unterstützen, vielleicht trösten und Mut machen. Sie sollten aber auf keinen Fall aufkommende Gefühle für das andere Geschlecht ignorieren oder gar kritisieren. Das verunsichert und lässt bewusst auf emotionalen Abstand zu seinen Eltern gehen.

2. Anmerkung zu diesem Kapitel

In die Pubertät zu kommen, ist etwas ganz Besonderes. Eigentlich ist sie nämlich überhaupt kein eigener Lebensabschnitt, sondern eine Übergangszone zwischen zwei Lebensphasen – der Kindheit und dem Erwachsenenalter. Und genau so habe ich mich auch gefühlt. Man ist „nichts Halbes und nichts Ganzes". Man sitzt zwischen allen Stühlen und passt nirgendwo wirklich.

Die Beziehung zu den Eltern muss erneuert werden, man verliert Freunde, gewinnt neue, das andere Geschlecht wird attraktiv und begehrenswert. Aber wirklich wollen tut man das alles selten – und bestimmt nicht alles auf einmal. Ich hatte oft das Gefühl, mein Körper werfe meinen Verstand in einen Ozean voller Ungewissheit. Ich fühlte mich einsam und hilflos. Man versteht das eigene Verhalten ja selbst kaum – und schon fangen die Eltern an, vorzuhalten, wie toll man doch früher war. Und dann fragen sie, warum man jetzt so komisch ist. Eine geradezu empörende Frage, denn man kennt die Antwort ja selbst nicht. Und in dieser hoch komplexen Situation soll man sich nun auch noch auf so unwichtige Dinge wie die eigene Zukunft oder die Schule kümmern. Wie soll man sich denn Gedanken über die eigene Zukunft machen, wenn man sich die Gegenwart schon kaum erklären kann? Warum soll man etwas lernen, von dem man sich kaum vorstellen kann, es jemals wirklich brauchen zu können, wenn man sich selbst erst einmal kennen lernen will? Warum soll denn eine mathematische Gleichung wichtiger sein, als dass Yasmin, die man anhimmelt, einen endlich mal beachtet und sich mit einem unterhält? Und was machen viele Eltern in so einer Situation? Sie sind meist hilflos, weil sie ihre eigene Pubertät vergessen zu haben scheinen oder sie von ihrem jetzigen Blickwinkel aus als gar nicht mehr so schlimm betrachten. Ich habe oft gedacht, dass man nur als Pubertierender einen Pubertierenden wirklich verstehen kann. Aber eigentlich könnten sich auch Eltern an die eigene Unsicherheit in dieser Zeit erinnern und Sicherheit bieten. Sie könnten den eigenen Standpunkt von damals als Maßstab für den ihres Kindes nehmen. Sie könnten von ihrem entfernten und sachlichen Standpunkt aus Probleme mit ihrem Kind zusammen betrachten und vielleicht viel eher Lösungen finden als der direkt betroffene Jugendliche. Mit belastbaren, unterstützenden, verständnisvollen und liebenden Eltern ist jede Schwierigkeit der Pubertät zu meistern.

Kapitel 3: Das Wichtigste in Kürze

▶ Alles startet mit acht bis neun Jahren durch einen gengesteuerten, hormonaktivierenden Wachstumsschub.

▶ Das Einsetzen der weiblichen Regelblutung und des männlichen Samenergusses findet in westlichen Kulturen immer früher statt. Stressbelastungen beschleunigen den Pubertäts-Start.

▶ Ein zu früher wie ein zu später Pubertätsbeginn überfordert die Kinder und führt oft zu Isolation oder Noteinbindungen in kritische Peer Groups.

▶ „Mainstream"-Pubertierende erleben die problemloseste Umbruchszeit, weil sie das meiste Verständnis erhalten und am wenigsten irritiert sind.

▶ Im Optimalfall entwickelt sich das Eltern-Kind-Verhältnis so weiter, dass durch Stabilität gesicherte eigene Autonomie erlebt wird.

Die Pubertät nimmt einen langen Anlauf

In diesem Kapitel erfahren Sie, ...

► was die Kindheit mit der Pubertät zu tun hat

► wie Entwicklung und Erziehung zusammenhängen

► wie man Babys, Kinder und Jugendliche „lesen" kann

► dass Elternkompetenz Schutzfaktoren wirksam werden lassen kann

► dass Kinder durch ihr Verhalten den Erziehungsrahmen einfordern,
   der ihnen Entwicklungsfortschritte möglich macht

Das Wechselspiel von Sozialisation und Entwicklung

In der Kindheit wird der Pubertäts-Verlauf vorbreitet – von wem eigentlich?

In Beratungssituationen stellen Eltern, deren Kinder im Grundschulalter sind, immer wieder die Frage, wann sie denn am besten beginnen sollten, beim Erziehen bereits an die irgendwann mal anstehende Pubertät zu denken (*„Vorbeugend, denn das wird ja sicher eine schlimme Zeit!"*). In der Kindheit wird der Pubertäts-Verlauf vorbereitet – und zwar von vielen. Die Eltern sind dann höchst erstaunt, wenn sie hören, dass sie, aber auch die Geschwister und Großeltern, bereits seit der Geburt des Kindes auf die Pubertät hinarbeiten, aber auch Erzieherinnen, Lehrer, Nachbarn und vor allem die Freunde der Kinder seit Jahren ihren jeweiligen Teil zur „Vorbereitung" der Pubertät leisten. Sie wundern sich zuerst einmal über einen so frühen und ihnen bislang keineswegs bewussten Start ihrer Einflussnahme auf die Pubertät. Aber mindestens ebenso erstaunt sind sie über die Tatsache, dass andere Erwachsene und auch andere Kinder erzieherische Macht ausüben und auf die Entwicklung ihres Kindes, ja selbst auf den Lebensabschnitt Pubertät, einwirken.

Überraschend viele Eltern sind der Auffassung, dass *sie* den maßgeblichen Erziehungseinfluss auf ihre Kinder ausüben (*Wißkirchen*, 2002), *sie allein* für Wohl und Wehe zuständig und vor allem allein „schuldig" sind, *„falls in der Erziehung und vor allem dann in der Pubertät etwas schief geht"*. Natürlich hat dann in der Vorstellung der Eltern *„auch bereits der Kindergarten versagt"* oder die Schule *„die wirklichen Probleme zu spät erkannt"*, was sie aber wenig daran hindert, eigenes Versagen zu verspüren. Wenn solche Vorstellungen dominieren, wird Erziehung vornehmlich als Last empfunden. Kommt dann noch die leidvolle Erinnerung an eine keineswegs positiv erlebte eigene Kindheit dazu, wird schnell die schicksalhafte Macht der Gene thematisiert: *„In meiner und in der Familie meines Mannes gehört es dazu, bereits angeschlagen in die Pubertät zu gehen; wir rechnen auch bei Marcus mit nichts anderem."*

Diese Fragen werden immer wieder gestellt:

- **Ist der Entwicklungsverlauf nicht hauptsächlich durch die Gene vorgezeichnet?**

  Nein, aber für vieles im menschlichen Verhalten gibt es ein genetisches Startset, das darauf angewiesen ist, von der „Umwelt" ausgebaut zu werden.

- **Nehmen Eltern durch ihre Erziehungsbemühungen in der Kindheit überhaupt Einfluss auf den Entwicklungsverlauf bis hin zur Pubertät?**

  Ja, Eltern nehmen Einfluss auf den Entwicklungsverlauf – aber keineswegs sie allein.

- **Können Eltern den Entwicklungsprozess so beeinflussen, dass sie den Pubertätsverlauf kontrollieren und voraussagen können?**

  Das nicht, weil Entwicklung nicht deterministisch verläuft – also nicht von der Natur vorherbestimmt und damit unbeeinflussbar ist. Aber sie haben dennoch wichtige Aufgaben: Risikoverläufe abpuffern und an „Wundern" beteiligt sein.

WARUM SIND MENSCHEN SO UNTERSCHIEDLICH?

Die Ursachen für die vielen Variationen im Entwicklungsverlauf von Kindern und ebenso die Frage, warum es zu derart großen individuellen Unterschieden zwischen Menschen kommen kann, haben die Wissenschaft schon immer beschäftigt.

Was bestimmt den Entwicklungsverlauf eines jeden Menschen – seine Erbanlagen oder die erziehenden Einflüsse seiner Umwelt?

- Im ersten Fall hält man die von den Eltern und Großeltern durch Gene vererbten Informationen allein für den Entwicklungsfortgang verantwortlich.
- Im zweiten Fall wird der Entwicklungseinfluss den materiellen und sozialen Besonderheiten der Umgebung, in denen ein Kind lebt, zugeschrieben. Man geht davon aus, dass z. B. der Erziehungsstil, Anregungsangebote und dadurch möglich gemachte Erfahrungen und dabei ablaufende Lernprozesse die Verhaltensentwicklung steuern. Der Sozialisationseinfluss startet schon im Mutterleib und setzt sich nach der Geburt in der Familie, in der Krippe, im Kindergarten, in der Nachbarschaft, in der Schule und unter Freunden fort.

Diese **Entweder-oder-Sichtweise** – es sind entweder **allein die Gene,** oder es ist ausschließlich die Umwelt, die Einfluss nimmt – **prägte jahrzehntelang** die Vorstellungen über menschliche Entwicklung. Nach **harten, aber erfolglosen** Auseinandersetzungen ohne Erkenntnisgewinn lockerten sich **allmählich** die starren Fronten, und es begann sich die Frage nach dem **relativen Anteil,** den jeder der beiden wichtigen Faktoren am Entwicklungsgeschehen hat, in den Vordergrund zu schieben.

Nach heutigem Entwicklungswissen liegt die Lösung nicht in einem „Entweder-oder", sondern in einem „Sowohl-als-auch":

Jede Verhaltenseigenschaft, die ein Mensch zeigt, wird durch das gemeinsame Wirken von genetischen Veranlagungen und Umwelt-Stimulationen auf den Entwicklungsverlauf geformt.

Die Frage lautet also heute nicht mehr, ob der eine **oder andere** Einfluss der wichtigere ist, sondern inzwischen forscht man nach **dem höchst komplizierten** und spannenden Zusammenspiel der beiden einflussreichen Komponenten „Anlage" und „Umwelt".

Wie sich immer mehr zeigt, reichen jedoch für die **Erklärung** individueller Unterschiede im komplexen Entwicklungsverlauf diese **beiden Faktoren** (genetische Veranlagung und Sozialisation) als Motoren **menschlicher** Entwicklung nicht aus. Ein ganz wichtiger Entwicklungsfaktor wurde **jahrzehntelang** vergessen, seine Bedeutung völlig unterschätzt:

Die Kinder selbst – jedes auf seine individuelle Art – sind an ihrer Entwicklung aktiv und selbst steuernd beteiligt. Und an diesem „Wunder" können ihre Eltern und andere nahe Bezugspersonen teilhaben.

Alle Fachdisziplinen haben heute das eigenaktive, suchende, auswählende und forschende Kind vor Augen. Der Entwicklungsforscher Remo Largo (2000, 2005) stellt klar heraus:

- Jedes Kind ist aktiv und entwickelt sich aus sich heraus.
- Es ist auch selektiv, also wählerisch, und sucht **gezielt nach bestimmten** Erfahrungen, abhängig von seinen momentanen **Interessen und Neigungen,** die immer auch etwas mit seinem Entwicklungsstand zu tun haben.
- Die das Kind umgebenden Menschen stellen das Angebot an Erfahrungen bereit, die das Kind machen kann.
- Das Kind seinerseits bestimmt, was es davon annimmt.
- Ein Kind kann quantitativ und qualitativ nur so viel an Umweltangeboten annehmen, wie es ihm von seinem Entwicklungsstand her möglich ist. Ein

Angebot jenseits seiner Bedürfnisse bleibt bestenfalls ungenutzt, kann aber schlimmstenfalls auch seinen Entwicklungsverlauf beeinträchtigen, wenn aufgezwungene „Ideen von außen" die eigenen Themen und Aufgabenstellungen des Kindes in den Hintergrund drängen, und wenn die kindliche Entwicklungsgeschwindigkeit ignoriert und übergriffig zu beschleunigen versucht wird.

Es gehört zu den interessantesten Themen der Entwicklungsforschung, wie Kinder ihre individuelle Entwicklung gemäß eigenen Zielen und Wünschen formen. Wie sie durch ihr Verhalten auf den Erziehungsstil ihrer Eltern Einfluss nehmen. Wie sie in ihrer Umgebung auf die Suche nach Erfahrungsbeute gehen, nach dem Motto: Was interessiert mich? Wer ist interessant für mich? Wer bietet mir Besonderes und „bedient" meine Vorlieben am besten?
So versichert sich ein Kleinkind der Anwesenheit seiner vertrauten Bezugspersonen und scannt die Umgebung nach Gegenständen, die möglichst vielfältig zu manipulieren sind, um Neues zu entdecken und für Bekanntes Bestätigung zu erhalten. Oder es begibt sich auf die Suche nach Orientierung im Handlungsspielraum, indem es provoziert und gegen Regeln verstößt, um klärende Reaktionen hervorzurufen. Wir wissen sogar, dass ein Kind eigeninitiativ nach Umgebungen sucht, die seinen Neigungen, Interessen und Fähigkeiten nahe kommen, die „passen".
Ein Mensch ist nie wieder im Leben so neugierig, so offen, so lernfähig und so kreativ wie in seiner frühen Kindheit. Kinder suchen auf der Grundlage ihrer Neigungen und Interessen ihre eigenen Erfahrungen. Erziehung und Förderung sind umso wirkungsvoller, je näher sich die gebotenen Entwicklungsanreize der Erwachsenen am altersgemäßen und individuellen Entwicklungsbedarf der Kinder orientieren. Kinder erleben ihre Entwicklung und Erziehung nicht passiv, sie erleben und gestalten ihre Entwicklung aktiv mit. Die Wahl der Bezugspersonen und Aktivitäten formt die Entwicklung von Kindern, nicht nur in den ersten Lebensjahren und hat Einfluss bis weit über die Pubertät hinaus.

Ist der Entwicklungs-Verlauf nicht hauptsächlich durch die Gene vorgezeichnet?

Nein, aber für vieles im menschlichen Verhalten gibt es ein genetisches Startset, das darauf angewiesen ist, von der „Umwelt" ausgebaut zu werden.

Heute weiß man, dass menschliches Verhalten weder völlig ererbt noch ausschließlich erlernt ist. Jeder Mensch hat seine genetischen Potenzen, d. h. der Rahmen seiner Möglichkeiten wird durch die Gene vorgegeben. Doch von dieser erblichen Basis kommt nur das zum Vorschein und zur Wirkung, was durch Umwelteinflüsse, z. B. durch Anregungen und immer neue Lernerfahrungen aktiviert wird. Als Beispiele sollen Intelligenz, Geschicklichkeit und Kreativität dienen. Jeder Mensch hat für diese Fähigkeiten eine genetische Basis, von der unter dem Einfluss der anregenden Angebote von Eltern, Erziehern, Lehrern oder Gleichaltrigen mehr oder weniger – je nach Qualität der Stimulation – realisiert wird. Die sogenannte genetische Potenz jedes Einzelnen für Intelligenz, Geschicklichkeit oder Kreativität setzt sich somit – schematisch vereinfacht ausgedrückt – aus zwei Teilen zusammen:

- zum einen aus den durch die „Umwelt" genutzten, also abgefragten und dadurch zur Wirkung gekommenen erblichen Möglichkeiten
- zum anderen aus den zwar prinzipiell als Basisbaustein vorhandenen, jedoch aufgrund fehlender Weckung und Förderung unentfaltet gebliebenen und dadurch für das Verhalten unerreichbar bleibenden weiteren erblichen Möglichkeiten. Was keine Stimulation erhält, bleibt trotz genetischer Voraussetzungen brach liegen und muss als Defizit abgeschrieben werden.

Der Verhaltensbiologe *Bernhard Hassenstein* (2004) erarbeitete hierzu ein interessantes Modell zum modernen Intelligenzverständnis: Von der für die Intelligenz relevanten genetischen Ausstattung werden in unserer derzeitigen Bildungsumwelt im Durchschnitt nur 67% realisiert und 33% nicht zur Entfaltung gebracht. Im Durchschnitt fehlt es für 33% der genetisch vorhandenen Möglichkeiten an den speziellen Umweltbedingungen, die dazu nötig wären, um die im Erbgut verankerten Anlagen vollständig zu verwirklichen und zur Funktionsreife zu bringen. Sind die Schulleistungen schlecht, liegt es an einem zu geringen Angebot vielfältiger Lernsituationen. Es braucht anregungsreiche Umgebungen und deren „Regisseure", um die vorhandenen Anlagen eines jeden Kindes unter Ausnutzung seiner Eigenaktivität, Motivation, Interessen und individuellen Ressourcen bestmöglich zu realisieren. Damit „Wunder" geschehen, müssen die Voraussetzungen stimmen. Und dafür sind die Erwachsenen zuständig. Diese Erkenntnis ist ein wesentlicher Impuls der aktuellen Entwicklungsforschung für die Pädagogik (siehe Kapitel 7 und 8).

BINDUNG UND BEZIEHUNGSAUFBAU ALS VERINNERLICHTE ERWARTUNG

Am Lebensanfang muss vieles genetisch abgesichert sein: Der erste Atemzug, das Saugen, die Schluckbewegungen können nicht erst gelernt werden, sie müssen funktionsfertig zur Verfügung stehen.

Die Gene bieten weitere existentiell wichtige Startvoraussetzungen. Ein Kind erwartet „von Natur aus" Sicherheit, Beziehungsangebot und Entwicklungsanreize. Auf der Befriedigung dieser Basisbedürfnisse baut jede weitere Entwicklung auf und erlaubt, dass eine faszinierende Breite kultureller Ziele erreicht werden kann.

Alle Säuglinge sind nicht nur bindungsfähig, sondern haben Bindungserwartungen im genetisch gesteuerten Startprogramm, ja sie sind sogar neurobiologisch auf Bindung geeicht. Anders sieht es mit der Sicherheit der Bindung aus, man nennt das auch die Bindungsqualität. Diese hängt allein von der individuellen Erfahrung mit den sich als Bindungspartnern anbietenden Hauptbezugspersonen ab – inwieweit diese zuverlässig verfügbar, zugewandt, feinfühlig und liebevoll agierend sind (*Kirkilionis* 2008).

Die in ihrer Vielfalt noch lange nicht erschöpfend erkannten angeborenen Säuglingskompetenzen, die nur darauf warten, beantwortet und erweitert zu werden, dienen vor allem dazu, mit den Hauptbezugspersonen in Kontakt zu treten, bei ihnen Sicherheit, Beruhigung und Anregung zu erleben und sie für einen Dialog zu gewinnen. Das emotionale Band zwischen sich und seinen Eltern ist die erste Beziehung, die ein Kind knüpft. Auf die Kontakt-Initiativen des Kindes zu reagieren, muss auch genetisch im Elternverhalten festgelegt sein.

Diese Programmierung geschah bereits vor langer Zeit. Zu einem bestimmten Zeitpunkt der Stammesgeschichte begannen Elterntiere ihre Jungtiere bei Gefahr zu schützen. Hierzu passende Entwicklungsschritte sind im Bindungsverhalten dieser Jungtiere nachweisbar. So flüchtet z. B. ein Affenjunges bei Gefahr nicht mehr möglichst weit weg vom Angst auslösenden Reiz, sondern versucht in Elterntier zu erreichen oder herbeizurufen, weil es nur hier Schutz und Beruhigung vermutet: Die Evolution beschützenden Verhaltens begann.

Diese neue Beziehung zwischen Kind und Eltern hat das Entwicklungsgeschehen von Grund auf verändert und führte zu weit reichenden neuro-anatomischen und -physiologischen Konsequenzen.

Viele dieser angeborenen Säuglingskompetenzen befinden sich zum Zeitpunkt der Geburt in einer unreifen, wenig differenzierten Rohform. Genetische Grundausstattungen sind weit davon entfernt, volle Funktionsfähigkeit zu garantieren. All diese Dispositionen brauchen ein geeignetes, für sie passendes Angebot an Beziehungen. Ihre eigentliche Entwicklung, Ausdifferenzierung und Funktionstüchtigkeit erhalten sie durch Beachtung, Spiegelung, Beantwortung in Form von Bestätigung oder Korrektur im Miteinander mit den engsten Bezugspersonen. Sie werden nur im sozialen Miteinander „eingespielt" und weiterentwickelt – so z. B. die Empathie, das für das Beziehungsgeschehen so wichtige Einfühlungsvermögen.

Bei der Entstehung von Empathie spielen die **Spiegelneurone** eine große Rolle, sie sind die neurobiologische Basis für das gegenseitige emotionale Verstehen. An ihnen kann das Wechselspiel von angeborenen und erlernten Anteilen der Verhaltenssteuerung besonders deutlich gezeigt werden. Es handelt sich um spezielle Nervenzellen des Gehirns, die im eigenen Körper einen bestimmten Vorgang – z. B. eine Handlung oder eine Empfindung – steuern können, zugleich aber auch dann aktiv werden, wenn der gleiche Vorgang bei einer anderen Person nur beobachtet wird (*Bauer* 2005).

Die Fähigkeit, Mitgefühl und Empathie zu empfinden, beruht darauf, dass unsere eigenen neuronalen Systeme spontan und unwillkürlich in uns jene Gefühle rekonstruieren, die wir bei einem Mitmenschen wahrnehmen. Dafür muss man aber Empathie am eigenen Leib verspürt haben, um selbst empathisch reagieren zu können.

EMPATHIE IST NICHT ANGEBOREN. SIE MUSS EINGESPIELT WERDEN

Die genetisch vorgegebene neurobiologische Grundausstattung stellt dem Säugling ein Startset von Spiegelneuronen zur Verfügung, die ihm die Fähigkeit verleihen, bereits wenige Stunden und Tage nach der Geburt mit seinen wichtigsten Bezugspersonen erste Spiegelungsaktionen vorzunehmen. Bei richtig gewähltem Abstand beginnen Säuglinge wenige Stunden bis Tage nach der Geburt, bestimmte Gesichtsausdrücke, die sie auf dem Gesicht ihrer Bezugsperson sehen, spontan zu imitieren. Werden die Chancen, Beziehungen aufzunehmen, nach der Geburt und in den ersten Lebensjahren verpasst, kann das, so argumentiert *Joachim Bauer*, die Entwicklung und Funktionstüchtigkeit des neuronalen Spiegelsystems beeinträchtigen. Das wiederum hat erhebliche Defizite bei der Ausbildung von Mitgefühl und Empathie zur Folge, die mit Defiziten im Selbstgefühl, bei der Fähigkeit, Beziehungen einzugehen und beim Erwerb unterschiedlichster, nicht nur sozialer Kompetenzen einhergehen können.

Mit seiner erstaunlichen Fähigkeit zur Imitation hat der Säugling bereits von den ersten Lebenstagen an die Möglichkeit, sich auf einen wechselseitigen Dialog einzulassen, lange bevor er der Sprache fähig ist. Die neurobiologisch angelegte Bereitschaft zu spontanen Imitationsakten bildet das Grundgerüst für den Beziehungsaufbau zwischen Säugling und Bezugsperson. Unterstützt wird das Ganze wiederum „von Natur aus" durch eine angeborene Vorliebe für zugewandte Gesichter und durch die dabei ablaufende Befriedigung eines emotionalen Grundbedürfnisses, sobald der Erwachsene auf das Kind eingeht und seine Spiegelungsversuche beantwortet. Das Glück, beantwortet zu werden, ist an den strahlend-verzückten Reaktionen der Säuglinge direkt festzumachen. Indirekt abzulesen ist es an markanten Signalen in der Hirnstromkurve (EEG) und am Ausstoß körpereigener Opioide („Glückshormone").

Diese Belohnungseffekte haben zur Folge, dass ein Kind von nun an auf unterschiedlichsten Wegen versuchen wird, mit seinen Bezugspersonen in Kontakt zu kommen und sich mit ihnen auszutauschen – immer vor dem Hintergrund, dabei Glück und Wohlbefinden zu erleben.

Eins ist in den letzten Jahren klar geworden: Der Schlüssel zum Gelingen einer Entwicklung ist nie ausschließlich in den Genen zu suchen. Tatsächlich haben Beziehungserfahrungen, die immer auch mit einer Aktivierung ausgewählter neurobiologischer Systeme einhergehen, einen gewaltigen Einfluss auf die Regulation der Genaktivität und auf den Aufbau der Mikrostrukturen in unserem Gehirn (*Bauer* 2005).

Die für Menschen so typische lange Kindheit macht eine außergewöhnliche Gehirnentwicklung möglich. Wir können es uns als Säuglinge leisten, mit einem relativ undifferenzierten, aber „nach Erfahrungen hungernden" Gehirn zu starten, das bereit, aber auch abhängig davon ist, sich je nach Umweltsituation und Umweltstimulation zu organisieren, zu strukturieren und zu spezialisieren. Das

ist die große Chance der Menschheitsgeschichte gewesen, sich unterschiedlichsten Biotopen anzupassen. Aber das ist gleichzeitig bis heute der Grund,
weshalb ein Säugling „echte Mitspieler" beim anfangs vorsichtig tastenden
Kommunikations-Pingpong braucht, um immer sicherer herauszufinden, was
im Anderen gerade vor sich geht und was er ihm mitteilen möchte. Und genauso wichtig ist es, dass der (erwachsene) Mitspieler wahrnimmt und begreift,
was das Kind bewegt, was es braucht. Das alles zeigt die hohe Verantwortung
der erwachsenen Entwicklungsbegleiter auf dem wunder-vollen Weg.

**Nehmen Eltern durch ihre Erziehungsbemühungen in der
Kindheit überhaupt Einfluss auf den Entwicklungsverlauf in
der Pubertät?**
Ja, Eltern nehmen Einfluss auf den Entwicklungsverlauf.
Aber keineswegs sie allein.

Eltern vermitteln Sicherheit und Geborgenheit, helfen wahrzunehmen, zu
strukturieren und zu verstehen. Eine sichere Bindung entsteht durch Zugewandtheit, vorhersagbare liebevolle Verlässlichkeit, Angenommensein und tief
gehendes Interesse. Die Natur hätte es sich aber nie leisten können, von aufwändigen Erfahrungen abhängige Entwicklungsverläufe, die für ihre Ausdifferenzierung eine möglichst vielfältige Stimulation erleben sollten, über Jahre
hinweg durch nur zwei erwachsene Bezugspersonen sichern zu lassen.
Alle Entwicklungspotenzen bedürfen der Anregung und Unterstützung durch
familiäre und außerfamiliäre Bezugspersonen wie auch der Erfahrung mit
Gleichaltrigen. Nur auf diesem Weg können Entwicklungsaufgaben und -über-
gänge gemeistert werden, so dass es zur Entfaltung der sozialen Persönlichkeit, zu kognitiven Fähigkeiten und zu Entscheidungs- und Handlungsfähigkeit
kommen kann.
Eltern, aber auch alle Erwachsenen, Geschwister, älteren Spielkameraden oder
Gleichaltrige, mit denen ein Kind lebt, die ihm im Alltag begegnen, mit ihm
in Kontakt treten oder von denen es etwas lernen kann, sind ein Teil seiner
Geschichte, seiner Biographie. Sie nehmen auf seinen Entwicklungsverlauf Einfluss. Unter ihnen wählt das Kind diejenigen aus, die es individuell ansprechen
und ihm möglichst passende Gestaltungsmöglichkeiten für seine Entwicklungspotenzen bieten. So tragen Erzieherinnen in Krippen, Kindergärten und Horten,
ebenso Lehrerinnen, Klassenkameraden und Freunde zur Meinungsbildung

und dadurch zur Verhaltensformung der Kinder bei. Die Volksweisheit: *„Um ein Kind zu erziehen, bedarf es eines ganzen Dorfes"* wurde durch die moderne Entwicklungsforschung bestätigt.

DIE ERWEITERUNG DES KREISES DER BEZUGSPERSONEN

Außer der Bindung an die Hauptbezugspersonen entwickeln Kinder nach und nach individualisierte Bindungen in abgestufter Intensität auch zu anderen Mitgliedern der Familie oder Sozialgruppe, in der sie aufwachsen. Kinder wählen unter den Beziehungsangeboten aus und gehen je nach gemachter Erfahrung unterschiedlich gestaltete und auch unterschiedlich enge Beziehungen ein. Diese Bindungen können der Bewältigung verschiedener Entwicklungsaufgaben dienen: so die Mutterbindung eher der Sicherheit, die Vaterbindung mehr der Welterkundung, die Bindung zur Erzieherin oder Tagesmutter dem Vertrauen in weitere Sozialangebote. Wichtig sind Zuverlässigkeit und Kontinuität bei liebevoller Pflege. Darüber hinaus muss die Möglichkeit zu regelmäßiger Zwiesprache zwischen Bezugspersonen und Kind gegeben sein. Nur unter diesen Voraussetzungen können sichere Bindungen entstehen.

Auch die Bindungstheorie umfasst durchaus eine Erweiterung der Zweierbeziehung zwischen Mutter und Kind. Deren Funktion liegt nicht nur im Schutz des Kindes, sondern auch in einer Vorbereitung seiner weiteren Sozialisation, für die die ersten Erfahrungen mit der Mutter generalisiert werden. Die bewusst gestaltete und erlebte Öffnung der Zweierbeziehung zwischen Mutter und Kind ist ein wichtiger Faktor für die Erweiterung des Kreises der Bezugspersonen und für die Entwicklung des Kindes in außerfamiliärer Betreuung.

In diesem Zusammenhang sind neue Forschungsergebnisse höchst spannend:

- Kinder übertragen ihre bisherigen Bindungserfahrungen zu Mutter oder Vater auch auf die Beziehung zu Erzieherinnen und Gleichaltrigen in Krippe oder Kindergarten.
- Die Erzieherinnen haben die Chance, Kindern mit sicherer Bindung an die Mutter oder den Vater diese Sicherheit auch in der Einrichtung erleben und bestätigen zu lassen. Durch ihr zugewandtes und kompetentes Verhalten beim Beziehungsaufbau können sie aber auch Kindern mit bislang

unsicherer Bindung korrigierende Erfahrungen ermöglichen, d. h. im Kindergarten wird die bisherige Bindungsunsicherheit nicht fortgesetzt. Die zusätzlichen Sozialisationspartner außerhalb der Familie können das Kind zum ersten Mal Sicherheit erleben lassen, so dass es sich angstfrei seiner Umwelt zuwenden und diese erkunden kann.

DIE BEDEUTUNG SELBST GEWÄHLTER SOZIALISATIONSPARTNER UND SELBST GEWÄHLTER UMGEBUNGEN

Geschwister aus einer Familie mit demselben Vater und derselben Mutter erleben das Familienklima und die Umwelteinflüsse auf ihre Familie verständlicherweise deutlich ähnlicher als Kinder aus zwei verschiedenen Familien. Es handelt sich hier um die sogenannte (miteinander) **geteilte Umwelt**. Dennoch kann jedes dieser Kinder das familiäre Klima und die tägliche Erziehungspraxis der Eltern ganz unterschiedlich empfinden. Wie jedes einzelne Kind seine Behandlung durch die Eltern wahrnimmt, hängt nämlich von seiner jeweiligen individuellen Persönlichkeit ab. Identisch Erlebtes kann also völlig unterschiedlich empfunden und verarbeitet werden. Wir sprechen hier von der sogenannten **nicht** (miteinander) **geteilten Umwelt**. So erlebt jedes Geschwisterkind seine Position und Rolle in der Familie anders. Jedes Geschwisterkind wählt auch nach seinen Kriterien Freunde und Freundinnen und entscheidet sich „nach seinem Geschmack" für Hobbys und Freizeitgestaltung, aber auch für Lieblingslehrer und Lieblingsfächer. In all diesen Bereichen macht jedes Kind, sogar Geschwister derselben Familie, seine eigenen Erfahrungen, die wiederum auf seinen individuellen Entwicklungsverlauf unterschiedlichen Einfluss nehmen.

Monika und Jürgen

Monika und Jürgen sind Geschwister. Beide habe dieselben Eltern. Jürgen ist 1 Jahr älter als Monika. In den ersten 16 Jahren ihres Lebens mussten sie mit ihrer Familie sechsmal umziehen. Der Vater war Berufsberater beim Arbeitsamt und wurde immer wieder von einer Stadt in die nächste versetzt, bis er am Schluss in der Zentrale, in der Bundesanstalt für Arbeit in Nürnberg landete.

Beide Kinder haben dieselbe Kindheit in derselben Familie erlebt. Aber als Erwachsene haben sie völlig unterschiedliche Konsequenzen daraus gezogen.

Monika liebt das Umziehen. Sie ist, seit sie nicht mehr bei ihren Eltern wohnt, schon zwölfmal umgezogen. Jürgen hasst das Umziehen. Er wohnt zwar auch nicht mehr bei den Eltern, aber er bleibt in Nürnberg und will da auch nie mehr weg.

Der Entwicklungs-Einfluss durch Geschwister, vor allem aber durch das Zusammenagieren mit anderen Kindern – gleichaltrigen wie jüngeren oder älteren – wurde lange so stark unterschätzt, dass dieses Thema in der Forschung nahezu ignoriert wurde. Die Bedeutung Gleichaltriger als anregende Interaktionspartner und Konkurrenten bei der Platzfindung in der Gruppe und auch der Einfluss älterer Kinder als Nachahmungs- und Zukunftsmodell, als Vorbild und Lehrmeister werden erst langsam verstanden. Die Macht der Gleichaltrigen als „heimliche Erzieher" (*Wisskirchen* 2002) wird mit Skepsis betrachtet und aufgrund der schweren Einschätzbarkeit und noch schwierigeren Kontrollierbarkeit eher gefürchtet, denn als besonders wichtiger Sozialisationsfaktor für den Entwicklungsverlauf erkannt.

KINDER UNTER KINDERN

Nur in Kindergruppen erfährt ein Kind etwas über die Fertigkeiten, die ein soziales Individuum auszeichnen. Unter Kindern, in der sogenannten Peer Group, der Gruppe der Gleichaltrigen oder Gleichgestellten, wird ihm ein ganz anderes Experimentier- und Erfahrungsfeld als im Umgang mit Erwachsenen geboten, das als Ergänzung dringend notwendig ist. Nur hier gibt es in vielen Situationen die Möglichkeit zum Umgang mit Selbstbehauptung, Widerstand, Anpassung und Unterordnung, hoffentlich am Anfang in schützender und vermittelnder Anwesenheit von Erwachsenen.

Der französische Pädagoge und Psychologe *Hubert Montagner* forscht seit vielen Jahren über den Entwicklungseinfluss durch Kinder auf Kinder. Er zeigt mit seinen Studien, dass ein Kind, seine Art zu spielen zusammen mit anderen etwa gleichaltrigen Kindern in einer Gruppe weiterentwickelt. So stellt es z.B. fest, dass ein anderes Kind einem Spiel oder einem Gegenstand eine andere Bedeutung beimisst, als es das selbst tut. Es kommt zu einer Gegenüberstellung der eigenen Vorstellungen mit denen der anderen, und das Kind erfährt auf diesem Wege, dass dieselben Dinge und dieselben Tätigkeiten für andere Kinder eine andere Bedeutung und damit eine andere Funktion haben können. So werden Dinge und Vorgänge in ihrer Vielgestaltigkeit und Multifunktionalität wahrgenommen und können ins innere Weltbild integriert werden – nur ein Beispiel dafür, wie Kinder ihre Entwicklung gegenseitig bereichern und unterstützen. Das Verhalten oder die Situation anderer wird mit zunehmender Empathie in Handlungsplanungen und Kommunikationsverläufe einbezogen. So werden unterschiedliche Erlebnis- und Denkweisen erkannt und die Voraussetzung für die Kommunikation mit verschiedensten Interaktionspartnern geschaffen.

Je weiter das Alter der Kinder Richtung Pubertät geht, desto wichtiger werden die Kontakte zu Gleichaltrigen, denn in Peer Groups und Freundschaften bieten sich andersartige, vom bisher im Elternhaus Erlebten deutlich abweichende Sozialisationserfahrungen, die in diesen „verunsichernden Zeiten" einen wichtigen, da stabilisierenden, Entwicklungsimpuls darstellen können (siehe Kap. 6).

DIE ENTWICKLUNGS-CHANCE SCHULE

Das eigentliche Potential, das in der „Idee Schule" und in den Entwicklungsbegleitern „Lehrer" steckt, ist bei weitem noch nicht entdeckt, geschweige denn ausgeschöpft. Immer noch beginnt angeblich am ersten Schultag der „Ernst des Lebens" – gleichbedeutend mit dem Ende der Freiheit, selbst bestimmt zu erkunden und phantasievoll zu spielen, um dadurch intensiv zu lernen. Der Schulstart wird zur Verunsicherung, statt ihn als nahezu unbegrenzte Möglichkeit zu sehen, völlig andersartige Erfahrungen dazu zu gewinnen und einen gewaltigen Entwicklungsschub zu erleben.

Alle Lernergebnisse werden von den beim Lernen gemachten Beziehungserfahrungen beeinflusst. Schon im Säuglingsalter nimmt die erworbene Beziehungsqualität Einfluss auf die Art und Qualität des Informationserwerbs, sie gibt nachhaltige Strukturen vor, wie mit Neuheit und Komplexität umgegangen wird. Im entspannten Feld kann ohne Angst wahrgenommen, nachgedacht, analysiert, begriffen und gelernt werden.

Es ist die Struktur und Qualität der Interaktionsprozesse zwischen Lernendem und Lehrendem, die auf die kognitive Entwicklung, auf die Handlungsplanung und -steuerung sowie auf den Erwerb des kindlichen Selbstkonzepts Einfluss nimmt.

Der Arbeitsgruppe des Entwicklungsforschers *Michael Tomasello* im Max-Planck-Institut in Leipzig gelang der Beweis, dass im Entwicklungsgeschehen nicht zwischen Emotion und Kognition getrennt wird. Bildung beginnt mit der Geburt und behält diese spannende Kopplung zwischen Emotion und Kognition lebenslang bei.

Der Entwicklungsprozess des menschlichen Gehirns vor der Geburt und während der frühen Kindheit ist atemberaubend und lässt sich dennoch in einem Satz zusammenfassen: **Es kommt darauf an, eigene Erfahrungen zu machen**.

Der Neurobiologe und Hirnforscher *Gerald Hüther* beschreibt den faszinierenden Vorgang: Zunächst werden Millionen Nervenzellen durch Zellteilung gebildet und zu Zellhaufen geordnet. Aus diesen Nervenzellen wachsen Fortsätze aus, die mit anderen Zellen in Kontakt treten. All die Nervenzellen, die sich in kein Netzwerk einordnen und dort eine Funktion übernehmen können, sterben ab. Die verbliebenen Nervenzellen formieren sich zu deutlich voneinander abgegrenzten Verbänden, sogenannten Kerngebieten. Innerhalb und zwischen diesen Kerngebieten bildet sich ein Netzwerk von Fasern und Fortsätzen. Jede Nervenzelle scheint sich mit jeder anderen über so viele Kontakte wie möglich verbinden zu wollen. Zu diesem Zeitpunkt (im Hirnstamm ist das bereits vor der Geburt, im Stirnhirn etwa im 3. Lebensjahr) ist die Anzahl der Nervenzellkontakte (Synapsen) so groß wie niemals wieder im späteren Leben. Denn wenn erst einmal alles mit allem verbunden ist, werden anschließend all jene Kontakte wieder zurückgebildet und aufgelöst, die nicht „gebraucht", also nicht durch entsprechende Nutzung und Stimulation gefestigt werden.

Die Region, in der sich während der frühen Kindheit besonders viele Synapsen herausbilden und darauf warten, dass sie möglichst komplex benutzt und stabilisiert werden, ist die Hirnrinde, und hier besonders der vordere, zuletzt ausreifende Bereich, der sogenannte Stirnlappen. Diese Region ist zuständig,

- wenn wir uns ein Bild von uns selbst und unserer Stellung in der Welt machen wollen (Selbstwirksamkeitskonzepte),
- wenn wir unsere Aufmerksamkeit auf besondere Wahrnehmungen richten, Handlungen planen und die Folgen dieser Handlungen durchdenken und abschätzen (Motivation, Impulskontrolle),
- wenn wir uns in andere Menschen hineinversetzen und Mitgefühl entwickeln (Empathiefähigkeit, soziale und emotionale Kompetenz).

Das alles sind Fähigkeiten, um sich später in der Schule und im Leben zurechtzufinden, lernbegierig, wissensdurstig und neugierig zu bleiben und mit anderen gemeinsam nach Lösungen zu suchen. Die für diese Fähigkeiten verantwortlichen hoch komplizierten Synapsen (speziell im Frontallappen) stabilisieren sich jedoch nicht von allein. Sie müssen durch eigene Erfahrungen und anhand entsprechender Vorbilder herausgeformt und gefestigt werden. *„Fördern lässt sich dieser Prozess nicht, indem man den Kindern möglichst früh Lesen, Schreiben und Rechnen, womöglich sogar noch Englisch und die Bedienung von Computern beibringt, sondern nur dadurch, dass man Räume und Gelegenheiten schafft, wo Kinder sich selbst erproben können und möglichst viele und möglichst unterschiedliche ... andere Menschen mit ihren vielfältigen Fähigkeiten und Fertigkeiten kennen und schätzen lernen"* (Hüther 2001).

Lehrer als Verbündete, als Mitsuchende nach mehr Wissen, nach mehr Verständnis und mehr Lust auf Aneignung der Welt. Eine Lernatmosphäre im Kreise der Klassenkameraden, die mit ihren Schwächen und Stärken immer vertrauter werden und dazu beitragen, dass jeder sich fordert, um dazuzugehören und Anteil am Erfolg zu haben.

Oliver, 14 Jahre alt, Realschüler

„Es muss einen Grund geben, warum ich viel lernen will, echt arbeite und gewissenhaft bin, der viel mehr mit mir selbst und meinem Verhältnis zu meinen Klassenkameraden und zu meinen Lehrern zu tun hat als mit den Noten am Schuljahresende".

Julia, 15 Jahre alt, Gymnasiastin

„Ich sehe die Schule der Zukunft als zusätzliche bereichernde Lebenswelt für Schüler. Eine Schule, die mit Hilfe der Lehrer ihre Chance nutzt, Kindern und Jugendlichen noch nicht Erlebtes zu bieten, immer mehr zu verstehen und zu durchschauen und vielfältige Erfahrungen möglich zu machen, damit diese ihre Themen finden können, in denen sie stark sind und dadurch Anerkennung und einen Platz in der Gesellschaft finden."

Viele Faktoren im Leben eines Kindes, zum Beispiel seine genetische Ausstattung, die Besonderheiten seiner Bezugspersonen, seiner Lebensumwelt, aber auch sein Temperament, seine Art Menschen und Situationen wahrzunehmen und diese gezielt zu suchen, seine eigenen Vorlieben und Spezialgebiete, seine Verarbeitung von Erlebnissen, die Vielfalt seiner Erfahrungen und vieles, vieles mehr nehmen auf den Entwicklungs-Verlauf Einfluss – einzeln oder kombiniert, was die Wirkungen verstärken oder abschwächen kann. So wird es nie Entwicklungsabschnitte geben, die nach feststehenden Regeln ablaufen und durch diese vollständig bestimmt werden können.

Es gibt keine eindeutige Beziehung zwischen den „Eingabedaten" (dem input), z.B. der elterlichen Erziehung, und den „Ausgabedaten" (dem output), z.B. dem kindlichen Verhalten in einem bestimmten Entwicklungsabschnitt. Es gibt keine Vorhersagbarkeit, es gibt zu viele unerkannte Zusammenhänge, Zufälle und Unerwartetes.

Einige „Wunder"-Beispiele aus Elterngesprächen

Alles wurde schlagartig anders, besser, es kam zu einem riesigen Entwicklungs-Sprung, mit dem niemand in dieser Form gerechnet hatte,
- *„als Kati nicht mehr allein war, sondern eine Schwester bekam"*
- *„nach dem Umzug in eine Gegend mit vielen Kindern in vielen Gärten, was einfach Freilauf für Tim bedeutete"*
- *„als der neue Klassenkamerad mitten im Schuljahr in die Klasse kam und Torsten plötzlich jemanden hatte, der zu ihm und seinen Interessen passte. Es war, als ob beide aufeinander gewartet hätten. Beide Kinder sind aufgeblüht und plötzlich auch für die anderen attraktiv geworden."*
- *„als wir die richtige Schulwahl getroffen hatten. Wir waren so unsicher bei der Entscheidung für eine weiterführende Schule gewesen. Letztendlich gab den Ausschlag, welchen Schulweg Lisa allein bewältigen konnte. Und genau das bewirkte einen Selbständigkeitsschub, der sich in vielen anderen Bereichen fortsetzte: Plötzlich klappte das Anziehen am Morgen, die Hausaufgaben wurden zur Selbstverständlichkeit. Und dann brachte sie – für uns ganz unerwartet – andere Mädchen zum Spielen mit nach Hause. Von einer Nacht auf die andere war das Bettnässen vorbei, als ob es nie gewesen wäre und nicht vorher mindestens zehn Therapieanläufe ins Leere gegangen wären."*
- *„als wir Olli beim Fußball anmeldeten und er über die sportlichen Erfolge Selbstbewusstsein und Zugang zu den anderen Kindern bekam. Da hörte sein Stottern innerhalb eines Monats auf."*

- *„als wir uns durchgerungen hatten, Sabeth trotz der mittelmäßigen Schulnoten zum Reiten und ins Malatelier zu lassen. Hier gab es keine bitteren Enttäuschungen oder ernüchternde Noten, sondern Anerkennung, die unsere Tochter ‚innerlich' mindestens um 10 cm wachsen ließ und ihr einen Neuzugang zur Schule ermöglichte."*

Babys, Kinder und Jugendliche „lesen"

Eltern können den Entwicklungsverlauf ihrer Kinder nicht planen oder gar vorherbestimmen, aber sie können ihre Babys, ihre Kinder, ihre Jugendlichen „lesen", das heißt genau hinsehen, hinhören, sich reinspüren, was ihr Kind – egal in welchem Alter es ist – momentan braucht, woran es arbeitet, was ihm die größte Freude macht, welche wichtige Aufgabe es sich gerade gestellt hat, warum alles rückläufig erscheint (was beim genauen Hinsehen aber auch nur Anlaufnehmen vor dem großen Sprung bedeuten kann).

Es geht darum, Schutzfaktoren wirksam werden zu lassen. Schutzfaktoren puffern Risikoeffekte ab. Fehlen sie, können Risikoeffekte ungeschwächt zum Tragen kommen.

Ein Schutzfaktor setzt die Wahrscheinlichkeit für das Auftreten einer Störung oder Auffälligkeit herab.

Das heißt nicht, dass alle mit Schutzfaktoren versehenen Menschen eine Garantie auf einen störungsfreien Entwicklungs-Verlauf haben (weil Entwicklung eben nicht vorhersagbar ist). Sie sind aber auf jeden Fall signifikant mehr vor Schädigungen gefeit als die, die ohne oder mit wenigen Schutzfaktoren auskommen müssen.

Schutzfaktoren werden einem Kind nicht als Paket in die Wiege gelegt und bleiben dann lebenslang wirksam. Sie müssen nach unserem heutigen Verständnis immer wieder neu aktiviert und gefördert werden, vom Kind selbst und von seiner sozialen Umgebung, von seinen Eltern und weiteren ihm zugewandten Bezugspersonen.

Der Zugang zu Schutzfaktoren kann durch dem Kind eigene Besonderheiten erleichtert werden, wie z. B. ein positives Temperament, verträgliche Charaktereigenschaften, eine gute Intelligenz und ein positives Selbstkonzept, doch brauchen auch diese kindbezogenen Merkmale zu ihrer Entfaltung einen **aktivierenden und fördernden Rahmen**, der zuerst von den Bezugspersonen, später auch von Gleichaltrigen geschaffen werden muss, wie die ausgewählten nachfolgenden Beispiele zeigen.

Es braucht Elternkompetenz, um Schutzfaktoren wirksam werden zu lassen.

- Eine gute Mutter-Kind-Beziehung (Vater-Kind-Beziehung) erweist sich als klarer Schutzfaktor. Es geht um ein emotionales Beziehungsangebot, das durch Aufmerksamkeit, Zugewandtheit und Ansprechbarkeit geprägt ist und Geborgenheit und Sicherheit aufkommen lässt. Eine gelungene Interaktion zwischen Eltern und Säugling ist dadurch gekennzeichnet, dass die elterlichen Verhaltensweisen zeitlich auf die des Säuglings bezogen sind, zuverlässig und mit hohem Wiedererkennungswert erfolgen und auf den Entwicklungsstand des Kindes und sein momentanes Befinden abgestimmt sind.

Dieses Wissen gilt als wesentlicher Schutzfaktor gegen übermäßige Angst, Gefühle wie Hilflosigkeit und Ausgeliefertsein, die dazu führen, die Kontrolle über sich zu verlieren.

- **Die Erweiterung des Kreises der Bezugspersonen** vergrößert das kindliche Vertrauen in die Welt, wenn sie behutsam und begleitet vor sich geht. Um auch außerhalb der Familie Beziehungen aufbauen zu können, braucht ein Kind die Unterstützung seiner bereits vertrauten Bezugspersonen sowie die Zugewandtheit und Verlässlichkeit der sich als neue Bezugsperson anbietenden Erzieherin oder Tagesmutter.
Alle Kleinstkinder profitieren beim Start einer außerfamiliären Betreuung von einer mehrtägigen, von den Eltern begleiteten Eingewöhnungszeit. Der anwesende Elternteil baut einen zugewandten Kontakt zur Erzieherin auf, die das Kind eingewöhnt. Wie feinfühlig die Erzieherin dem Kind gegenüber ist, wie positiv und zugewandt sie mit ihm interagiert und wie beständig und kontinuierlich sie ihm zur Verfügung steht, bestimmt diese und nachfolgende Beziehungsqualitäten. Die Verantwortung für den Beziehungsaufbau trägt der oder die jeweilige Erwachsene. Die ersten Tage in der Krippe oder im Kindergarten können – positiv oder negativ – Einfluss auf die gesamte Kindergartenkarriere bis hin zur Schullaufbahn nehmen.

SCHUTZFAKTOREN IM MIKROBEREICH

Der Schweizer Psychologe *Jürg Frick* (2003) zählt eine große Anzahl von Schutzfaktoren auf – ohne jeden Anspruch auf Vollständigkeit:

- Mindestens eine stabile emotionale Beziehung
- Unterstützendes Netz außerhalb der Familie
- Emotional warmes, offenes, aber auch strukturiertes und normorientiertes Erziehungsverhalten
- Soziale Modelle, die zum konstruktiven Bewältigen ermutigen und anregen
- Dosierte soziale Verantwortlichkeit und individuell angemessene Leistungsanforderungen
- Kognitive Kompetenzen (ein mindestens durchschnittliches Intelligenzniveau, kommunikative Fähigkeiten, eine realistische Zukunftserwartung und -planung)
- Temperament- und Charaktereigenschaften, die eine effektive Bewältigung begünstigen (z. B Flexibilität, Freundlichkeit, Annäherungsverhalten, Impulskontrolle, Beharrlichkeit)
- Günstige Selbstwirksamkeits- und internale Kontrollüberzeugung, Selbstvertrauen und ein positives Selbstbild
- Aktive Bemühung um Problembewältigung, aktiver Umgang mit Belastungen (Coping)
- Erfahrung von Sinn, Struktur und Bedeutung in der eigenen Entwicklung, Gefühl von Kohärenz, normative Verankerung
- Beziehung zur Natur
- Fantasie und Kreativität
- Schreiben und Lesen zur Bearbeitung von Belastungen, zum Erschließen neuer, anderer Welten
- Hobbys, gute Schulleistungen
- Positives Welt- und Menschenbild, Optimismus, Humor

Das Startgefühl in bislang unbekannten Umgebungen, das viel mit der von zu Hause mitgebrachten und der hier neu erworbenen Beziehungsqualität zu tun hat, nimmt Einfluss auf den „Erfolg" und das Zurechtkommen außer Haus. Es gibt aber auch ein Muster vor, wie künftig generell mit neuen Situationen, die komplexe Anforderungen an den jungen Menschen stellen, umgegangen wird.

- **Eine emotional warme, offene, dennoch strukturierte Erziehung** erleichtert eine entwicklungsorientierte, entwicklungsfördernde Begleitung. Ein Erziehungsstil, bei dem
  - wahrnehmende Liebe und emotionale Wärme
  - Achtung und Respekt
  - Kooperation und Mitbestimmung
  - Struktur und Verbindlichkeit
  - allseitige Förderung

  die Leitgedanken darstellen, zeigt die größten Erfolge (*Tschöpe-Scheffler* 2003). Eltern oder Pädagogen bringen klar zum Ausdruck, welches Verhalten sie erwarten und welches von ihnen nicht akzeptiert wird. Deshalb sind sie auch aufmerksam für kindliches Verhalten und schreiten gegebenenfalls ein.

  Das Kind merkt, dass es in seiner Selbständigkeit ernstgenommen und unterstützt wird, es spürt die emotionale Zugewandtheit der Erwachsenen und profitiert von dieser offenen, partnerschaftlichen Kommunikation, die Wärme signalisiert, aber auch fordert und zugleich Grenzen setzt.

- **Kommunikative Fähigkeiten** gelten als Schutzfaktoren, die schützen und stärken. Mit seiner besonderen Aufmerksamkeit für das zugewandte Gesicht der Mutter oder des Vaters startet der Säugling seinen Spracherwerb. Dieses Gesicht vermittelt ihm Emotionen, die mit Sprachlauten verbunden sind; mütterliche Mimik und die akustische Wahrnehmung bereiten den Säugling auf den Spracherwerb vor. Eine noch so perfekt gemachte Nachrichtensendung mit einem geschulten Sprecher kann einen Säugling nicht auf das Sprechen vorbereiten. Erst eine gegenseitige Gefühlsbeziehung und Aufmerksamkeit füreinander veranlassen den Säugling, so auf den Sprechenden zu achten, dass auf neuronaler Ebene die bislang nur genetisch vorbereiteten Voraussetzungen zum Sprechenlernen tatsächlich gestartet werden können.

Nicht zufällig beginnen Säuglinge auch um dieselbe Zeit damit, die Aufmerksamkeit und das Verhalten der Erwachsenen auf äußere Dinge zu lenken, indem sie Zeige-Gesten verwenden, wie z. B. auf einen Gegenstand deuten oder ihn hochhalten. Diese Gesten sind Versuche, Erwachsene dazu zu bringen, etwas in Bezug auf ein Objekt oder Ereignis zu tun oder ein Objekt oder Ereignis anzuschauen. Wenn das Baby oder Kleinstkind dem Erwachsenen etwas zeigt, erwartet es ein mit ihm geteiltes Interesse, d. h. der Erwachsene soll anschauen und kommentieren, was er gezeigt bekommt. Bleiben die Reaktionen des Erwachsenen aus, verliert das Kind sehr schnell die Motivation, ihm künftig weiterhin etwas mitzuteilen und wirkt „verstockt". Fehlende Aufmerksamkeit und fehlende Beantwortung können der Start in einen riskanten Entwicklungsweg sein.

- **Jedes Kind braucht soziale Modelle, die zur konstruktiven Problembewältigung und zum aktiven Umgang mit Konflikten ermutigen.** Wie geht man bei Stress miteinander um? Welche Rituale haben sich „in Not" eingespielt? Ausschlaggebend ist, dass bei jeder Beunruhigung, Angst oder Schmerz die Erfahrung gemacht wird: Krisen sind überstehbar und bewältigbar, manchmal allein, manchmal nur mit Hilfe anderer.

  Kinder fordern durch ihr Verhalten den Erziehungsrahmen ein, der ihnen Entwicklungsfortschritte möglich macht. So nimmt ein Kind am Sozialleben teil, indem es die hier geltenden Normen abfragt, um sich in diese Welt einklinken zu können. Wenn ein Kind sich also zeitweilig aufdringlich und aufmüpfig verhält, erhöht es die Chancen auf eine schnelle und zweifelsfreie Antwort. Bleibt man dem „fragenden" Kind die Antwort schuldig, weil man ihm Frustrationen oder sich selbst die Auseinandersetzung ersparen will, kehrt keine Ruhe ein – im Gegenteil: Es kommt zu verschärften Provokationen. Das Kind wird unausstehlich, denn es braucht die Antwort, entweder ein freiraumschaffendes *„Ja"* oder ein eindeutig bremsendes *„Nein"*, mit dem von jetzt ab immer an dieser Stelle zu rechnen ist. Nur das Setzen konsequenter, aber auch einsichtiger Grenzen schafft die so wichtigen klärenden Verhältnisse, in denen ein Kind frei agieren kann. In diesen Situationen werden elterliche Kompetenzen abgefragt.

Der Umgang mit dem gestressten, dem bedürftigen Kind stellt die Beziehungsweichen. Wer in Not, z. B. bei einem Konflikt, Unterstützung und nicht Demütigung erfährt, bewältigt Stress mit weniger Belastung; das hat Einfluss auf die Frustrationstoleranz, auf die aktive Suche nach problemlösenden Ideen oder notfalls auch auf die Suche nach sozialer Unterstützung.

- **Kinder müssen dosierte soziale Verantwortlichkeit und individuell angemessene Leistungsanforderungen erleben.**

  Im Spiel mit anderen Kindern erlebt ein Kind die ungeheure Variationsbreite möglicher Handlungen und Empfindungen, seinen Verhaltensspielraum und seine Grenzen. Jedes Kind ist wissbegierig, will immer mehr begreifen. Beim Spielen lernt es Zusammenhänge verstehen, seine Beteiligung an den Geschehnissen rundherum und seine Möglichkeiten, gezielt Einfluss zu nehmen.

  Kinder brauchen altersgemäße Entwicklungsanreize, sie genießen Herausforderungen. Sie profitieren von erweiterten Entscheidungsspielräumen, bei denen bewusst und begleitet alte Grenzen überschritten werden – und erleben das Gefühl, die Welt zu erobern.

  Es geht um einen klar strukturierten, verbindlichen Orientierungsrahmen, der diskussionslos Grenzen aufzeigt, bei denen es sich um sicher machende Vorgaben und eindeutige Regeln handelt.

  Es geht um einen möglichst großen Handlungsrahmen, der viel Raum für individuelle Entfaltung und altersgemäße Eigenaktivität lässt und so Erfolge möglich macht.

  Es geht auch um die Erziehungsbalance zwischen Gewähren lassen und Hilfestellung geben, zwischen etwas selbst herausfinden dürfen und Lösungswege aufgezeigt bekommen.

Gibt es eine Art Pubertäts-Versicherung, eine spezielle Pubertäts-Prävention?

Eigentlich ja, nur ganz anders, als man sich das vorstellt. Gegen Pubertätsprobleme kann man nicht impfen. Ihnen liegen keine Viren oder Bakterien zugrunde, die durch eine Anregung oder Unterstützung des körpereigenen Immunsystems bekämpft werden könnten. Auch die Suche nach unvermeidbar Pubertätsprobleme machenden Genen war bislang erfolglos und wird es bleiben.

Zu massiven Pubertätsproblemen kommt es bei Kindern und Jugendlichen, weil ihnen wichtige Erfahrungen fehlen, Erfahrungen wie Geborgenheit, Selbstwirksamkeit, Freude am aktiv sein und etwas bewirken, ernstgenommen werden, geliebt werden, beantwortet werden, wichtig sein, auch in anspruchsvollen Situationen zurecht kommen und unversehrt bleiben. **Diese Erfahrungen müssen früh, vielfältig und vielseitig gemacht werden.**

Der Begriff „Prävention" bezeichnet den Versuch, die Entwicklung beeinträchtigende Probleme zu verhindern, bevor sie entstehen. Prävention beschäftigt sich also vorauseilend mit etwas, was noch gar nicht existiert, dessen Eintreffen aber ohne gegensteuernde Maßnahmen befürchtet wird.

Es gibt kein Allheilmittel und kein festgeschriebenes Erziehungsprogramm, das vor schweren Pubertätskrisen schützen kann. Aber man weiß, was Kinder erleben sollten, um stark groß zu werden und auch mit Schwierigkeiten klar zu kommen: Sie sollten von Anfang an in ein zugewandtes und ermutigendes Beziehungsnetz eingebettet sein. Sie sollten ganz früh ihren aktiven Part im Leben spüren: *„Nicht mit mir geschieht etwas, sondern durch mich passiert etwas. "* Sie sollten in Gruppen ihren Platz finden, zuerst zu Hause, dann im Kindergarten, in der Schule und unter Freunden. Es ist ganz wichtig, Lernen als die Vorfreude auf sich selbst, auf die eigenaktive Aneignung der Welt zu erleben (*Haug-Schnabel* & *Schmid-Steinbrunner* 2002).

Es geht um „Erwachsen werden mit Netz", eine der verantwortungsvollsten Aufgaben von Eltern und anderen Begleitern (siehe Kap. 8).

Aus Sicht der Jugend: Ein persönlicher Blick zurück

I. Anmerkung zu diesem Kapitel

Als Jugendlicher kann man sich gut vorstellen, dass es für Eltern eine schwierige Aufgabe ist, ihr Kind zu fördern und es richtig auf das Leben vorzubereiten. Die Freude am Fördern kann in der Pubertät unter dem Druck dauernder Auseinandersetzungen schnell nachlassen oder gar ganz ausbleiben. Oft können Eltern mit den neuen Spezialinteressen ihrer Kinder wenig anfangen: nicht der Sport, den sie sich vorgestellt haben oder plötzlich kein Sport mehr und dafür umso mehr Zeit am Computer. Wenn das Kind dann endlich auch mal wieder etwas liest, ist es meist auch noch das Falsche oder zumindest gewiss nichts „Bildendes".

Wodurch kommt es zwischen Eltern und Jugendlichem zu solchen Interessenskonflikten? Eltern wollen ja eigentlich immer nur das Beste für ihr Kind. Sie wollen, dass ihr Kind sein Wissen vermehrt und seine Intelligenz benutzt, auf jeden Fall mehr lernt, vor allem Schulnoten-Relevantes. Aber ihr Kind hat zur Zeit andere Interessen. Wenn Eltern diese gleich ablehnen, dann stoßen sie automatisch auf Ablehnung und Widerstand. Wenn sie sich aber mal mit den – aus ihrer Sicht „unbildenden" – Interessen beschäftigen, könne Eltern und Kind durchaus davon profitieren. Das habe ich selbst erlebt, als ich beim Abendessen begeistert über eine Folge von *„Star Trek"* erzählte. Alle hörten mir aufmerksam zu, obwohl dieses Thema aus ihrer Sicht bestimmt nicht tagesaktuell war. Und während ich noch erzählte, entdeckten sie plötzlich eine starke Ähnlichkeit der „Konföderation der Planeten" mit unserer heutigen UN-Vollversammlung. Wir haben die Parallelen gemeinsam analysiert und diskutiert – und viel gelacht. Für mich war das ein positives Schlüsselerlebnis – und für die ganze Tischrunde auch.

Eltern müssen nicht das Gleiche mögen wie ihre Kinder, aber sie sollten es nicht von vornherein verteufeln, sondern sich erst einmal damit auseinandersetzen. Denn jeder Jugendliche ärgert sich, wenn seine Interessen von einem „Unwissenden" schlecht gemacht werden. Nur wer sich die Mühe macht, sich zu informieren, kann in der Diskussion von einem Jugendlichen ernst genommen werden. Und vielleicht sind die Interessen des eigenen Kindes gar nicht so trivial wie vorher angenommen, sondern weit komplexer als vermutet. Wer sich von seinem Kind etwas beibringen oder erklären lässt, wird auch jederzeit von ihm um Rat gefragt.

2. Anmerkung zu diesem Kapitel

Als ich in der Pubertät war, war eins für mich besonders wichtig: Ich wollte ernstgenommen werden. Ich wollte von den Erwachsenen immer als vollwertiger Gesprächspartner angesehen werden. Nur dann konnten Diskussionen sachlich und nicht emotional gesteuert ablaufen. Und genau das war auch für mich eine sehr wichtige Erfahrung, dass ich trotz aller Probleme immer jemanden hatte, auf den ich mich verlassen konnte: einen Erwachsenen, der nicht von oben herab befiehlt, wo es lang geht, sondern auch zuhören kann. Zwar können auch Gespräche auf der Basis gegenseitiger Achtung ein Kampf sein, aber es ist ein Kampf, bei dem keine unlauteren Mittel zum Einsatz kommen. So kann auch der „Verlierer" ohne Gesichtsverlust vom „Schlachtfeld" ziehen und kann sich die Argumente seines „Gegners" sachlich nochmal durch den Kopf gehen lassen, später und in Ruhe, ohne sie aus emotionaler Verletztheit heraus gleich ablehnen zu müssen. Vielleicht stehen dann weitere Gespräche zu diesem Thema unter einem besseren Stern, und es gibt gar keinen Verlierer mehr.
Solche Gespräche, die auf gegenseitigem Verständnis begründet sind, kommen nach meiner Erfahrung erst ab der Pubertät gehäuft vor. Mir haben solche Gespräche gezeigt, dass ich bereits einen wichtigen Schritt zum Erwachsenen gegangen war. Das ist ein tolles Gefühl.

KAPITEL 4: DAS WICHTIGSTE IN KÜRZE

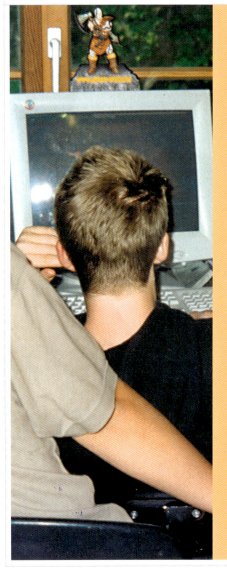

▶ Der Mensch beteiligt sich eigenaktiv, suchend und auswählend an seiner Entwicklung.

▶ Genetische Ausstattungen sind darauf angewiesen, von der Umwelt realisiert zu werden. Erwachsene Entwicklungsbegleiter nehmen Einfluss auf die Regulation der Genaktivität und auf die Hirnentwicklung.

▶ Kontakte zu Gleichaltrigen sind ab der frühen Kindheit eine nicht ersetzbare Erfahrung.

▶ Das Lernen wird durch Beziehungserlebnisse beeinflusst, weil Kognition von Emotion nicht zu trennen ist. Schule könnte grenzenlos bereichern.

▶ Pubertätsverläufe können nicht kontrolliert werden, aber Schutzfaktoren zum Abpuffern risikoreicher Lebensabschnitte sind bekannt. Es gibt eine Prävention (Vorbeugung) vor einer Problempubertät.

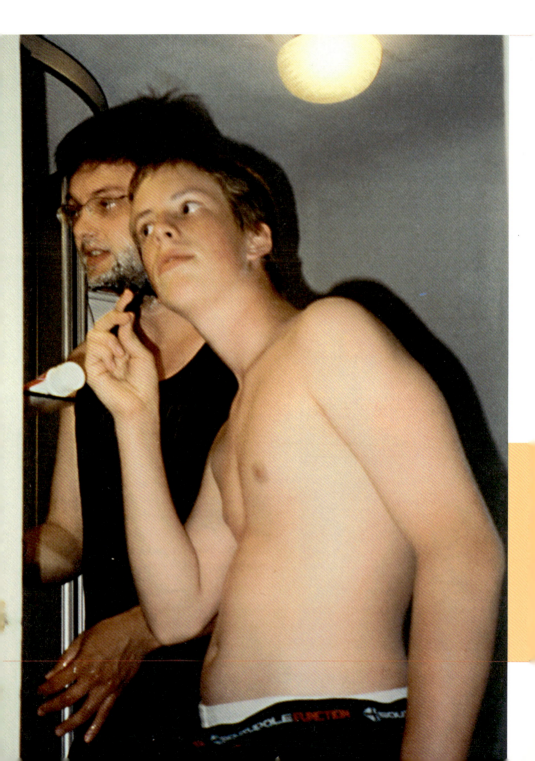

Körper und Seele verändern sich

In diesem Kapitel erfahren Sie, ...

▶ dass Mädchen mit elf Jahren noch gleich viel, wenn nicht sogar mehr Muskelkraft als Jungen haben

▶ dass Körper- und Sexualaufklärung zu den Elternpflichten gehört

▶ dass Mütter das entscheidende Vorbild sind, sich von absurden Schönheitsvorstellungen zu emanzipieren

▶ dass die Hälfte aller Jungen vom ersten Samenerguss überrascht wird

▶ warum der Schönheitsdruck mehr auf Mädchen als auf Jungen lastet

Das andere Geschlecht
ist anfangs nicht nur attraktiv

Das Erlebnis heranzuwachsen,
um zuerst nirgends zu passen

- *„Wenn ich ja nur größer und stärker werden würde, aber es ist viel mehr und das meiste kann man sich nicht vorstellen!"*
- *„Mein Körper verändert sich, er wird mir fremd!"*
- *„Ich weiß manchmal gar nicht was los ist, ich sehe anders aus und denke anders."*
- *„Alles was mit mir passiert, ist einfach nur peinlich."*

Die Hochphase der Pubertät, etwa zwischen dem 12. und 16. Lebensjahr, ist eine Zeit großer Verunsicherung, ein Leben zwischen allen Stühlen. Nach dem 16. Lebensjahr, in der Spätpubertät, ist die neue Situation für Jugendliche wie für Eltern nicht mehr neu, sondern inzwischen vertraut geworden, was aufatmen lässt und zu Entspannung führt. Doch davon ist in der Hochphase der Pubertät noch nichts zu spüren. Die Irritationen durch hormonelle Veränderungen stellen die Jugendlichen vor eine harte Bewährungsprobe. Deshalb möchten sie sich selbst immer wieder beruhigen können, dass mit ihnen alles in Ordnung ist, dass bei ihnen alles stimmt und das auch so bleiben wird.

Pubertierende erwarten höchst differenzierte rückversichernde Bestätigung und Unterstützung ...

- von ihren Eltern, von den Menschen also, von denen sie sich gerade deutlich abgrenzen, die sie zu Zurückhaltung und absoluter Diskretion verpflichten, denen sie plötzlich mit prüder Scham begegnen und denen sie sich eher verschlossen und streitsüchtig präsentieren
- von gleichaltrigen oder etwas älteren Jugendlichen, mit denen sie sich in scharfer Konkurrenz befinden, die selbst auf der Suche nach Antworten und Hilfe sind, die über nicht viel mehr Wissen verfügen und außer vergleichbaren Fragen und Nöten wenig zu bieten haben, aber eine große Gesprächsbereitschaft und wenig Hemmung signalisieren

ELTERN UND PEERS –
BEIDE SIND IN DIESER ZEIT WICHTIG

Die Eltern sind Spezialisten für Wissensfragen, die mit körperlicher Liebe, Zeugung, Schwangerschaft und Geburt zu tun haben. Das, so glauben sie zumindest, sei ihre Hauptaufgabe. Dass sie aber in Wirklichkeit „maßgebende" und richtungsweisende Aufklärungsmodelle zu den Themen Frauenrolle, Männerrolle, Körpersexualität und Partnerschaft sind, scheint ihnen weniger bewusst zu sein. Bei ihren Eltern erleben Kinder, welches Verhältnis der Vater, die Mutter zu ihrem Körper, zu ihrer Sexualität und zu ihrem Partner haben und wie Mann und Frau in verschiedensten Situationen miteinander umgehen.

Mit Eltern, vor allem mit dem jeweils gleich geschlechtlichen Elternteil, kann man als Mädchen über die wachsende Brust und deren Empfindlichkeit und natürlich über das alles verändernde Phänomen der Menstruation reden. Als Junge sind es vergleichsweise Gespräche mit dem Vater über Samenerguss, Wachstum und Färbung von Penis und Hoden sowie über die Wichtigkeit von männlicher Körperhygiene. Immer vorausgesetzt, dass Mütter und Väter dazu bereit und in der Lage sind. Zum Beispiel sind Gespräche zwischen Vater und Sohn sehr wichtig und entlastend. Doch haben Gespräche mit dem Vater zum Thema Aufklärung weit weniger Tradition als mit der Mutter. Man kann davon ausgehen, dass die wenigsten heutigen Väter derart intime Gespräche mit ihren Vätern erlebt und somit als Modell zur Verfügung haben.

Solche Gespräche brauchen und schaffen ein besonderes Maß an Nähe und Vertrautheit, eine Atmosphäre, die in diesem Alter schnell als zu nah und zu vertraut empfunden werden kann.

- Sind Eltern überhaupt die richtigen Vorbilder und Ansprechpartner für Fragen ihrer Kinder über heranreifende Sexualität?
- Erscheint die erwachsenentypische Reduzierung des Interesses an Sexuellem auf Aufklärungsfragen nicht zu abgeklärt, so dass der junge Mensch seine Lebenssituation in den Antworten nicht wiedererkennt?
- Können und wollen sich Kinder ihre Eltern überhaupt als sexuelle Wesen vorstellen und die Eltern ihre Kinder als sexuell aktiv wahrnehmen, was bei diesen Themen kaum auszublenden ist?

Derartige Gesprächsbarrieren waren in Großfamilien-Strukturen sicher einfacher zu umgehen, da andere Erwachsene, zu denen ein junger Mensch im

Laufe der Jahre eine Beziehung aufgebaut hatte, und die eben nicht seine Eltern waren, zur Verfügung standen.

So gewinnen die Gleichaltrigen, die Peers (siehe Kap. 6) neben den Eltern an Bedeutung. Für etliche Jugendliche sind sie die einzigen Gesprächspartner zu Fragen der Sexualität. Von Gleichaltrigen erfährt man, wie sich Liebe anfühlt, wie andere Jugendliche mit dem „neuen" Körper und den überraschend heftigen Gefühlen zurechtkommen, mit Sehnsucht und Liebeskummer, aber auch mit Annäherungsversuchen und hautnaher Zärtlichkeit. Fast nur unter Jugendlichen tastet man sich an Themen wie Heterosexualität und Homosexualität heran, informiert sich über Verhütungsmittel und Ansteckungsgefahren, indem alle irgendwo gelesenen oder gehörten Informationssplitter zusammengetragen und diskutiert werden. Über sexuelle Praktiken kann man sich nur mit Gleichaltrigen austauschen, zum Füllen derart intimer Wissenslücken sind Eltern nicht geeignet. Andere Jugendliche kann man nach sexuellen Aktivitäten fragen, die Eltern nicht, denn die sollen zumindest anfangs nichts davon wissen, weil sonst Fragen und Verbote zu befürchten wären, die alles entzaubern würden. Unter Jugendlichen muss allerdings dauernd Indiskretion befürchtet werden, da es schnell zu Konkurrenz und scharfen Fronten kommt, wenn es um die Liebe zum selben Mädchen oder dem selben Jungen geht, der eine mehr Glück als der andere zu haben scheint oder böse Zungen intrigant Frust abbauen.

IM PUBERTÄTS-VERLAUF SIND UNTERSCHIEDE DAS NORMALE

„Alles soll bei mir normal sein - so wie bei allen anderen auch." Es passiert zu viel in dieser Zeit, um Abweichungen verkraften zu können. Aber der Wunsch nach Normalität kann nicht erfüllt werden. Zwischen all den Jugendlichen – in etwa gleich alt, in etwa der gleichen Situation – gibt es zu viele Entwicklungsunterschiede und damit selten übereinstimmende Interessenslagen. Jahrelange enge Freundschaften können daran zerbrechen. Die Gefühle, Bedürfnisse, Sorgen bis hin zum Glücksempfinden können variieren, sodass der Einzelne glauben muss, hier auch wieder mit seiner Art des Heranwachsens oder mit seinem Erleben nicht zu passen, eben nicht „normal" zu sein.

Der Mensch ist aber ein soziales Wesen mit dem Wunsch „zu passen". Jedes Kind will – zumindest in von ihm akzeptierten und für wichtig gehaltenen

Gruppierungen – „passen und dazu gehören". Schon Kleinstkinder ahmen Tätigkeiten oder das Mienenspiel von Mutter oder Vater nach, um gemeinsam Gleiches zu tun oder zu empfinden. Wenige Wochen nach Beginn des Kindergartens will kein Zwei- oder gar Dreijähriges mehr aus der Flasche trinken, wenn alle anderen Kinder in der Vesperpause einen Becher vor sich haben – auch dann nicht, wenn es zu Hause noch lange nicht auf die Abendflasche verzichtet. Auch Windelträger gehen regelmäßig mit zur Toilette, wenn interessante ältere Kinder das tun. Nichts kränkt ein Kind so sehr, wie gehänselt und verspottet zu werden oder gar einen sozialen Ausschluss, z. B. beim Spielen, erleben zu müssen. In diesen Situationen empfinden Menschen Schmerz. Und auch im Gehirn werden bei sozialem Ausschluss genau die Bereiche aktiviert, die für die Empfindung körperlichen Schmerzes zuständig sind.

Während der Pubertät wird es noch sehr viel wichtiger, zu einer Gruppe zu gehören, die eine klare Distanz zu Kindern und Erwachsenen signalisiert.

All diese Beispiele setzen voraus, dass ein Individuum weiß, wer es ist, was es mit anderen gemeinsam hat – aber auch, was es von ihnen unterscheidet. Sich darüber im Klaren zu sein, ist in der Pubertät besonders schwierig.

Alles startet deutlich sichtbar am Ende der mittleren Kindheit mit dem durch Wachstumshormone stimulierten Längenwachstum, wobei bis zu 3 Jahre Unterschied zwischen Freunden liegen können. Dieser pubertäre Wachstumsschub muss dem Aktivwerden der Sexualhormone vorausgehen, da diese maßgeblich zur Verknöcherung des Skeletts beitragen, die automatisch das Ende des Wachsens bedeutet.

Der pubertäre Wachstumsschub zeigt sich noch nicht einmal an allen Körperteilen gleichermaßen. Kopf, Hände und Füße erreichen zuerst die Erwachsenengröße. Dieses asynchrone Wachsen ist der Grund für die kurzzeitige Disproportionalität des jugendlichen Körpers. Typisch sind auch die damit einhergehenden schlaksigen Bewegungen.

Aber man wird in diesem Alter nicht nur größer, auch die Muskelmasse verändert sich. Mit elf Jahren haben Mädchen noch gleich viel, wenn nicht sogar mehr Muskelkraft als Jungen. Leider aber haben sie zu wenig Zutrauen in ihre Stärke und Schnelligkeit, denn sie müssten sich von bereits provozierenden Jungen eigentlich nichts gefallen lassen. Mit dem pubertären Wachstumsschub ziehen die Jungen dann größen- und muskelmäßig davon.

Die Sicherheit *„Ich bin okay, wie ich bin"* haben in dieser Zeit die wenigsten Jugendlichen, die Reifezeichen setzen zeitlich sehr unterschiedlich ein. Es ist die Zeit größter Entwicklungsvarianz. Ein Mädchen mit noch höchst geringer Brustentwicklung kann bereits menstruieren, während bei einer Gleichaltrigen mit weit entwickelter Brust die Menstruation noch aussteht.

DIE KÖRPERLICHE ENTWICKLUNG VON MÄDCHEN UND JUNGEN

WAS PASSIERT EIGENTLICH? EIN SCHNELLDURCHGANG

Mädchen	Jungen
Verborgen im Körperinnern setzt die Entwicklungsphase der Pubertät im statistischen Durchschnitt mit 8 bis 10 Jahren ein	Verborgen im Körpcrinnern setzt die Entwicklungsphase der Pubertät im statistischen Durchschnitt mit 9,5 bis 12 Jahren ein
Hypothalamus und Hypophyse regen auf hormonellem Wege • den pubertären Wachstumsschub an (Höhepunkt mit 12 Jahren) • ebenso die Eierstöcke, weibliche Geschlechtshormone zu produzieren	Hypothalamus und Hypophyse regen auf hormonellem Wege • den pubertären Wachstumsschub an (Höhepunkt mit 14 Jahren) • ebenso die Hoden, männliche Geschlechtshormone zu produzieren
Durch Sexualhormone beginnt das Wachstum der inneren und äußeren Geschlechtsorgane: Die Vagina vergrößert sich, die Gebärmutter wird größer und birnenförmig. Äußere Schamlippen färben sich dunkel, erste anfangs helle Schamhaare wachsen.	Durch Sexualhormone beginnt das Wachstum der inneren und äußeren Geschlechtsorgane: Die Hoden vergrößern sich, der Hodensack wird größer und dunkel gefärbt. Der Penis wird länger und dicker, erste Schamhaare bilden sich um den Penisansatz.
Die Sexualhormone beeinflussen aber auch Skelett, Blutbild, Körpertemperatur und vegetatives Nervensystem	Die Sexualhormone beeinflussen aber auch Skelett, Blutbild, Körpertemperatur und vegetatives Nervensystem

Mädchen	Jungen
Brustknospen entstehen durch Gewebewölbung, der Warzenhof wird dunkler. Eine Brust kann schneller wachsen als die andere und vorübergehend größer sein.	Prostata und Bläschendrüse reifen heran. Bildung von Samen und Spermasekret. Vorübergehend ist ein leichter Brustansatz durch Produktion weiblicher Geschlechtshormone möglich.
Die Brustwarze bildet sich.	Stimmbruch durch Wachsen des Kehlkopfes und Verlängern der Stimmbänder
Zwischen 11 und 15 Jahren findet die erste Menstruation statt. Falls es nicht zu einer Befruchtung und Einnistung des Eis in die Gebärmutter gekommen ist, bluten jeweils 14 Tage nach dem Eisprung die oberen Schichten der Gebärmutterschleimhaut ab, um für ein befruchtetes Ei wieder vorbereitet zu sein.	Zwischen 11 und 16 Jahren findet der erste Samenerguss statt (meist im Schlaf oder bei einer Selbstbefriedigung).
Durch hormonellen Einfluss wird mehr Fett gebildet (Reserve für Schwangerschaft und Stillzeit). Die typische weibliche Gestalt entsteht: breite Hüften, runder Po, schlanke Taille, rundliche Brüste	Durch hormonellen Einfluss werden Muskelmasse und Knochengewicht verstärkt. Die typische männliche Körperform entsteht: breite Schultern, vermehrte Muskeln, schmales Becken.
Behaarung der Achselhöhlen	Körperbehaarung, Bartwuchs, Einbuchtung des Haaransatzes, markanter Stimmwechsel
Mit 17 Jahren ist für Mädchen die körperliche Entwicklung abgeschlossen und die erwachsene Körpergestalt erreicht.	Mit 18 oder 19 Jahren ist für Jungen die körperliche Entwicklung abgeschlossen und die erwachsene Körpergestalt erreicht. In den letzten 2-3 Jahren wird ein Junge im Durchschnitt um 25% größer und fast doppelt so schwer.

Die verschiedenen Startzeitpunkte der Pubertät (siehe Kap. 3) können zu individuellen Krisen und zu scharfer Konkurrenz führen. Die psychologische und soziale Bedeutung der extremen Unterschiede im Entwicklungstempo ist besonders für Jungen groß. Jungen, die in ihrer Entwicklung weit voraus sind, nehmen meist eine dominierende Stellung in der Gruppe ihrer Kameraden ein. Sie schneiden bei sportlichen Wettkämpfen besser ab und zeigen auch bereits reges Interesse am anderen Geschlecht. Ihnen steht der körperliche Spätentwickler gegenüber, der oft am gesunden und normalen Ablauf seiner Entwicklung und vor allem an seiner ordnungsgemäßen sexuellen Körperausstattung zu zweifeln beginnt, wenn er sich mit seinen Kameraden vergleicht. Ein Grund für tiefe Ängste und heftige Aggressionen aus Angst und sozialer Verunsicherung. Besonders knabenhaft erscheinende Spätentwickler ziehen sich relativ häufig in eine Traumwelt zurück, in der sie versuchen, durch Phantasien von übermenschlicher Größe und Kraft ihre körperliche Kleinheit und fehlende soziale Bedeutung zu kompensieren. Dieser Druck kann sich in provokant extrovertiertem Verhalten zeigen, ebenso in einem selbst gewählten Rückzug, der mit Kontaktverlust oder Leistungsverweigerung in der Echtwelt einhergeht. Beides ist gefährlich. Deshalb sollte bei verzögertem Wachstumsschub ein auf diese Besonderheit spezialisierter Kinder- und Jugendarzt aufgesucht werden, um eventuell durch genau dosierte Hormongaben „von außen" das Geschehen anzuwerfen.

Die Akzeptanz des neuen Körpers braucht frühe Vorbereitung, lohnende Vorbilder und behutsame Begleitung.

Die Vielfalt moderner Aufklärungsbücher hilft den Eltern, einen Ratgeber zu finden, dessen Vorgehensweise und Wortwahl dem eigenen Empfinden zum Thema Sexualität entspricht. Nur ein Text, der auch den aufklärungswilligen Erwachsenen anspricht und den eigenen inneren Bildern entsprechende Darstellungen bietet, lässt das in Worte fassen, was Eltern ihren Kindern auf den Weg zur erwachsenen Sexualität mitgeben möchten. Aber um das Aufklären kommen sie nicht herum, das gehört zu den Elternpflichten.

Vorinformationen im Grundschulalter über zu erwartende Veränderungen verhindern nachgewiesenermaßen Ängste. Deshalb müssen schon Kindern die zu erwartenden Veränderungen bekannt sein. Dann können sie sich leichter auf den sich rasant entwickelnden Körper einstellen.

Eine frühe Körper- und Sexualaufklärung ist deshalb wichtig. Hier sollten die Eltern nicht warten, bis die Kinder die Fragen stellen. Die Bundeszentrale für gesundheitliche Aufklärung (BZgA 2007) weist in ihrer Informationsschrift „Über Sexualität reden …" darauf hin, dass mit der Aufklärung über den Körper möglichst früh und jeweils altersgemäß begonnen werden sollte. Denn mehr Wissen hilft hier zu verstehen, welche inneren und äußeren Geschlechtsorgane es gibt, wie sie sich bemerkbar machen, im Laufe der Zeit verändern und welche Funktionen sie haben. Wissen nimmt Angst und beugt Defizitphantasien vor. Es ist auch ganz wesentlich, die Geschlechtsorgane benennen zu können und so im Gespräch auch klare Worte für die anstehenden Fragen zu finden und nicht „darum-herum" stammeln zu müssen, was so peinlich ist, dass man lieber schweigt. Auf jeden Fall müssen sich Mädchen und Jungen auf ihre erste Menstruation oder den ersten Samenerguss einstellen können, damit sie nicht von diesem Entwicklungsschritt überrascht werden.

Die Angst vor Unbekanntem, nur vage Erahntem ist einer der Gründe, weshalb Kinder bereits vor Beginn der Pubertät über die anstehenden Veränderungen und die durchaus normalen individuellen Unterschiede im Wachstumstempo aufgeklärt werden sollten.

Die erste Regel

Fragt man die Mädchen, so soll sie nicht zu früh, nicht zu spät, sie soll einfach zum richtigen, „normalen" Zeitpunkt kommen. Es ist ein aufregendes Thema, aber auch ungeduldige Vorfreude ist dabei. Je eher ein junges Mädchen Bescheid weiß, desto unwahrscheinlicher ist es, dass es wegen seiner Menstruation Ängste aufbaut und schon im Vorfeld unangenehme Gefühle entwickelt. Aber auch jedes vorinformierte Mädchen erschrickt beim ersten Blut aus der Scheide, nur beruhigt es sich viel schneller, weil ihm sein in entspannten Zeiten erworbenes Wissen jetzt zur Verfügung steht. Es dauert verständlicherweise ein bisschen, bis es begriffen hat, dass es nun seine „Tage" hat und was das genau bedeutet – für sicher 40 Jahre! Dass es von jetzt ab fruchtbar ist, stolz sein kann, seine Weiblichkeit, sein Frausein zu spüren. Ein Grund, um sich zu freuen. Vielleicht sogar, um ein bisschen im intimen Rahmen der Familie zu feiern und mit einem kleinen symbolischen Geschenk den neuen Lebensabschnitt zu markieren. Die Situation verlangt Fingerspitzengefühl seitens der Eltern. Einerseits sollen sie signalisieren, dass sie die wichtige Veränderung an ihrem Kind wahrgenommen haben und sie begrüßen – andererseits sollen sie aber nicht zuviel „Theater" um die neue Situation machen, weil das der heranwachsenden Frau eventuell peinlich sein könnte. Denn bislang kann sie nur das Neue, aber noch nicht das Bedeutende und Selbstverständliche an der Situation abschätzen.

Wie die Mutter ihre eigene Menstruation wahrnimmt, durchlebt und kommentiert, nimmt Einfluss auf die Startgefühle und das Empfinden eines jungen Mädchens bei seinen ersten Blutungen. Stehen bei der Mutter Schmerzen und lästige Einschränkungen im Vordergrund des Erlebens, dann wird die Tochter durch diese Rückmeldungen den Menstruationsstart ganz anders, vorrangig bedrückend erfahren, als wenn mütterlicherseits klare Signale einer rundum positiven Einschätzung der Gesamtsituation gegeben werden, dass die Entwicklung erfreulich normal abläuft, die Sache bald locker zu managen ist und in der Zukunft Beglückendes bringen wird.

Auch wenn die Menstruation keine Krankheit ist – im Gegenteil das Zeichen eines funktionierenden Zyklus – können Menstruationsbeschwerden durchaus unangenehm sein. Sie bekommen aber eine ganz andere Etikettierung, wenn sie als etwas Normales und Nachvollziehbares eingestuft werden. Während der Pubertät verläuft der Zyklus oft noch recht unregelmäßig, außerdem häufig anovulatorisch, d. h. ohne dass ein Eisprung stattfindet. Da es aufgrund hormoneller Abläufe auch ohne Eisprung zu einer – dann allerdings zeitlich verspäteten – Blutung kommt, kann sich viel Gebärmutterschleimhaut aufgebaut haben, so dass die Blutungen unter Umständen stark sind. Zum Abstoßen der Schleimhaut muss sich die Gebärmuttermuskulatur während der Blutung zusammenziehen, was zu teils heftigen Krämpfen führen kann. Neben Wärme hilft alles Entspannende, sich Ruhe und Angenehmes gönnen. Sich verwöhnen und verwöhnen lassen. Wer sich mit seiner Menstruation angefreundet hat und es sich in diesen Tagen auch besonders gut gehen lässt, hat weniger Beschwerden und durchbricht die Tradition der belasteten Frauen. Etwa 90% aller Menstruationsbeschwerden haben tatsächlich keine organischen Ursachen. Es geht darum, eine gute Beziehung zum nun erwachsenen Körper aufzubauen. (BZgA 2007).

Penisgrösse und der erste Samenerguss

Auch Jungen möchten, dass ihre Körperentwicklung möglichst normal abläuft. Das heißt für sie ein recht früher Beginn des Wachstumsschubs und eine bald erkennbare Umgestaltung des Körpers in Richtung männliche Erscheinung: groß, breite Schultern, beginnende Behaarung und dunkle Stimme. Diese Erwachsenenkennzeichen kann die Außenwelt wahrnehmen und darauf reagieren. Auch Penis und Hoden sollten möglichst früh deutlich größer werden, da immer noch die Vorstellung eines Zusammenhangs zwischen Penisgröße, Potenz und Männlichkeit kursiert. Dass sich nicht nur die Penislänge sondern auch die Form der Penisspitze verändert, wissen viele Jungen nicht, da aufklärende Gespräche, die vor allem mit dem Vater wichtig wären, hierüber immer noch eher selten sind, so dass wachstumsabhängige Veränderungen von behandlungsbedürftigen Symptomen nicht unterschieden werden können. Weil der Samenerguss nicht permanent nach außen sichtbar ist, scheint er den Jungen weit weniger wert als eine deutlich männliche Figur und der nicht zu übersehende Wachstumsschub. Der erste Samenerguss ist im Gegensatz zur ersten Menstruation für Jungen kein Anzeichen für das Erwachsenwerden, das ist erst der erste Geschlechtsverkehr. Ganz anders als bei der ersten Menstruation, die für Aufsehen in der Familie sorgt, wird der erste Samenerguss, das offizielle Erreichen der Geschlechtsreife bei Jungen, selten registriert. Nur etwa die Hälfte aller Jungen gibt an, vorab über das Phänomen Samenerguss aufgeklärt worden zu sein. Die meisten werden von dieser Körperfunktion völlig unvorbereitet überrascht (BZgA 2006). Das ist der Grund, warum sie dieses Ereignis als höchst unangenehm und eher ekelig als aufbauend erleben. Schade, denn der erste Samenerguss ist ein wichtiges Reifezeichen, ab jetzt ist der junge Mann zeugungsfähig und muss eine noch nie da gewesene Verantwortung übernehmen.

Es gibt einen weiteren Grund, weshalb aufklärende Gespräche bereits einige Zeit vor dem Beginn der Pubertät stattfinden sollten. Es ist die langsam reifende Triebkomponente der Sexualität und die zunehmende Stimulierbarkeit, d. h. die Erregbarkeit durch sexuelle Auslöser, wie z. B. durch Brüste der Frau oder den Po des Mannes. Dieses entscheidende Element für die Entstehung des erwachsenen Sexualverhaltens lässt die Emotionen bereits bei Nennung der jeweiligen Auslöser hoch schlagen.

Auch die biologische Information über Zeugung, Schwangerschaft und Geburt sollte in eine Zeit deutlich vor Beginn der Pubertät gelegt werden, so dass altersgemäß aufbereitete, sachlich richtige Informationen mit Interesse, aber noch mit möglichst wenig erotisch gefärbter Akzentuierung und ohne besonders gefühlsbetonte Bedeutung und psychische Irritation aufgenommen werden können. In einer Zeit, in der mit großer sexueller Erregbarkeit gerechnet werden kann, nicht aber mit der Fähigkeit, mit Lust und Erregung angst- und irritationsfrei umzugehen, kann allein die Erwähnung des Wortes „Busen" zu Katastrophen mittleren Ausmaßes führen. Jetzt mit „Körperarbeit" zu beginnen und z. B. – gut gemeint unter dem Gesichtspunkt allgemeiner Entspannung – gegenseitige Massagen einzuführen, würde die stark erhöhte Scham und gegenseitige Berührungsängste sträflich missachten.

DAS GROSSE THEMA „SCHÖNHEIT"

Beiden Geschlechtern wird in der Pubertät ihr äußeres Erscheinungsbild wichtiger. So legen die meisten Mädchen großen Wert darauf, in ihren eigenen Augen gut auszusehen. Es macht ihnen Spaß, sich schön zu machen, oft auf ganz individuelle Art, den modischen mainstream außer acht lassend. Auch Jungen wollen attraktiv sein und machen sich über ihre Erscheinung Gedanken.

Die Auswertungen von Kinder- und Jugendtelefonen offenbaren, dass im Bereich „Persönliche Themen und Probleme" das eigene Aussehen der Spitzenreiter ist. Zu Unsicherheiten kommt es bei beiden Geschlechtern, bei Mädchen stärker zwischen 10 und 15 Jahren, bei Jungen verstärkt im Alter von 12-18 Jahren, also genau dem jeweiligen Höhepunkt der Pubertät folgend. Die Mädchen sind von Zweifeln über ihr Aussehen weit stärker betroffen.

Der bewusstere Umgang mit dem eigenen Erscheinungsbild und die genaue Beobachtung ihrer Attraktivität auf andere haben zur Folge, dass sich die Jugendlichen intensiv mit ihrem Körper auseinandersetzen. Der Blick auf sich selbst wird kritisch, vor allem bei den Mädchen defizitorientiert. Während in der Kindheit fast immer versöhnliche Bilanzen zum eigenen Körper gezogen werden (*„Meine Augen find ich etwas komisch, aber meine Beine sind toll, einfach klasse und schnell."*), weiß man aus Jugendstudien, dass etwa zwei Drittel aller pubertierenden Mädchen sich selbst nicht schön finden.

Warum lastet auf Mädchen der Schönheitsdruck mehr als auf Jungen? Die körperlichen Veränderungen von Mädchen in der Pubertät bringen durch Skeletanpassungen an die Notwendigkeiten des Geburtskanals breitere Hüften und durch Fetteinlagerungen einen runden Po und rundliche Brüste mit sich. Diese naturgemäß entstehenden Rundungen führen weg vom aktuell im Westen zu findenden Schönheitsideal der gertenschlanken, mit Ausnahme des Busens eher knabenhaften Gestalt. Mädchen müssen gegen ihre Natur arbeiten, wenn sie passen wollen.

Jungen haben es leichter, da ihre gezielte Zunahme an Muskelmasse zu den erwünschten breiten Schultern und zu einem stattlichen Brustkorb führt und dadurch das Becken schmal erscheinen lässt (V-Form). Sie entwickeln sich hin zum Ideal der männlichen Körperform.

Auch bei Jungen gibt es Selbstzweifel, wenn auch weit weniger. Dass aber auch sie ernstgenommen werden müssen, zeigt die Tatsache, dass es auch bei Jungen Fälle von Magersucht gibt. Männliche Idealvorstellungen gehen in Richtung Körperbild eines Sportlers, also durchtrainiert und fit, was weniger die Gefahr von Mangelernährung und Ess-Störungen als von krankhaftem Ehrgeiz birgt. Auch hier kann eine positive elterliche, besonders väterliche Einflussnahme Exzesse verhindern und zu einer gesunden Erdung führen.

DAS KÖRPERBEWUSSTSEIN MUSS MITWACHSEN

Wer seinen Körper bereits während der Kindheit als liebens- und schützenswert erlebt hat, kommt auch in der Pubertät besser mit den zumindest anfangs irritierenden Körperveränderungen und den Abweichungen vom theoretischen Ideal zurecht. Letztendlich geht es um die positive Integration der Veränderungen und somit um die Herausbildung eines stabilen und realistischen Körperschemas. Dabei handelt es sich um die gedankliche Einschätzung des eigenen Körpers, seiner Bewegungsmöglichkeiten, seiner Belastbarkeit und seiner Fähigkeiten aufgrund der Wahrnehmungsleistungen der Sinnesorgane. Das Körperbewusstsein – das, was der Kopf über den Körper weiß – sollte positiv sein. Viele Adoleszenzkrisen, die im Konfliktfeld der Themen Körperlichkeit und Identität angesiedelt sind, kommen durch inadäquate Reaktionen und Vorgaben Erwachsener zustande.

So sollten z. B. schon kleine Kinder spüren, dass es Zeiten gibt, in denen sie einem vertrauten Menschen nicht nah genug sein können – genauso aber auch Zeiten, in denen sie Umarmungen und zu viel Nähe als störend empfinden, weil ihnen im Moment der Sinn nach Bewegungsfreiheit oder nach ausschließlich Sich-selbst-Spüren steht. Nun hängt es von den Rückmeldungen der sozialen

Umgebung ab, ob diese höchst unterschiedlichen und durchaus wechselnden Kontaktwünsche auch akzeptiert werden. So lernt man seine eigenen Bedürfnisse wahrzunehmen und seinen Empfindungen vertrauen zu können. Man lernt aber auch, Nähe und Distanz zu regulieren, seinen Kontaktwunsch zu äußern, sich aber auch vor Übergriffigkeit zu schützen; wichtige Fähigkeiten bereits für junge Menschen. Übrigens: Wer mit eigenen Körpergefühlen dank einer verständigen Umwelt gut umgehen kann, achtet auch auf das körperliche Befinden der anderen.

Die Einstellung zum eigenen Körper wird stark dadurch beeinflusst, wie fit sich ein Heranwachsender erlebt. Körperliche Herausforderungen werden gesucht, man geht an seine Grenzen, um sich und seine Konturen zu spüren und seine Belastbarkeit und Regenerationsfähigkeit zu erleben (siehe Kap. 6). Bewegungserfahrungen dienen der Anspannung und Entspannung. So haben Untersuchungen gezeigt, dass Bewegung, Ernährung und Stressregulation zusammen gehören, wenn man ihre sich gegenseitig verstärkenden Effekte nutzen will. Deshalb dominieren heute bei der Gesundheitsförderung von Kindern und Jugendlichen kombinierte Ansätze zu Ernährung, Bewegung und Stressbewältigung, wobei anhaltende Bewegungsfreude im Einklang mit seinem Körper die zentrale Rolle im Wirkgefüge einnimmt (*Mann-Luoma* et al. 2002).

DIE NICHT ZU GEWINNENDE KONKURRENZ MIT DER IDEALSCHÖNHEIT

Hier geht es um einen überaus wichtigen Aufklärungsbereich. Das herrschende Schönheitsideal setzt vor allem Mädchen unter Druck – so stark, dass sie sich ihres Körpers schämen und tatsächlich im Pubertätsalter schon ernsthaft überlegen, eine Schönheitsoperation durchführen zu lassen. Das ist deshalb so erschreckend, weil man sich diesem Alter in seinem Körper wohl, fit und stark fühlen sollte, um für all die wichtigen Erfahrungen bereit zu sein, die Selbstakzeptanz ermöglichen. Dem Wunsch nach einer Schönheitsoperation sollten Eltern, vor allem die Mütter, unbedingt entgegenwirken und ihre Tochter dabei unterstützen, sich in ihrem Körper wohlzufühlen und ihn zu akzeptieren (BZgA 2007). Die Mütter sind hier tatsächlich das entscheidende Vorbild, indem sie eine Emanzipation von absurden Schönheitsvorstellungen anregen oder aber die Unterwerfung unter das Schlankheitsdiktat vorleben.

Die Medien suggerieren, dass die übertriebene Schlankheit von Models, ange-
sagten Sängerinnen oder Schauspielerinnen diese erfolgreich, reich, begehrt
und akzeptiert macht, sie in der Rangordnung und gesellschaftlichen Achtung
aufsteigen lässt.

Jugendliche sind durch diese gezielte Propaganda am meisten gefährdet. Erst
beim Älterwerden steigen die Zufriedenheit mit dem eigenen Aussehen und
die Bereitschaft, auch mit körperlichen „Problemzonen" bestens zu Recht zu
kommen. Lebenserfahrung macht es leichter, sich nicht mehr durch Schön-
heitsideale und Jugendlichkeitswahn verrückt machen zu lassen.

Bereits 1984 zeigte die Frauenzeitschrift EMMA im Sonderband *„Durch dick
und dünn"* auf, dass das von Mode, Werbung und Medien propagierte Frau-
enbild die Frauen der ganzen westlichen Welt erfasst hat und via Fernsehen
längst auch in den Rest der Welt eingebrochen war: *„Die im satten Westen er-
fundenen Ess-Störungen verbreiteten sich seit Ende der 60er Jahre epidemisch
über die ganze Welt. Auf den Fidschi-Inseln wurden die bis dahin fröhlich runden
Frauen schon ein, zwei Jahre nach Einführung des Fernsehens magersüchtig. [...]
Heute sind Ess-Störungen die Frauensucht Nr. 1."*

Wenn man die gängigen Ideale von „männlich" und „weiblich" genauer analysiert, stellt man fest, dass sich die jungen Menschen chancenlos in Konkurrenz
mit einem nicht existierenden Prototyp begeben. Ungeschminkt, unoperiert
und ohne digitale Bildbearbeitung ihrer Fotos sehen die meisten Schauspieler
völlig durchschnittlich aus. In Filmen werden die nicht optimalen Körperteile
einfach gedoubelt, eine Darstellerin mit „nur" einer besonders hübschen Brust
bekommt so auch einen Superpo, extrem grazile Beine, ja sogar „ausgeliehene
Finger", um so perfekt zu wirken, dass jeder echten Frau ihr Mittelmaß vor
Augen geführt wird. Sofern diese nicht hinter die Kulissen schaut und sich
tatsächlich länger als die Filmzeit beeindrucken lässt. Ein echter Mensch muss
mit seiner Brust, seinen Beinen, seinen Zähnen, seinem Bauch und Po leben
und so zum Rendezvous gehen.

Ein Beau oder eine Superschöne kann übrigens sozial völlig inkompetent sein,
hochgradig langweilig, unsagbar dumm, ohne jedes Einfühlungsvermögen und
womöglich überschäumend aggressiv, was beim Ansehen ihres Filmes niemanden stört, beim echten Zusammensein, ohne Rollenvorgabe, aber schnell
unerträglich wäre. Leider kann es passieren, dass derart verblendet ein gänzlich verfälschtes Partnerschema zugrunde gelegt wird, wenn man sich auf die
Suche nach einer Freundin oder einem Freund macht und nur ganz normale

Menschen findet. Der Erfolg bleibt solange aus, bis man die Falschinformation durchschaut hat und Normalität zulässt oder einem das Glück in Form der genau richtigen Person entgegentritt, die so fasziniert, dass die Liebe zu retouchieren beginnt und Wesentliches von Unwesentlichem zu trennen in der Lage ist.

DAS EIGENE UND DAS ANDERE GESCHLECHT –
ANFANGS NICHT NUR ATTRAKTIV

Die reifende Sexualität, aktiv bei sich selbst erlebt und mit Interesse aber Abstand beim anderen bemerkt, muss erst einmal bewältigt werden. Als wäre es nicht schon genug, dass der eigene Körper sich ändert – auch noch der Blick auf das andere Geschlecht wird ein anderer.

Bis zur Pubertät bevorzugen Jungen und Mädchen, wenn sie auf die Frage *„Was gefällt Dir besser?"* zwischen männlichen und weiblichen Körpersilhouetten wählen können, die ihres eigenen Geschlechts. Mit Beginn der Pubertät verkehrt sich diese Vorliebe zumeist ins Gegenteil: Nach dem 12. Lebensjahr bevorzugen die meisten Mädchen männliche Körperschema-Zeichnungen, und spätestens nach dem 14. Lebensjahr wählen die meisten Jungen weibliche Körperschemata. Jetzt werden die geschlechtsspezifischen Auslöser für das Gegengeschlecht attraktiv. Was aber nicht immer so sein muss, wie die Variante Homosexualität zeigt. Das Interesse am anderen Geschlecht wächst, das Thema Sexualität gewinnt massiv an Bedeutung, am Anfang vor allem gedanklich. Das Verhältnis von Jungen und Mädchen ändert sich von Grund auf.

Die Hormone bewirken, dass Jungen und Mädchen geschlechtsreif werden und auch erste Verliebtheit und erotische Phantasien erleben. Es beginnt mit Küssen und Streicheln, es folgt die Entdeckung und das Erleben genitaler Sexualität in Form von Petting oder erstem Geschlechtsverkehr.

Mädchen verfügen tendenziell immer über etwas mehr sexuelle Erfahrungen als Jungen gleichen Alters, was an ihrem früheren Pubertätsstart und an der Bevorzugung jüngerer Partnerinnen durch ältere Jungen und umgekehrt liegt. Ein spielerisches Sich-Darauf-Einlassen wäre so einfach, doch die Jugendlichen orientieren sich an den ausnahmslos erfolgreichen Vorlagen, die sie in den Medien sehen, wie der Soziologe *Gerhard Amendt* immer wieder in seinen Vorträgen aufzeigt. So kommt Leistungsdruck auf. Sex ist für manche Jugendlichen zu einer Sache des Gelingens und Könnens geworden und deshalb auch mit extremen Versagensängsten verbunden. Sexualität kann sich am Start recht problematisch präsentieren. Der Wunsch nach Annäherung kann mit kurzzeitiger Entfremdung einhergehen, aus Angst, etwas falsch und damit alles kaputt zu machen. Sexuelle Gefühle können auch ängstigen, weil die Angst vor Zurückweisung, vor Versagen, vor Kontrollverlust über den eigenen Körper, selbst vor Intimität und Wut über eigene Begierde vorherrschen.

Das Bild von der angeblich sexuell so aktiven Jugend muss korrigiert werden. Zum Beispiel spielen Partnerschaft und Treue für mehr als zwei Drittel der Jugendlichen eine so wichtige Rolle, dass sie erst Beziehung und dann Sex erleben wollen (*Huber* 2003), ein Umstand, der selten erwähnt wird. Erst nach dem erzitterten ersten Mal kommt Lust auf mehr auf.

Im Alter von 14 Jahren machen 65% der Mädchen und 58% der Jungen Erfahrungen mit Küssen, im Alter von 17 Jahren sind es bei den Mädchen 94% bei den Jungen 90%. Unter den 17-Jährigen ist ein Viertel der Mädchen und ein Drittel der Jungen noch sexuell unerfahren. Diese Werte haben sich in den letzten 10 Jahren nur unwesentlich verändert. Was sich jedoch seit 1980 deutlich verändert hat, ist dass der weiblich-aktive Part beim Genitalpetting sich 2006 nicht mehr nennenswert vom männlich aktiven Part unterscheidet (BZgA 2006). In diesen Werten zeigt sich das neue Verständnis weiblicher Sexualität und das damit einhergehende veränderte weibliche Rollenverständnis, das die klassische Rollenverteilung vom aktiven Mann und der passiven Frau nicht nur in sexuellen Zusammenhängen als hinfällig erscheinen lässt. Alle Jugendberichte stimmen darin überein, dass die jungen Mädchen und Frauen eine aktivere und auch strukturiertere Form der Lebensbewältigung zeigen als die jungen Männer. Ihr Resümee: Es scheint so, dass jungen Frauen die Synergie zwischen scheinbar widersprüchlichen, traditionellen und modernen Werten weit besser gelingt als den jungen Männern.

Der „neue" Mann, die „neue" Frau werden zumindest zu Beginn des Erwachsenwerdens nicht als Bereicherung gesehen, sondern wirken eher als massive Irritation auf der Suche nach der eigenen Geschlechtsidentität. Die sich verändernden Geschlechterrollen, die für Erwachsene mehr individuelle Freiheit bedeuten, geben der Jugend weniger Sicherheit und Eindeutigkeit, in welche Richtung die Entwicklung zur „Frau" oder zum „Mann" gehen könnte.

SEXUALERZIEHUNG
UND VERHÜTUNGS-VERHALTEN

Andreas Huber bringt es auf den Punkt: Als wären startende Liebe und Sexualität nicht kompliziert genug – es kommt die Verhütung von Aids und ungewollter Schwangerschaft hinzu, bevor sich ein entspanntes und lustvolles Verhältnis zur Sexualität entwickeln konnte.

Gespräche und klare Informationen über Verhütungsmittel und Infektionsschutz müssen stattgefunden haben, bevor Jungen oder Mädchen sich für das andere oder gleiche Geschlecht zu interessieren beginnen und in kleinen Schritten auf das erste Mal zusteuern. Von der ersten Menstruation an kann ein Mädchen Mutter, ein Junge vom ersten Samenerguss an Vater werden, sobald es zum Geschlechtsverkehr zwischen den beiden kommt. Beim ersten Austausch von Körperflüssigkeiten ohne Kondome als Schutz vor sexuell übertragbaren Krankheiten kann es zur Infektion kommen (BZgA 2007).

Die Verantwortung für Information und Aufklärung liegt bei den Erwachsenen, bei Eltern, Lehrern, Gruppenleitern von Freizeitaktivitäten oder etwas älteren Peers, die in verschiedenen Bereichen Vorbilder sein können. Das Angebot kann in Form eines direkten Gesprächs oder durch Bereitstellung wohl ausgewählter Bücher oder Broschüren stattfinden.

Bedauerlicherweise geschieht das erste Mal bei jedem vierten Jungen und bei jedem fünften Mädchen ohne bzw. mit unsicheren Verhütungsmitteln. Das liegt daran, dass das erste Mal oft ein überraschendes und ungeplantes Ereignis ist. Doch auch diese Erfahrung könnten Ältere weitergeben und zu prophylaktischen Schritten raten. Eine der neuen Interessenlage angepasste Einnahme der „Pille" oder ein immer griffbereit eingestecktes Kondom verführen nicht verfrüht zum Geschlechtsverkehr, verhindern aber im Überraschungsfall eine Schwangerschaft oder Infektion. Mit zunehmender sexueller Erfahrung nimmt die Verhütung erfreulicherweise immer mehr zu. Vor allem, wenn Verhütung und Infektionsgefahr Themen in der Familie und in der Peer Group sind.

Ist die Hochpubertät überstanden, wird die Spätpubertät im Alter von 17 oder 18 Jahren für alle Beteiligten leichter, deutlich entspannter. Die Beziehung zum neuen Körper ist aufgebaut, der erwachsene Körper wird in den meisten Fällen als Bereicherung erlebt. Altersgemäße Freiräume sind erkämpft und klar. Die Eltern haben sich in den meisten Fällen mit der neuen Situation arrangiert. Die nun gelebte Sexualität wird akzeptiert, ja sogar oft als „normal" und „richtig" empfunden. Jetzt noch kein Interesse an einem Freund oder einer Freundin zu haben, wird eher als auffällig eingestuft, was aber keineswegs angebracht ist, da nach der Pubertät eine immer stärkere Individualisierung in der Lebensgestaltung festzustellen ist.

Spätestens jetzt wird entweder die Bevorzugung des Gegengeschlechts oder auch des eigenen als attraktiven Sexualpartner deutlich. Heterosexualität bietet einen aufgrund ihrer Mehrheitlichkeit bereits gespurten und dadurch erleichterten Zugang in die sexuelle Welt der Erwachsenen. Für homosexuelle junge Menschen geht das Gefühl, nicht zu passen, noch weiter. Hier ist eine besondere, je nach Lebensverhältnissen sogar professionelle Unterstützung nötig, die dafür sorgt, dass der etwas andere Weg von diesen jungen Frauen oder Männern nicht automatisch ins selbst empfundene oder so vermittelte soziale Abseits geht. Gerade im Bereich der Sexualität befindet sich jeder Mensch irgendwo auf einem großen Kontinuum zwischen eindeutiger Homosexualität am einen und eindeutiger Heterosexualität am anderen Ende. Mehrheitsangaben sind keine Bewertungskriterien. Welche Faktoren letztendlich dazu beitragen, wo auf dieser Messlatte jeder Einzelne seinen nicht zur Diskussion stehenden Platz findet, ist noch weitgehend unbekannt. Dass jeder das Recht auf seinen Platz haben muss, ist selbstverständlich und zeigt die bereichernde Vielfalt des Lebens. Erfreulicherweise wirken sich Unterschiede, und diese nicht nur im sexuellen Empfinden, höchst belebend auf die menschliche Gesellschaft aus.

AUS SICHT DER JUGEND: EIN PERSÖNLICHER BLICK ZURÜCK

1. ANMERKUNG ZU DIESEM KAPITEL

Die Pubertät ist schon kompliziert genug, aber in dieser Zeit entdeckt man auch noch zum ersten Mal das andere Geschlecht. Ich war zwar schon vorher mit vielen Mädchen befreundet gewesen, jedoch erschienen sie mir erst mit beginnender Pubertät in einem anderen Licht. Nicht dass mir vorher entgangen wäre, dass meine Spielgefährtinnen Mädchen waren. Aber vorher war es selten ein Thema, dass Mädchen anders waren als man selbst oder dass man sich für sie körperlich interessierte – außer, ob sie genauso gut klettern und rennen konnten. Diese nun völlig neue Erfahrung empfand ich keineswegs als negativ.

Schwierig wurden jetzt eher andere Dinge. In meinem damaligen Freundeskreis galt es als unabdingbar, dass man ein Mädchen umwarb und mit ihr zusammen kam, um sich als Mann zu beweisen. Nachträglich betrachtet muss ich sagen, dass es weit schlimmere Arten gibt, sich als Mann zu beweisen. Zur damaligen Zeit jedoch standen wir alle unter enormem Druck. Schule und Eltern wurden in den hintersten Winkel des Bewusstseins gedrängt, um für eine viel wichtigere Denkaufgabe Platz zu schaffen: die perfekte Anmach-Strategie. Und hier nimmt man als Jugendlicher alle Informationen, die man überhaupt kriegen kann: aus Büchern, Filmen und Erzählungen anderer. Leider sagt einem niemand, dass die meisten Umwerbungen in Filmen und Büchern von Schreibern konstruiert wurden und wenig mit der Realität zu tun haben. Hinzu kommt, dass es kaum eine erzählerische Thematik gibt, über die mehr fantasiert wird. Man merke sich am Besten: Es wird nie so sein, wie man es erwartet, und man kann die ganze Sache überhaupt nicht strategisch angehen. Denn Nervosität, Emotionen und die Hormone stehen dem logischen Denken geradezu konträr im Wege. Ich fand es weit weniger anstrengend, mich selbst während der Pubertät zu akzeptieren, als das andere Geschlecht von mir zu überzeugen. Denn egal wie alt ein Junge wirklich ist, er wird während der Pubertät immer zu jung für die Mädchen seines Alters sein.

2. Anmerkung zu diesem Kapitel

Sex! Ein fast schon magisches Wort, Spam-Filter stürzen sich ebenso darauf wie überängstliche Eltern und Moralapostel. Langweilige Texte wirken allein dadurch interessanter, dass dieses Wort darin vorkommt, denn fast jeder Mensch horcht bei seiner Nennung neugierig auf. Doch der Weg, den jeder Mensch gehen muss, um Sex zu verstehen und zu erleben, ist in der Anfangsphase steil und schwierig zu meistern. Da ist die Barriere zu den Eltern, die nur in seltenen Fällen Lust oder Mut haben, mit ihrem jugendlichen Kind über Geschlechtsverkehr zu reden. Ich spreche hier nicht von Aufklärung, sondern von wirklichen Informationen, z. B. wie Sex vonstatten geht. Jugendliche wollen hier keine Märchen hören, denn die hören sie schon genug aus den Medien oder von Freunden. Sie wollen die Wahrheit darüber hören, was es bedeutet, völlig loszulassen und sich seinen Gefühlen hinzugeben. Was es heißt, sich einem anderen Menschen vorbehaltlos zu öffnen. Natürlich müssen Jugendliche auch wissen, wie und warum man verhüten muss, sie müssen die Risiken kennen – auch, dass man mit Sex ausgenutzt werden kann. Aber sie müssen auch von den guten Seiten und den wunderschönen Gefühlen, die man beim Akt erleben kann, erfahren. Das heißt nicht, eigene sexuelle Erlebnisse im Detail zu schildern, dafür stehen sich Eltern und Kinder zu nahe. Heranwachsende müssen wissen, welch wunderbare Welt ihnen offen steht, wenn sie vorbereitet und ohne Furcht die ersten Schritte hinein wagen.

KAPITEL 5: DAS WICHTIGSTE IN KÜRZE

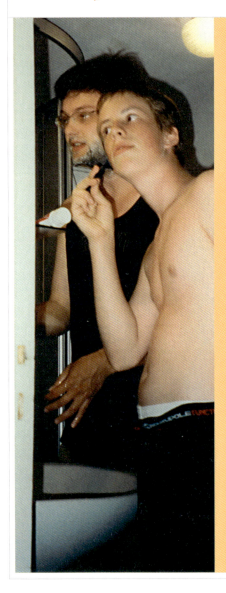

▶ Der unterschiedliche Pubertätsstart und die körperlichen Veränderungen erschweren es, sich „normal" und zu seiner Umgebung passend zu fühlen.

▶ Sexuelle Aufklärung sollte vor der eigentlichen Pubertät ablaufen.

▶ Die mütterliche Einstellung zur Menstruation entscheidet über die Startempfindung der Töchter bei den ersten Perioden.

▶ Für ein positives und realistisches Körperbild braucht es eine durch Erwachsene unterstützte Emanzipation von westlichen Schön- und Schlankheitsdiktaten.

▶ Bei beiden Geschlechtern kommt zuerst der Wunsch nach Beziehung und Vertrauen – und dann erst der nach Sex.

▶ Mit der Spätpubertät nach dem 17. Geburtstag wird die Situation für alle Beteiligten entspannter.

ÄHNLICH DENKENDE
DRINGEND GESUCHT

In diesem Kapitel erfahren Sie, ...

▶ dass jetzt Anerkennung und Wertschätzung vor allem von Gleichaltrigen kommt

▶ dass Peers sich schonungslos und konsequent auf Sozialverträglichkeit und Gruppenfähigkeit prüfen

▶ dass in Peer Groups der Wettbewerb extrem groß sein kann

▶ dass sich gute Peer-Kontakte auf die kognitive Entwicklung positiv auswirken

▶ wer die größten Risiken eingeht und warum

▶ warum Rituale Reaktionsbeschleuniger beim Kontaktaufbau sind

DIE GRUPPE DER GLEICHALTRIGEN UND GLEICHGESINNTEN

„PEER GROUP": EINE ÜBERAUS WICHTIGE BEZUGSGRUPPE FÜR DIE PUBERTÄTSJAHRE

- Als **Peers** (Gleiche, Gleichgestellte) bezeichnete man ursprünglich aus- schließlich die Adeligen, die das Recht auf einen Sitz im britischen Ober- haus (House of Lords) haben.
- Neuerdings wird in der Wirtschaft eine Gruppe von Unternehmen, die hin- sichtlich Branche, Größe und Tätigkeitsfeld miteinander vergleichbar sind, als **Peer Group** bezeichnet.
- Soziologen und Psychologen benutzen den Begriff der **Peers** oder der **Peer Group** für Gruppen mit Mitgliedern ähnlichen Alters, ähnlichen Rangs, ähn- lichen Status' und meist gleichen Geschlechts.
- Am häufigsten wird jedoch die **Peer Group der Jugendlichen** beschrieben und untersucht, die typischerweise annähernd gleichaltrige Mitglieder hat, doch ist das Alter nur *ein* Vergleichbarkeits-Kriterium unter mehreren. Die Mitglieder einer Peer Group erleben ihren Alltag meist ähnlich und haben auffallende Gemeinsamkeiten bezüglich ihrer Interessen.

Schaut man genauer hin, dann sind die Berührungspunkte der Jugendlichen einer Peer Group noch viel beeindruckender: Alle stecken in einer durchaus vergleichbaren Entwicklungsphase – selbst, wenn sie altersmäßig leicht un- terschiedlich sind (siehe Kap. 3). Alle haben eine ähnliche Variationsbreite an Stimmungslagen, nahezu identische Ängste und Probleme, sich weitgehend entsprechende Bedürfnisse und fast die gleichen Wünsche und Träume.
Genau an diesem Erleben von Gemeinsamkeiten wird es liegen, weshalb Ju- gendliche glücklich sind, dass sie in ihrem Alltag nicht nur von Erwachsenen oder Kindern umgeben sind, sondern auch von „Gleichgesinnten" – und nach ihnen suchen sie, oft wie nach einem Rettungs-Strohhalm für ihre Psyche.

Was suchen und was finden Jugendliche in ihrer Peer Group?
- *„Das Wichtigste war für mich, dass ich viel Zeit mit meinen Freunden ver- brachte, um auch über Probleme zu reden ... Ich habe mich bei ihnen einfach viel wohler gefühlt als zu Hause."*

- *„Wenn man sich entschließt, den Großteil des Weges durch die Pubertät ohne elterliche Hilfe zu gehen, geht man ihn mit seinen Freunden und fängt dort an, über ‚das Mädel find ich echt toll‘, über neue Behaarung am Körper, über Sex usw. zu reden.“*
- *„Mit meinen Freundinnen bin ich durch Dick und Dünn gegangen. Wir haben uns alles erzählt, gegenseitig auf die Beine geholfen, uns wieder auf den Teppich gebracht, zugehört, Ratschläge gegeben und getröstet.“*
- *„Das Verhältnis zu meinen Freunden wurde immer intensiver. Und alles drehte sich nur ums Rauchen, Trinken und Abgammeln. Was wir in dieser Zeit für Sachen gemacht haben, war sehr hart an der Grenze und schlich manchmal sogar darüber hinaus, unbemerkt. ... In dieser Zeit stand einfach das so genannte ‚Cool sein‘ ganz oben. Breite Hosen, breite Pullis, wirre Frisuren. Der Trend ruckte durch meine ganze Clique. Heute lachen wir darüber und würden diese Zeit sehr gern zurück haben.“*
- *„Es gab immer häufiger typische Mädchengespräche mit meinen Freundinnen über körperliche Merkmale, erste Periode, Geheimnisse über den ‚Zur Zeit großen Schwarm‘.“*

Kontakte mit anderen Jugendlichen sind das wichtigste Stichwort.

„Gott sei Dank gibt es außer mir nicht nur Erwachsene, sondern andere, ja viele andere, die so denken und fühlen wie ich, denen es so geht wie mir.“ Bei anderen wieder zu finden, was in einem selbst vor sich geht, beruhigt und schafft schnell Vertrautheit untereinander. Es reicht oft, die Gelegenheit zu haben, über Probleme zu reden. Dass sie von den Gleichaltrigen gelöst werden, wird gar nicht erwartet.

In Zeiten massiver Selbstzweifel, von Angriffen an mehreren Fronten, offener oder versteckter Anfeindungen, immer pauschaler werdenden Vorwürfen und Schwarzmalereien bezüglich ihrer Zukunftschancen wird verständlicherweise in den Peer Groups nach Bestätigung und Anerkennung, aber auch nach Entlastung oder (ganz bescheiden) nur nach Glücksmomenten gesucht: Einfach nur meine Ruhe haben, mich nicht erklären müssen, keine Rechtfertigung, keine Entschuldigung, keine Anpassung sind nötig. *„Bei meinen Freundinnen darf ich eine 14-Jährige sein und niemanden stört es. Man findet mich sogar gerade deshalb gut!“*

Es geht um Anerkennung.

Das Befinden Jugendlicher hängt stark von ihrem Verhältnis zu Gleichaltrigen und von ihrer Anerkennung in dieser Gruppe ab. Mehrere Studien belegen, dass Jugendliche von Gleichaltrigen weit mehr an Anerkennung einheimsen als von den sie umgebenden Erwachsenen.

Das ist ein mehrfach interessantes Ergebnis. Denn selbst wenn Anerkennung – je nachdem, von wem sie kommt – für Unterschiedliches ausgesprochen wird, kann nur *die* Anerkennung eingeheimst werden, die einem auch entgegengebracht und als solche gesehen wird. Gibt es in den Augen der Erwachsenen in dieser Zeit so wenig Anerkennenswertes oder – was auch möglich wäre – wird Anerkennung durch Erwachsene gerade in diesem turbulenten Entwicklungsabschnitt gar nicht immer angestrebt und somit nicht automatisch als positiv eingeschätzt? Denn jede Anerkennung würde auch mit einem Einbindungssignal einhergehen, das der junge Mensch vielleicht in dieser Phase nicht spüren möchte.

Mit größter Verwunderung stellen Jugendliche fest, dass es in der Peer Group jemanden oder vielleicht sogar mehrere gibt, die etwas in ihnen sehen, was noch nie jemand gesehen oder zumindest noch nie benannt hat.

- *„Als Grit mir sagte, ich hätte so wache, kluge Augen, musste ich beim Nachhausekommen immer wieder in den Spiegel schauen. Wie oft hatte mein Vater mir nach Auseinandersetzungen hinterher geschrieen: ‚Mädle, dir glotzt die Blödheit aus den Augen‘."*

Ich kann jemanden zum Lachen bringen, ich kann reden, argumentieren, etwas erklären, ich kann aufheitern und trösten, jemanden verstehen, jemandem helfen, etwas durchschauen oder einen Rat geben: Das alles bekommen viele Jugendliche nur von anderen Jugendlichen attestiert.

- *„Dass die alle von mir einen Tipp wollten, hat mich glatt umgehauen! Dann habe ich einen Vorschlag gemacht, durfte ausreden und in der Diskussion hat man mich nicht verrissen, sondern meine Idee sogar noch weiter zu Ende gedacht. Mensch, das ist eine Superidee, sagten sie. Das war zu viel für mich. Bei der Heimfahrt habe ich so gezittert, dass mein Rad wackelte."*

In der Peer Group treffen Jugendliche sich zwanglos, ohne Programm, sie hören ihre Musik und leben von ihren Gesprächen. Bestärkt durch Gemeinsamkeitsgefühle und die Erfahrung, doch nicht als einziger oder einzige „in der Kompanie falschen Schritt zu haben", gehen sie nach Hause.

Peer Group als Lektion in Sachen Sozialkompetenz:

Die Peer Group bietet etwas, was keine Familie im Angebot haben kann. Dadurch, dass es allen Gruppenmitgliedern ähnlich geht, alle dieselben Pubertätsnöte, Bedürfnisse und entwicklungstypischen Hochs und Tiefs haben, passt man zwar dazu, ist aber gleichzeitig auch nichts Besonderes mehr, wie das z.B. im Familienkreis dauernd der Fall sein kann – egal, ob im negativen oder im positiven Sinne. In der Jugendlichengruppe hat niemand eine Sonderposition dadurch, dass er Jugendlicher ist. Soziologen sehen hier optimale Lernsituationen für Gleichheitsempfinden und gelebte Gleichberechtigung.

In Debatten miteinander merken die Heranwachsenden, dass keineswegs alle Jugendlichen immer derselben Meinung sind wie sie und dass ihre eigene Sicht der Dinge tatsächlich nicht die einzige ist, auch nicht unter Ihresgleichen. Es ist wichtig zu merken, dass es nicht nur mit Erwachsenen zu Meinungsverschiedenheiten kommen kann, sondern auch untereinander. Deshalb ist man auch hier gefordert, wenn man andere von seiner Meinung überzeugen will, muss seinen Standpunkt vertreten, Gegenargumente überprüfen und gegebenenfalls in seine Argumentation mit einbeziehen. So gesehen kann es Eltern und vor allem dem familiären Gesprächsklima nur nützen, wenn ihre Kinder Umgang mit vielen Gleichaltrigen haben, die sie – mitunter schonungsloser und weit konsequenter als die Eltern selbst – auf Sozialverträglichkeit und Gruppenfähigkeit prüfen.

Tatsächlich erwerben Jugendliche im freundschaftlichen Umgang miteinander immer mehr Kompetenzen, die ihre Freundschaften mit zunehmendem Alter deutlich stabiler werden lassen. Gemeinsame Gespräche und Aktionen spielen dabei eine große Rolle. Viele Jugendliche pflegen eine beeindruckende Gesprächskultur mit ausreden und zu Wort kommen lassen, genau zuhören, antwortbereit sein und vor allem Geheimnisse bewahren können.

In der Gruppe sind wir unter uns, nur Jungen oder nur Mädchen.

Da die Peer Groups meist gleichgeschlechtlich sind, Mädchen ihre Zeit mit

Mädchen und Jungen mit Jungen verbringen, muss diese Konstellation als unbewusst geschaffener Schonraum verstanden werden. *Andreas Huber* (2003) fasst die Meinung vieler Sexualwissenschaftler zusammen, wenn er sagt, dass diese vorübergehende Orientierung am eigenen Geschlecht die jeweils geschlechtsspezifische Sozialisation fördert. Die heranwachsenden Kinder eines Geschlechts bestärken sich gegenseitig in ihrem Verhalten und tragen so zum Aufbau ihrer Geschlechts-Identität bei. Die oft starke Abgrenzung zum anderen Geschlecht, trotz gleichzeitig größtem Interesse an ihm (siehe Kap. 5), ist nötig, um die eigene Identität erstmals fassbar zu machen und zu stärken. Zuerst muss jeder junge Mensch die Besonderheiten seines eigenen Geschlechtes kennen, bevor er sich auf das Gegengeschlecht einlassen kann.

Es gibt aber auch gemischt geschlechtliche Peer Groups, doch weit seltener und meist auch erst ab einem Alter von 14 oder 15 Jahren. Ihnen liegt eine andere, keineswegs weniger erfolgreiche Strategie zugrunde. Es ist nämlich zu beobachten, dass der Umgang zwischen Jungen und Mädchen hier eher kumpelhaft als sexuell getönt ist. Es wird gemeinsam gesprochen, agiert, beidseitig Neues aus der Lebenswelt des anderen Geschlechts ausprobiert und Interessen verglichen, aber eben ohne zu flirten. Diese Gruppenkonstellation erlaubt ein langsames Vertrautwerden mit dem anderen Geschlecht, ohne als Individuum in Zugzwang zu kommen, sich als möglicher Geschlechtspartner präsentieren zu müssen. Kommt ein Pärchen sich dann wirklich näher, verlässt es oft die Peer Group und bildet mit Gleichgesinnten eine Clique, die überwiegend aus jungen, noch nicht allzu stabilen Paaren besteht.

Ein Mädchen oder ein Junge kann übrigens auch zu zwei Peer Groups gehören, sogar z. B. in eine getrennt- und in eine gemischtgeschlechtliche. Diese Jugendlichen dürften für eine Manager-Laufbahn geeignet sein, da sowohl ihr Zeitmanagement als auch ihr Interessensspektrum und ihre Sozialkompetenz überdurchschnittlich sein dürften. Auch muss ihre Belastbarkeit und Vertrauenswürdigkeit beeindruckend hoch eingeschätzt werden.

Ein weiterer Grund dafür, dass sich die meisten Peer Groups nur aus Mädchen oder nur aus Jungen zusammensetzen, wird die Tatsache sein, dass jugendliche Mädchen ihre Gruppen ganz anders strukturieren und dort auch anders agieren und anderes suchen als heranwachsende Jungen. Beide Geschlechter würden ihre Gruppenziele voneinander abweichend beschreiben, und so kommt auch der jeweilige Zusammenhalt auf verschiedenem Wege zustande.

Eine starke, emotionale Freundschaftsbasis liegt Peer Groups zugrunde, die exklusiv für Mädchen sind. Der innige Zusammenhalt verlangt den eigentlich konkurrenzbetonten Mädchen viel gegenseitiges Verständnis, eine beeindruckende Toleranz und ein bedingungsloses füreinander Eintreten ab. Unter diesen Bedingungen sollten Mädchenfreundschaften eigentlich sehr stabil sein, doch derart hohe soziale Anforderungen können die jungen Mädchen schnell überfordern und zum Aufgeben zwingen. Meist bleiben eher überschaubare und leichter bewältigbare enge Zweier- oder Viererbeziehungen übrig.

Das Freundschaftsband einer Jungen-Peer Group hält durch gemeinsame Hobbys, Interessen und vor allem Aktionen zusammen. *Andres Huber* schreibt, dass Jungen-Peer Groups vor allem gefahrenorientiert sind. Das sieht dann so aus: Man tut gemeinsam Verbotenes und misst sich mit seinen Rivalen durch Mutproben. Man hilft sich aber auch gegenseitig aus der Patsche, indem man z.B. an entsprechender Stelle, wenn es darauf ankommt, schweigt. Vertrauenswürdig und verschwiegen zu sein, genießt höchstes Ansehen. Es gibt auch bei Jungen durchaus Verbindendes, doch das emotionale Engagement hält sich in Grenzen. Bei Jungen ist es die Rivalität und der dauernde Wettbewerb, der an der Stabilität von Jungengruppen zehrt. Auch die hochgehaltene, fast schon zelebrierte Risikobereitschaft kann zur Belastung werden. So leiden auch männliche Peer Groups unter Fluktuationen ihrer Mitglieder.

Die Peer Group bietet Entlastung.
Sie bietet aber auch Reibeflächen und massive Konkurrenz.

In Peer Groups wird soziales Glück, aber auch sozialer Stress erlebt und gelebt. Sich unter Seinesgleichen verstanden zu fühlen, ist die eine Seite, hier aber auch massive Anfeindung erleben zu müssen, ist die andere. Nicht nur gegenüber Erwachsenen, auch in der Peer Group müssen Pubertierende sich bewähren.

In Peer Groups kann der Wettbewerb extrem groß sein. Jungen- wie Mädchen-Konstellationen können mit harter Konkurrenz einhergehen.

Ein untrügliches Zeichen ist die häufig vorkommende Schadenfreude, sobald einem Peer, der gerade als Kontrahent empfunden wird, ein Vorhaben misslungen ist. Auf der Ebene der Verhaltenssteuerung wechseln sich dabei aggressive und freudige Tendenzen ab. Typisch ist, dass sich die beiden Kontrahenten in einer als unklar empfundenen Konkurrenzsituation befinden. Das Scheitern des einen Kontrahenten mindert den Erfolgszwang des anderen, was zuerst einmal entlastend wirkt und dadurch einen eigenen Erfolg wahrscheinlicher machen kann. Missglückt dann aber auch dessen Versuch, dann wird dieser Misserfolg weniger beschämend erlebt, weil es für ihn bereits ein öffentliches Muster gibt und man nicht als einziger Verlierer dasteht. Intensiv ausgelebte Schadenfreude zwischen den Gruppenmitgliedern ist ein Zeichen für das noch niedrige Selbstwertgefühl meist junger Gruppenmitglieder. In Gruppen mit älteren Jugendlichen nimmt die Schadenfreude deutlich ab. Ganz verschwindet sie anscheinend nie, da gemeinsame Schadenfreude, gemeinsames Auslachen und Verspotten eines Pechvogels auch gruppenbindenden Effekt hat – so hart das für den gerade Betroffenen ist, der sich außen vor fühlt.

Die Peer Groups sind zwar ein Trainingslager für Sozialkompetenz, aber man darf beim Start nicht erst mit Null anfangen müssen. Sonst kommt man erst gar nicht rein oder ist ganz schnell wieder draußen – mit einem Misserfolgserlebnis im Gepäck, das erst verkraftet werden muss. Genau hier fehlt meist der elterliche Trost. *„Ich habe gleich gesagt, das bringt nichts, da passt du nicht rein"* hilft nämlich nicht weiter.

Der Schweizer Pubertätsforscher *Fend* spricht in diesem Zusammenhang von einer sich selbst vorgegaukelten Einbettung, die, wenn es wirklich hart auf hart kommt, nicht mehr gespürt wird und Alleinsein vor Augen führt.

Beliebt sind in beiden Gruppen, bei Mädchen wie bei Jungen, Kinder mit Durchsetzungsvermögen und Verlässlichkeit. Wichtig: Ihr Verhalten muss vorhersagbar sein, sie müssen stehen bleiben, wenn es darauf ankommt. Hohe soziale Kompetenz, vor allem auch diplomatisches Verhalten, höchste Vertrauenswürdigkeit und das Beherrschen der Basisregeln zwischenmenschlichen Umgangs werden geschätzt. Kommunikative Fähigkeiten stehen dabei an erster Stelle. Damit sind aber nicht nur verbale Fähigkeiten gemeint: Kinder, die viel lächeln und eine positive Ausstrahlung haben, Kinder, die ehrlichen Blickkontakt aufnehmen, eine offene Körpersprache sprechen, sind die beliebtesten. Genau diese Kinder haben es aber auch zu Hause während der Pubertät nicht besonders schlecht, sondern können mit viel Verständnis und altersgemäßer Unterstützung rechnen. Mit dem Verständnis und der Unterstützung, die ihnen schon in Kindheitsjahren die Chance gaben, sozialkompetent zu werden (siehe Kap. 4).

Chancen der Peer Group – Risiken der Peer Group

Peer Groups sind bei einem Teil der Eltern gefürchtet und beim anderen beliebt. Woran liegen diese sich konträr entgegen stehenden Einstellungen? Manche Eltern sind strikt dagegen, dass ihr Kind Mitglied einer Peer Group wird. Sie fürchten eine Vielzahl von möglichen negativen Einflüssen – wie Alkohol-Missbrauch, Drogenkonsum, gewalttätige Übergriffe, zu frühe sexuelle Kontakte und zu viele Modelle für noch mehr Provokation in der häuslichen Umgebung. Wieder andere sind von diesem zusätzlichen Sozialisationsfeld begeistert, unternehmen sogar einiges, um den Gruppenzusammenhalt zu unterstützen. Das hängt von den Vorerfahrungen in der eigenen Jugend, vom Leumund der Kinder und deren Familien, die ebenfalls zur Gruppe gehören, aber auch vom jeweiligen Vorwissen über gruppendynamische Prozesse und über die Wichtigkeit von altersgemäßen Gruppenerlebnissen ab.

Sozialarbeit und Sozialpädagogik haben die Bedeutung der Peer Group erkannt und nutzen diese Bezugsgruppe als erfolgreichen Zugang für präventive und gruppenbindende Erlebnismaßnahmen bei motivierten, bereits stabilen Heranwachsenden, aber auch für erzieherische und kontrollierende Angebote an ansonsten kaum ansprechbare und schlecht erreichbare Jugendliche.

Peers üben einen positiven Einfluss aus.

Seit Jahren weiß man, dass sich gute Peer-Kontakte auf die kognitive Entwicklung der Kinder sowie auf deren Schulerfolg als Zusatzanregungen positiv auswirken. Die Kommunikations-Anforderungen zwischen befreundeten Kindern, ihre gemeinsamen Aktivitäten, abwechselnd geprägt durch die sicher unterschiedlichen Interessen der einzelnen Gruppenmitglieder und nicht zuletzt die Horizont-Erweiterung durch das Kennenlernen anderer Familien und ihrer Lebensbesonderheiten wirken sich zusätzlich als förderliche Bildungsimpulse aus. Sie motivieren, neue Ideen, die in der eigenen Familie nicht aufkommen konnten, in Angriff zu nehmen (siehe Kap. 4).

Inzwischen belegen aber mehrere Studien auch, wie wichtig es speziell für Kinder mit familiären Problemen ist, gute Freunde und in der Pubertät auch Peer-Freundschaften zu haben. Peer-Akzeptanz ist der Fachbegriff für Kinder, die von Gleichaltrigen angenommen und toleriert werden und deshalb Zugang zu positiven Gruppenerlebnissen haben. Erlebte Peer-Akzeptanz wirkt sich stabilisierend und kompensierend auf die Persönlichkeits-Entwicklung eines jeden jungen Menschen aus und kann sogar die Folgen negativer elterlicher Erziehung abmildern – selbst im Zusammenhang mit Misshandlungs- und Missbrauchserfahrungen.

Peer Groups können aber auch riskant sein.

Jeder kennt zumindest aus der Presse und dem Fernsehen provozierende und ihre Mitbürger tyrannisierende Jugendgruppen (Gangs), die alkoholisiert die Straßen unsicher machen und für andere, wie für sich selbst zur Gefahr werden. *„Gewalt ist geil"* kann ein Lebensmotto von Gangmitgliedern sein. Der Kinder- und Jugendpsychiater *Schulte-Markwort* untersucht seit 1994 dieses Phänomen. Für manche Jugendliche ist Gewalt „geil", weil sie Gewalt als etwas Positives erleben. Gewalt hat für sie lustvolle Elemente,

- weil sie den Eindruck haben, plötzlich etwas zu bewirken, sich wieder zu spüren, sich aktiv zu erleben
- weil sie glauben, mit Gewalt Einfluss zu gewinnen und Macht ausüben zu können. Über Gewalt muss dieser Weg des Sich-selbst-bewusst-Werdens laufen, wenn auf verschiedenen Ebenen seit Jahren etwas falsch gelaufen ist (siehe Kap. 8)
- wenn bereits Entwicklungsdefizite vorliegen, weil z. B. keine Liebe und Geborgenheit und damit Sicherheitsgefühle aus dem bisherigen Leben mitgenommen werden konnten, die die Voraussetzung für jegliche Lust, die Welt kennenzulernen, sind
- wenn es an Empathie fehlte, das Kind nie erlebt hatte, dass es jemandem am Herzen lag, sich jemand in seine Bedürfnisse und Wünsche hinein denken konnte und diese gestillt oder erfüllt wurden
- wenn es zu sozio-emotionaler Vernachlässigung oder Verwahrlosung kam, das Kind nie den Eindruck hatte, für jemanden wichtig zu sein, seine Fähigkeiten nicht anerkannt wurden, es keinen Beitrag zum Familienglück leisten konnte
- wenn in der späten Kindheit und Jugend soziale Desintegration erlebt wurde, der junge Mensch nirgendwo dazugehörte, er von niemandem vermisst wurde, niemand Wert auf seine Anwesenheit legte, er nie seine Besonderheiten spürte und in die Gemeinschaft einbringen konnte.

Macht ausüben und Einfluss haben, sich aktiv und potent spüren – das sind tolle und äußerst lustvolle Gefühle. Nur müssen sie anders als über Gewaltausübung zustande kommen:

• Wer mit Zuneigung und Zuwendung verwöhnt wird, in Eltern und Geschwistern Ansprechpartner und Gefühlsbeantworter findet und vielerorts Akzeptanz erlebt, hat innere Freiräume für Kreativität, Leistung und Kompetenz, auch soziale Kompetenz, die einen jungen Menschen sich nicht nur in die Familie, sondern auch in die Nachbarschaft, in die Schulklasse und in die Peer Group eingebunden erleben lässt. Dann gehört der Heranwachsende dazu, ist attraktiv für Gemeinsamkeiten, gefragt in Auseinandersetzungen und bei Anforderungssituationen. So kann er auch Einfluss nehmen und positive Machtgefühle erleben, weil er etwas bewirkt und sich selbst spürt.

Defizitäre und negative Erfahrungen in der Familie und in der Schule begünstigen eine Einbindung in belastete bis kriminelle Peer Groups (Gangs) – vor allem, wenn die jungen Menschen schon als Kinder Erfahrungen als aggressive Täter oder schwache, ungeschützte Opfer gemacht haben. Es ist nachgewiesen, dass nicht jeder Jugendliche durch den Einstieg in eine von der Norm abweichende Gruppe verleitbar wird. Ein „Dammbruch" hat immer spezielle Voraussetzungen, die zumeist in der familiären Vorgeschichte liegen.

Schützende soziale Kompetenz erlernt man durch sozialkompetente Menschen in der Familie und im außerfamiliären Umfeld. Genau das Lernpotential fehlt Risikokindern und schleudert sie schnell ins soziale Abseits. Im Pubertätsalter scheint Ausgestoßensein noch einmal besonders schlimm erlebt zu werden. Weil für Jugendliche die meisten Kontakte in der Schule stattfinden, ist die Tatsache, hier nicht dazuzugehören, verheerend. Ihr schlechtes Selbstbewusstsein und zu geringes Selbstwirksamkeitswissen erlauben nicht die Freiheit, bei der Auswahl einer Peer Group wählerisch zu sein. In Gangs kommt man schnell rein. Wer, weil er bisher nirgends dazu gehört, unbedingt rein möchte, ist „benutzbar". Und so wird eine problematische Gruppe zum erneuten Risiko für den bereits belasteten Jugendlichen.

Oft ist es die Modellwirkung des Verhaltens der neuen Freunde, weshalb Aggressivität und Gewalttätigkeit imitiert und übernommen werden. Und es ist der Dank für entgegengebrachte Anerkennung und lang vermisste Hilfe bei der Identitätssuche, der zu solidarischem Handeln bei gewalttätigen Übergriffen der anderen Gruppenmitglieder führt.

Ein Teil der Jugendlichen benutzt Gewalt als Instrument, um sich in der Gruppe beliebt zu machen. Gerade wenig akzeptierte Gruppenmitglieder, die von Aggressionen eigentlich nicht viel halten, von sich aus nicht gewalttätig reagieren würden, beteiligen sich nun an Gruppengewalt, um dadurch ihren geringen Gruppenstatus zu erhöhen. In Bandenkämpfe verwickelt und selbst irgendwo regelmäßig Zeuge von Gewalt oder gar Gewaltopfer gewesen zu sein, verstärkt die eigene Gewaltbereitschaft, oft bereits früh sichtbar an zunehmender verbaler Aggression. Abgelehnte Mitmenschen werden durch abwertende und ausgrenzende Bezeichnungen diffamiert und zum „Freiwild" erklärt. Es droht Eskalation.

Peer Groups können auch zu Risikoverhalten verleiten.

Jugendliche lieben den Rausch der Gefahr. Sie gehen Risiken ein, um Neues zu erleben, sich zu fordern und an ihre Grenzen zu kommen. Das machen sie allein, das machen sie aber auch besonders gern in Gruppen, um einen Wettbewerb zu spüren, die Konkurrenz kennenzulernen und bei der Aktion Publikum zu haben. Die Peer Group scheint der geeignetste Ort dafür zu sein. „Sensation seeking", die Suche nach sensationellen Erfahrungen und Kicks, ist nichts anderes als eine Mutprobe für sich selbst. Es ist die Bewältigungs-Unsicherheit einer noch nie in Angriff genommenen Anforderung, die als Herausforderung erlebt wird. Man bewegt sich bewusst außerhalb der Grenzen, außerhalb der bekannten Kontrollmöglichkeiten und will Unerwartetes und Unvorhersehbares erleben.

Pubertät, Autonomieanspruch und Risikobereitschaft gehören nach Meinung des Züricher Psychologen *Norbert Bischof* (1985) zusammen. Heranwachsende brauchen den Kick, sie jagen auf ihrer extremen Suche nach Belohnung jedem sich anbietenden Risiko hinterher und können es extrem schlecht einschätzen – und an beidem ist ihr Gehirn schuld (siehe Kap. 7). Fast alle Pubertierenden sind Glücksritter, vor allem die Jungen, aber neben ihrer Geschlechts- und Altersabhängigkeit kann die Risikobereitschaft auch sozialisationsabhängig sein. Nach einer emotional verarmten Kindheit kann mit einer weit größeren Risikobereitschaft in der Jugend gerechnet werden, die auch mit einem wesentlich erhöhten Autonomieanspruch einhergeht.

Unter stabilen, sicheren Kindheitsbedingungen werden eher weniger riskante Entscheidungen für sich selbst getroffen und auch die Gefährdung anderer wird in die Überlegungen einer Handlungsplanung mit einbezogen (siehe Kap. 8).

Der individuell unterschiedlich hohe Bedarf an Autonomie, der nach Ansicht von *Bischof* mit Risikobereitschaft gleichgesetzt werden kann, führt in bestimmten Lebenslagen je nach „Lebenslauf-Vorgeschichte" zu unterschiedlichen Entscheidungen mit folgenschweren Konsequenzen:

• Wenn es dir im bisherigen Leben eher gut ging, geh auf Nummer sicher.

• Wenn es dir bisher eher schlecht ergangen ist, gehe ruhig ein Risiko ein, du hast sowieso nichts zu verlieren, aber vielleicht etwas zu gewinnen.

KONFORMITÄT HILFT BEI IRRITATION

Pubertierende sind in ihrer überwiegenden Mehrheit Gruppenmenschen. Bereits 50% der 10- bis 13-Jährigen und über 80% der Heranwachsenden zwischen 14 und 18 Jahren sind Mitglieder einer Peer Group. Ihr Wunsch nach Individualität ist aber ebenfalls stark ausgeprägt und wird allein durch die Angst vor Einsamkeit gebremst.

Theoretisch könnte die Lösung darin liegen, Gruppen mit zueinander passenden Individualisten zu schaffen. Eben das machen die allermeisten Jugendlichen beim genaueren Hinsehen.

• Schon Kleinstkinder interessieren sich für Gleichaltrige, doch möchten sie bevorzugt etwas so wie Mama, Papa oder ihre großen Geschwister machen. Sie wollen geliebt werden wie ein Baby, aber auch Freiheiten der großen Kinder haben

• Im Kindergarten und in den Anfangsjahren in der Schule verbringen Kinder die meiste Zeit mit Gleichaltrigen. Ihr gemeinsames Interesse gilt aber den größeren Kindern, die bald in die Schule kommen. Denn bei denen läuft offensichtlich Spannendes ab.

• Mit beginnender Pubertät scheint sich die Situation zu verändern. Das Motto lautet jetzt: Ja nichts wie Erwachsene und ja nichts wie die Kinder machen. Allein die in etwa Gleichaltrigen zählen, nur ihre Themen und Interessen sind relevant.

Pubertierende wollen passen und sich synchronisieren, um in der wackeligen Übergangszone zwischen Kindheit und Erwachsenen-Alter nicht allein dazustehen. Aber sie wollen auch Zeichen ihrer Individualität setzen.

**Wegbegleiter zu brauchen, heißt noch lange nicht,
dass alle denselben Weg gehen müssen.**

Die Ausgestaltung von Peer Groups ist immer eine Reaktion auf die momentane Lebensumwelt der jungen Leute und somit auch auf ihre bisherigen individuellen Sozialisationserfahrungen. Soziologen entdeckten hier einen interessanten Wandel: In den westlichen Industriegesellschaften hat sich von den 1960er Jahren bis zum Ende des 20. Jahrhunderts die Jugendkultur tendenziell von einer Gegenkultur, die wie die Hippiekultur in Opposition zur Wertewelt der Erwachsenen entstanden ist, zu einer autonomen Teilkultur der Gesellschaft entwickelt.

In der bunten Vielfalt der Ausprägungsformen des pubertären Zeitgeistes scheint nur ein roter Faden erkennbar: *„Die Teilnahme Erwachsener wird ausgeschlossen"*. Aber die Kluft zwischen den Generationen ist nicht wirklich groß. Die konkreten Lebensziele der Jugendlichen gelten als weitgehend identisch mit denen ihrer Eltern: Beruf, Status, Geld verdienen, Konsum. Es geht also nicht um eine Abkehr von der Erwachsenenwelt, sondern eher um den Wunsch, ihr mit eigenem Tempo und weitgehend ohne Hilfe beizutreten. Die Peer Groups können die Passage Jugend höchst unterschiedlich durchqueren, und ihre Anpassungs-Strategien sind mehr oder weniger erfolgreich. Aber es war die jahrzehntelange Suche von jugendlichen Gruppierungen nach neuen eigenen Wegen der Lebensgestaltung und auch die Kritik an den althergebrachten Werten und Normen und ihr Experimentieren mit neuen Lebensformen, die eine Pluralisierung der Lebensweisen auch für die Erwachsenen möglich gemacht haben (*Huber* 2003).

RITUALE IN DER ADOLESZENZ – SIGNALE DER ABHÄNGIGKEIT UND DER STÄRKE

Rituale sind von Menschen erfundene und immer wieder variierte Symbolhandlungen, die den Umgang miteinander erleichtern. Rituale sind für Peer-Gruppen ungeheuer wichtig. Sie sind Reaktionsbeschleuniger beim Kontaktaufbau mit den Gleichaltrigen und erleichtern die Eigenwahrnehmung im Gruppengefühl.

Rituale ersetzen eine direkte Kommunikation und verhindern in emotionsirritierten Zeiten Missverständnisse. Eine bestimmte Kleiderauswahl kann als Ritual wirken und auf einen Blick Klarheit schaffen.

Symbolhandlungen sind ohne Worte überzeugend, zumindest ohne inhaltlich relevante Worte. Diese sind, z.B. für die Jugend typischen Nonsense-Witze, gemeinschaftsstiftend. Sie werden nicht hinterfragt. Wer sie akzeptiert, hat ihre Botschaft verstanden und gehört dazu. Ein Beispiel:

- Sitzen zwei Kühe im Keller und sägen Heizöl. Sagt die eine: *„Hilfe, ich hab' vergessen, morgen ist Weihnachten!"* Sagt die andere: *„Macht nix, ich gehe sowieso nicht hin."*

- Laufen zwei Frauen die Straße entlang, fällt die eine in einen geöffneten Kanalisationsschacht. Sagt die andere: *„Macht nix, ich bin mit dem Fahrrad da"*

Zwischen diesen zwei Witzen liegen fast 40 Jahre, fast 3 Pubertäts-Generationen. Weil sie aber ein Ritual darstellen, hat sich an ihnen nichts Wesentliches verändert.

Kleidung, Begrüßungsbesonderheiten, eine spezielle Gangart, eine Musikrichtung, Essensvorlieben, für Jugendliche typische Feste werden immer wieder auf ihre vielfältige Symbolfunktion untersucht. Immer wird Gemeinsamkeit zelebriert. Es geht um gruppeninterne Signale für Nähe und gleichzeitig um Distanzsignale für Gruppenfremde, um diese auf Abstand zu halten, ohne Kräfte aufreibend darüber diskutieren zu müssen.

Jugendliche pflegen Konformität innerhalb ihrer Peer Group, indem sie sich in ihrem Verhalten, in ihrer Kleidung, in ihrer Sprache und ihrer Bewegung, ja sogar in ihren Überzeugungen an andere Gruppenmitglieder anpassen. Konformität erleichtert die Einschätzung und Vorhersagbarkeit des Verhaltens von nahe stehenden Mitmenschen, sie erleichtert auch die Verhaltens-Synchronisation der Gruppe und stärkt den Gruppenzusammenhalt.

Die Dynamik einer Peer Group ist störanfällig und muss deshalb dauernd nachreguliert werden. Die für Jugendliche so typische soziale Kontrolle wurde als so ein Regulationsglied erkannt. Wer zu stark von Gruppennormen abweicht, wird darauf aufmerksam gemacht, zum Kurswechsel aufgefordert und im schlimmsten Fall aus der Gruppe rausgemobbt. Wenige Peer Groups erkennen ohne Hilfe von außen, dass diese normerhaltende Aggression höchst unmenschlich sein kann und über Einsicht und Erziehung zur Toleranz unter Kontrolle gebracht werden muss. Bei dieser Erziehung zur Toleranz sind Erwachsene, Eltern wie Lehrer gefragt (siehe Kap. 8).

Die große Frage: An wem orientieren sich Jugendliche nun wirklich?

Jugendliche haben ein sehr großes Interesse an anderen Jugendlichen und an gemeinsamen Aktionen und Aktivitäten mit ihnen. Jugendliche haben eine hohe Attraktivität für Jugendliche. Und, wie bereits gesagt, ist das Alter nur *ein* Kriterium für die Zusammensetzung einer Peer Group. Der 4. Bericht zur Lage der Jugend in Österreich zeigt z. B. deutlich, dass Peer Groups nicht nur Gleichaltrige umfassen, sondern auch etwas jüngere oder ältere Jugendliche Zugang finden – vorausgesetzt. sie teilen die gemeinsamen Interessen und Alltagserfahrungen. In diesen Gruppierungen laufen wesentliche Prozesse zur Weltaneignung und zum Weltverständnis ab. So setzt man sich in der Peer Group über den eigenen Lebensstil, den Umgang mit Drogen, über Musik- und Modevorlieben und vor allem die Freizeitgestaltung auseinander. Tipps für die Alltagsbewältigung holen Jugendliche sich von Gleichaltrigen oder noch lieber von ein oder zwei Jahre älteren Vertrauten aus der Peer Group, weil die vor nicht allzu langer Zeit meist noch mit ganz ähnlichen Fragen konfrontiert waren und daher sehr gut nachvollziehen können, was in ihnen gerade vorgeht. Im Idealfall verfügen sie bereits über sogenannte „lebenswelterprobte Problemlösungs-Strategien", die man sich gern zu eigen macht.

Wenn es um die Lebensbereiche Religiosität, Zukunftsplanung, auch Zukunftsängste, um Schule oder Ausbildung geht, deuten alle Untersuchungs-Ergebnisse darauf hin, dass der elterliche Einfluss dominiert. Vor allem bei Schwierigkeiten bringen Jugendliche das meiste Vertrauen ihren Eltern oder anderen Personen des engsten Familienkreises entgegen – immer vorausgesetzt, sie haben auch bei diesen Hauptbezugspersonen bisher am ehesten Hilfe, Rat und Unterstützung erhalten.

Jugendlichen, denen es an Vertrauen zu den Erwachsenen fehlt, weil ihnen deren Reaktionen nicht vorhersagbar und dadurch zu gefährlich scheinen, müssen sich selbst in schlimmster Not an andere Jugendliche wenden. Diese Notgemeinschaft stärkt zwar die Bindung unter den Jugendlichen und erhöht auch deren Selbstbewusstsein, doch kann es zu einer eindeutigen Überforderung kommen. Das allein einem anderen Jugendlichen anvertraute Wissen kann weit über dem liegen, was ertragen oder verkraftet werden kann, so dass der ins Vertrauen gezogene Jugendliche ebenso überlastet ist wie der betroffene Ratsuchende.

DIE PEER GROUP –
ELTERNERSATZ ODER ELTERNKONKURRENZ

Die Elternangst „Einstieg in eine Peer Group, Ausstieg aus dem Familienleben" ist völlig unbegründet. Die Zugehörigkeit zu einer Peer Group trennt Eltern und Kind nicht, doch sie kann eine während der Pubertät nötig werdende Beziehungs-Umgestaltung einleiten. Außerdem kann eine Peer Group, die persönliche Eigenarten akzeptiert und bestehen lässt, gruppenfähige Individualisten mit Teamgeist hervorbringen.

Der Umgang mit Gleichaltrigen ist gerade für diese Altersgruppe wichtig, weil während der Pubertät das familiäre Netz ins Wanken gerät oder als in der bekannten Form nicht mehr ausschließlich tragend erlebt wird. Die Peer Group bietet vorübergehend eine Zusatzbasis, von der man aber nur dann wirklich profitieren kann, wenn man nebenher an einer tragfähigen Beziehung zu seinen Eltern baut.

AUS SICHT DER JUGEND: EIN PERSÖNLICHER BLICK ZURÜCK

1. ANMERKUNG ZU DIESEM KAPITEL

Gerade während der Pubertät haben meine Freunde eine herausragende Rolle für meine Entwicklung gespielt. Sie waren Vertraute, Gesprächspartner und Ratgeber, sie halfen über die Probleme mit der Erwachsenenwelt hinweg. Wenn Eltern einem den letzten Nerv rauben, beruhigt meist schon ein Anruf beim Kumpel. Man wird sich bewusst, nicht der einzige mit so unsagbar verständnislosen Eltern zu sein – oder sieht sogar, dass man echt noch Glück hat, dass es viel schlimmer sein könnte. Auch in der Schule habe ich mir viel eher von Freunden helfen lassen als von irgendjemand anderem. Und meinen Freunden ging es genauso. Das alles hat sehr viel mit der Art zu tun, mit der Erwachsene einem jungen Menschen zu helfen versuchen. Denn wer seinem Kind während der „Nachhilfe" jedes Mal seine Unreife und generelle Unwissenheit vor Augen hält, um den deutlichen Abstand zu markieren, der läuft Gefahr, eine vollständige Blockade beim Jugendlichen zu aktivieren. Nur wer als Eltern die Größe besitzt zu erkennen, was der Jugendliche schon weiß, ihm das auch sagt und seine Lernangebote daran anpasst, hat Aussicht auf Erfolg. Wer dann noch wahrnimmt, wie sein Kind in einem schulisch irrelevanten Gebiet einsame Spitze ist und diese Fähigkeit aufgreift, hat eine gute Chance, zu einem anstrengenden Schulfach zu motivieren.
Doch wissen die meisten Freunde viel mehr über Hobbys und Spezialinteressen der Jugendlichen Bescheid als die eigenen Eltern, sofern diese überhaupt einen Blick auf das außerschulische Engagement ihrer Kinder werfen. Ich finde: Die Gesellschaft beurteilt Jugendliche zu sehr nach ihrem Wissen über die Welt der Erwachsenen und bedenkt nicht, dass das größtenteils gar nicht die ihrige ist. Zu viele unnötige und oft erniedrigende Hürden versperren den Zugang zur Erwachsenenwelt, so dass die für Jugendliche wenig attraktiv erscheint.

2. Anmerkung zu diesem Kapitel

In meiner Freizeitgestaltung als Jugendlicher spielten meist Freunde die Hauptrolle. Nicht nur die gleichen Interessen, auch Stimmungslage, Ruhe- und Aktivitätsbedürfnis stimmten überein. Es passte, regte an und beruhigte, je nach Bedarf. Meine Eltern haben das zum Glück unterstützt.

Aber die eigene Clique kann auch Probleme hervorrufen, obwohl man das gern übersieht. Man gehört irgendwo dazu – und grenzt sich dadurch aber auch scharf von anderen Gleichaltrigen ab. Gerade durch eine klare Abgrenzung zu anderen Cliquen definiert sich ja eine Gruppe selbst. Das kann vor allem in von Erwachsenen zusammengestellten Konstellationen – zum Beispiel Schulklassen oder Vereinen – zu Konfrontationen führen. Meine Zugehörigkeit zu einer außerschulischen Clique wurde von der innerschulischen Clique nicht automatisch akzeptiert, zumal gemeinsame Aktivitäten und dadurch Annäherungsmöglichkeiten selten waren. Abgrenzungstendenzen sind häufiger als Integrationsbemühungen, weil – wie gesagt – die Gruppenstabilität primär durch Abgrenzung von anderen Gruppen zustande kommt.

Außerschulische „Peer Groups" sind für den einzelnen deshalb wichtig, weil sie meist mehr zu bieten haben als reine Klassengemeinschaften. Man lernt Jugendliche aus anderen Schulsystemen und Stadtteilen kennen und kann dadurch von einem viel breiter gefächerten Aktivitäts- und Wissensspektrum profitieren. In außerschulischen Cliquen ist es auch viel einfacher, einander emotional und auch tatkräftig zu helfen, ohne dass es gleich an die große Glocke gehängt wird.

Innerschulische Cliquen – vor allem solche mit Heranwachsenden aus einer Klasse – haben ein weiteres Problem: Die durch Erwachsene immer wieder hereingebrachten Leistungsvergleiche und Hervorhebungen – im positiven wie negativen Sinne – lassen selbst gleich gesinnte Jugendliche als Konkurrenten erscheinen. Und Konkurrenz spaltet.

Aber sicher ist, dass in den meisten Fällen eine pubertäre Entwicklung und schulische Weiterbildung durch Freunde verbessert werden kann, so dass Jugendliche, denen der Zugang zu Freunden erschwert wird, Gefahr laufen, sozial gehandicapt zu sein. Engagiert und beteiligt sein, an Unterschiedlichstem teilhaben können dient nicht nur der aktuellen Lebensbewältigung sondern auch der Vorbereitung auf das Erwachsenenleben. Wenn die Eltern in groben Zügen wissen, wo der Jugendliche ist, ist eine Aktion mit Freunden weit „gesünder", als isoliert zu Hause zu sitzen und theoretisch zu grübeln, wie Leben aussehen und sich anfühlen könnte.

KAPITEL 6: DAS WICHTIGSTE IN KÜRZE

- ▶ Bei Peers suchen Pubertierende Bestätigung, Anerkennung und Entlastung.
- ▶ Peer Groups sind Trainingslager für soziale Kompetenz mit viel Gesprächskultur und harter Konkurrenz.
- ▶ Defizitäre Vorerfahrungen in Familie und Schule bahnen den Weg in extreme Risikogruppen.
- ▶ Peer Groups bieten zum letzten Mal einen gleichgeschlechtlichen Schonraum.
- ▶ Früher waren Jugendkulturen oft Gegenentwürfe zur Gesellschaft, heute sind sie eher autonome Teilkulturen.
- ▶ Themen unter Peers betreffen Freizeit, Lebensstil, Alltag und Weltverständnis. Bei Zukunftsfragen und echten Schwierigkeiten sind die Eltern gefragt.
- ▶ Die Peer Group ist kein Elternersatz, sondern ein wertvolles Additiv zu einer tragfähigen Familie.

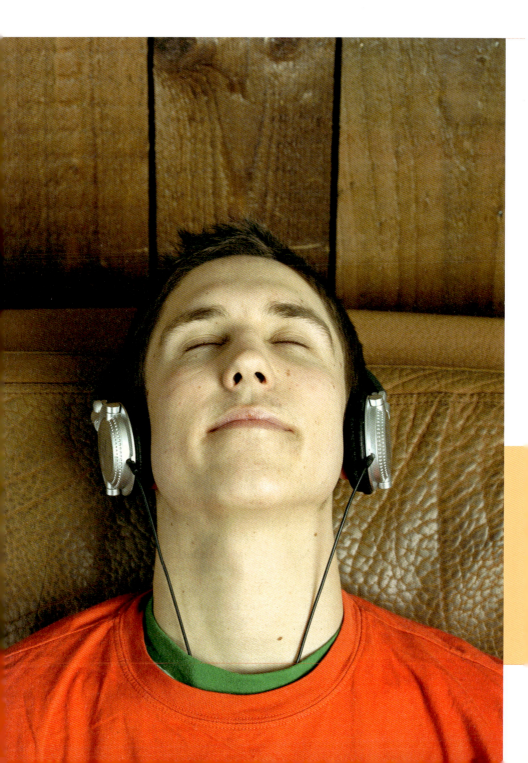

BESONDERES LERNEN
IN EINER BESONDEREN ZEIT

In diesem Kapitel erfahren Sie, ...

▶ dass die Pubertät der optimale Zeitpunkt für Freude am Lernen und Denken ist

▶ welche Lernsituationen ein pubertäres Gehirn vorfinden sollte

▶ dass Belehrung als unerträglich empfunden wird

▶ dass wir Jugendliche brauchen, um neu auftretende Probleme zu lösen, für die man noch keine Theorie hat

▶ warum Pubertierende abends länger aufbleiben und morgens länger schlafen müssen

▶ wer nach dem Motto *„Use it or lose it"* arbeitet

EIN LEISTUNGSABFALL
IST NICHT VORPROGRAMMIERT

WARUM FALLEN SO VIELE INS PUBERTÄTSLOCH?

Die Pubertät kommt, die Noten gehen runter. Eltern rechnen schon mit einem Leistungsabfall, sie machen sich keine Illusionen, ihm entgehen zu können. Faktum ist, dass erfreulich viele Kinder ohne Leistungseinbußen durch die Pubertät kommen, einige sogar gerade in dieser Zeit besser werden als bisher und sich als Spezialisten zu erkennen geben – aber über die, die nicht ins Loch fallen, wird weniger gesprochen. Dafür umso mehr über die Kinder mit erschreckendem Leistungsrückgang und eindeutig attestiertem Versagen, allerdings allein festgemacht an den Schulnoten. Die vermeintlichen Ursachen dafür sind schnell zur Hand: Keine Zeit mehr für die Schule, nur Musik und Kumpels im Kopf, keine Tagesstruktur, kein Ehrgeiz, keine Gesprächsbereitschaft mehr, immer am Provozieren, nur noch Klamotten und eben das andere Geschlecht.

- *„Ich weiß nicht, wann Philipp das letzte Mal Hausaufgaben gemacht hat und ausgeschlafen zur Schule ging. Mitten in unserer Familie sitzt ein parasitärer Loser, dem Verblödung droht."*
- *„Nur wenn ein Mädchen vorbeiläuft, wird Torben hellwach. Ist es wieder außer Sicht, fällt er in seinen Dämmerzustand zurück, interessiert sich für nichts mehr und dröhnt sich mit Musik voll."*
- *„So wie der Busen wächst, scheint das Gehirn von Charlotte zu schrumpfen. An nichts erkenne ich meine Tochter wieder, auf die ich einmal stolz gewesen bin. Zuerst war ich verzweifelt, jetzt bin ich nur noch wütend."*

In diesen herben Aussagen kommt die fehlende Vorbereitung auf den wichtigsten Übergang im Leben eines sehr nahen Menschen zum Ausdruck, aber auch das Unverständnis für einen alles bewegenden Entwicklungsabschnitt. Die „Schuld fürs Pubertätsloch" wird allein beim jungen Menschen gesehen und ihm sein Versagen verletzend vor Augen geführt. Nichts Positives an ihm wird wahrgenommen oder gar genannt, nichts, was man stehen lassen oder sogar hervorheben könnte, wird gesehen.

- *„Für meine Eltern ist ihr Kind in der Pubertät gestorben, und ich blieb als ungeliebter Lückenbüßer zurück, bewusst auf Abstand gehalten. Aber das auch nur,*

bis dann einmal um 4 Uhr morgens der Satz kam: Wenn Du als Kind verun-
glückt wärst, könnten wir wenigstens um ein liebes Kind trauern und müssten
nicht wegen eines Irren wahnsinnig werden.“

Vom Pubertätsloch betroffene Eltern glauben nicht daran, dass das jetzt die
Zeit sein soll, in der
- die Bandbreite des Bewusstseins ihren Höhepunkt erlebt und über soviel
  Unterschiedliches wie nie mehr im Leben nachgedacht wird
- die klarsten Moralvorstellungen vorliegen und auch kompromisslos gelebt
  werden
- die grundlegende Strukturierung der Persönlichkeit erfolgt
- eine intensive Auseinandersetzung mit gesellschaftlichen Normen und Wertvorstellungen ansteht
- der IQ ansteigt, da jetzt vermehrt die Möglichkeit besteht, eigeninitiativ
  neue, individuell passende Umwelten aufzusuchen
- bei entsprechender Motivation kognitive und kreative Höchstleistungen zu
  erwarten sind
- die große Mehrheit der Jugendlichen ihren Weg geht und sich durchaus eigenverantwortlich und realitätsgerecht in der Erwachsenenwelt einfindet

Doch das sind alles nachgewiesene Ergebnisse der modernen Adoleszenzfor-
schung.
Wer fällt hier eigentlich ins Pubertätsloch? Einige Antworten dazu sind auch
in Kapitel 8 zu finden.

WENN DER ENTWICKLUNGSPFAD
ZUR VERLIERERSTRASSE WIRD

Die Schule hat ein schlechtes Bild von den Pubertierenden – und die Pubertie-
renden haben ein schlechtes Bild von der Schule. Das trifft nicht für alle Leh-
rer und nicht für alle Heranwachsenden zu, aber für viel zu viele aus beiden
Gruppen.
Es braucht mehr Wissen und auch Visionen, um die verfahrene Situation von
Pubertät und Schule zu verändern.

- In einigen Regionen Asiens gibt man z. B. jungen Menschen die besten Kamele oder Pferde und wirklich erfahrene Reiter an ihre Seite, da ein „schlechtes Pferd und ein schlechter Herr den jungen Menschen für immer zu Schanden reiten können".

- Bei Lehrerfortbildungen, an Pädagogischen Tagen oder in Schulvorträgen in Deutschland kann man dagegen in Pausengesprächen hören, dass im Kollegium mal wieder das Los entschieden hat, welche Kollegen oder Kolleginnen im nächsten Schuljahr in den pubertierenden Klassen Klassenlehrer oder Klassenlehrerin werden müssen.

Schlechte Schulnoten können aus bislang einzelnen losen Problembausteinen eine Geröll-Lawine der Probleme entstehen lassen. Kinder mit massiven Schulproblemen während der Pubertät können in den Jahren zuvor der Stolz ihrer Eltern, für ihre Lehrpersonen erfreuliche Schüler und sozial höchst attraktive Klassenkameraden gewesen sein und lassen deshalb auch mit viel Aussicht auf Erfolg hoffen, dass sie nicht im pädagogischen Flaschenhals der Pubertät stecken bleiben, sondern dass es sich beim momentanen Versagen nur um ein vorübergehendes Tief handelt.

Unter den Kindern mit massiven Schulproblemen finden sich jedoch auch echte Risikokinder, die von Anfang an mit den Leistungs- und Gruppenanforderungen einer Schule Schwierigkeiten hatten, die sich nun deutlich verstärken. Das gilt vor allem für Kinder, die als Außenseiter nie in die Klassengemeinschaft aufgenommen wurden und tagtäglich vor der Schule, auf dem Schulweg, im Pausenhof von Klassenkameraden und anderen Schülern traktiert wurden oder selbst als aggressive Täter auffielen. Zur Abwärtsspirale gehört fast schematisch vorgezeichnet, dass diese Kinder auch von einzelnen Lehrkräften äußerst aggressiv und demütigend angegangen wurden, bis sie dann, nach ausbleibendem pädagogischen Erfolg, von ihnen völlig ignoriert wurden.

Das Team um den Schweizer Psychologen *Fend* hat den Risikopfad der Frühentwickler untersucht (siehe Kap. 3). Eine der kennzeichnenden Auffälligkeiten für Risikoentwicklungen war die „frühe Distanzierung" von der Schule. Das heißt, in der Schule keine geistige und soziale Heimat gefunden zu haben, aber auch keine „Nahrung" für kognitive, motorische oder emotionale Bedürfnisse, geschweige denn Freiraum für Selbstfindung. Hinzu kommt die deutlich erlebte geringe Akzeptanz bei den Lehrern wie bei den Mitschülern. Besonders verletzend wird das offen signalisierte Desinteresse an ihrer Person, an Meinungsäußerungen und Hobbys empfunden, was als Ausgrenzung und massive Kränkung erlebt wird. Berater, die „von außen" zur Entspannung der Situation herangezogen werden, sind bestürzt, wie wenig Lehrpersonen oder Mitschüler über das „Problemkind" wissen. Noch nicht mal oberflächlichstes Wissen über die Familienkonstellation – wie z. B. eine allein erziehende Mutter, wie viele Geschwister oder pflegebedürftige Großeltern mit in der Wohnung leben – ist bekannt. Von langjährigen Hobbys oder echten Spitzenleistungen in Spezialgebieten hat niemand gehört.

Kinder- und Jugendtherapeuten weisen immer wieder darauf hin, dass in dieser Zeit erschreckend wenig auf zunehmende psychosomatische Beschwerden, Anzeichen destruktiver Phantasien oder erste Selbstmordabsichten geachtet wird. Diese Kinder haben zuviel Ablehnung, oft auch innerfamiliäre Gewalt erlebt, so dass es ihnen an den nötigen Kompetenzen für einen sozialen Anschluss fehlt. Sie haben keine Bühne, auf der sie ihre Fähigkeiten präsentieren könnten, weder zu Hause, noch in der Schule. Ihre unzureichenden Leistungen im Schulunterricht und bei Arbeiten lassen keinerlei Rückschlüsse auf ihre Intelligenz zu (siehe Kap. 4).

Weit überzufällig findet man bei diesen Multiproblemkindern eine massive Medienverwahrlosung, d. h. ihr Medienkonsum nimmt solche Ausmaße an, dass er ihr ganzes Leben kennzeichnet und den Aufbau normaler sozialer Beziehungen und sozialer Kompetenzen verhindert.

Es sind anstrengende Kinder, der Umgang mit ihnen ist zeitaufwändig und nicht von schnellem Erfolg gekrönt. Nur wenigen Schulen gelingt es, diese Kinder nicht ins Aus zu katapultieren, sondern sie aufzufangen, was jedoch die Aufgabe jeder Schule wäre. Ein Platz in der letzten Reihe, professionelle Nichtbeachtung, Diskriminierung, Verspottung auch durch Lehrpersonen schaffen den Boden für Extremtaten, ausgeführt von gedemütigten Menschen, die dauernd öffentliche Beschämung erleben, nichts mehr zu verlieren haben und für ihr Leben kaum eine Zukunftsperspektive sehen.

Anerkannte Pubertätsleistungen
sind heute schwieriger zu erbringen.

Unsere Welt hat sich verändert. Die Schule benotet anderes und anders, als die Familiengruppen früher (siehe Kap. 2). Es lohnt sich, in diesem Zusammenhang mal wieder einen Blick in die evolutionäre Anfangszeit der Menschheit zu werfen, denn aus dieser Zeit stammen der Bauplan unseres Gehirns und seine Arbeitsweise.

Welchen Input erwartet das pubertäre Gehirn?

Welche Anreize und Bestätigungen sind im Entwicklungsabschnitt Pubertät nötig? Welche Lernsituationen sollte ein pubertäres Gehirn, dessen Funktionsweise, seine Algorithmen in der Frühgeschichte der Menschheit entstanden sind, heute bei Bildungsangeboten vorfinden? Gehen Sie mit uns auf eine Zeitreise in unsere Stammgeschichte, die manche Impulse der Entwicklungsforschung für eine Veränderung der Pädagogik besser verstehen lässt.

Die Jungen waren die Zukunft aller. Heranwachsende müssen für unsere Vorfahren in der Steinzeit viel offensichtlicher, als das heute beim völlig anonymisierten Generationenvertrag der Fall ist, die Zukunft aller bedeutet haben. Sie waren viel eindeutiger die Hoffnungsträger, denn von ihrer Versorgung und ihrem Schutz waren die älteren Menschen direkt abhängig. Wer als Hoffnung gesehen wird, wird eher mit Achtung behandelt. Durch diese enge Verbundenheit muss jeder begriffen haben, dass man nicht jahrelang die junge Generation und ihre Veränderungsideen ignorieren kann, sie dann aber plötzlich auffordert, mitzumachen und von heute auf morgen große anstehende Aufgaben zu übernehmen.

Die Arbeit und Anstrengung in der Gruppe und für die Gruppe brachte tägliche Bestätigung. Das Leben hat nicht erst Erfolge in 5 bis 10 Jahren in Aussicht gestellt: *„Ich lerne jetzt ganz viel, dann mache ich meinen Schulabschluss, dann kann ich weiter lernen oder studieren, dann bekomme ich einen Arbeitsplatz und arbeite in meinem anerkannten Beruf".* Damals wird es nahezu täglich nach anstrengendem Einsatz Etappenerfolge gegeben haben: *„Heute habe ich ein Wild erbeutet oder eine Wasserstelle gefunden, was mir sofort Anerkennung und Zugehörigkeitsgefühl brachte".*

Ein Misserfolg ging nicht immer wieder erneut negativ in die Gesamtbewertung ein. Mit Sicherheit ist unser Gehirn nicht darauf vorbereitet, dauernd an alte Probleme oder Fehler erinnert zu werden, die noch im Nachhinein die inzwischen erreichten Erfolge schmälern. Die Kleingruppe konnte es sich nicht leisten, defizitorientiert zu sein. Sicher war man an den Ressourcen des Einzelnen und ihrer Förderung interessiert, denn man musste wissen, welche

Kompetenzen in der eigenen Gruppe vertreten waren. Es war ein Anliegen und existentiell wichtig, die Stärken der einzelnen Gruppenmitglieder zu stärken und dadurch auch vorhandene Schwächen auszugleichen.

Das Lernumfeld war gleichzeitig das Leben. Das Thema war: Wie geht Leben? Also keine zwei Parallelwelten „Alltag" und „Schule", von denen man heute oft den Eindruck hat, dass nirgends eine Deckung erlebt wird und die eine Welt nichts mit der anderen zu tun hat.

Es gab ein direktes hautnahes Erleben aller Spezialisten oder Berufsgruppen in Aktion. Von ihnen wurde gelernt. Mit Echtmodellen und ihrer Bedeutung vor Augen fiel die Antwort auf die Frage *„Was will ich können?"* und *„Wo bin ich gut?"* wesentlich leichter.

Für jede Frage oder Idee wird es nicht nur Experten, sondern auch antwortbereite Ansprechpartner gegeben haben. Gesprächspartner waren da, zumeist sogar vertraut. Sie haben auf die Fragen der Jugendlichen gewartet, da das durch Fragen gezeigte Interesse der jungen Menschen wichtig für den Erfolg, ja den Fortbestand der Gruppe war. Man kann davon ausgehen, dass die Themen der jungen Menschen auch die Themen der Alten, auch der Etablierten waren.

Es gab für die Altersgruppe der Jugendlichen nur echte Aufgaben mit echten Konsequenzen, sicher auch mit Gefahr verbunden. Keine Pseudoaufgaben mit Pseudokonsequenzen, aber durchaus anhaltend negativem Nachklang, falls etwas nicht gut lief. So lernte man auch eine Aufgabe zu Ende zu führen, weil man das Ergebnis tatsächlich brauchte, dieses vielleicht sogar die Voraussetzung für etwas noch Wichtigeres war.

Wer Wissen, Fähigkeiten und Lebenserfahrung vermittelte, war seit langem vertraut. Vielleicht bestand sogar eine gegenseitige Freundschaft zwischen Lehrendem und Lernendem, ein Umstand, der die so wichtige wechselseitige Akzeptanz einfacher macht. Bildung hatte von Anfang an viel mit Beziehung zu tun, mit gewachsener Beziehung. Das ist die Startvoraussetzung für unser Gehirn, um sich angesprochen zu fühlen.

Eigene Erfolgserlebnisse bedeuteten automatisch auch Erfolgserlebnisse für die Gruppe. Erfolge wurden nicht nur von der zwar für den Jugendlichen äußerst wichtigen Peer Group (siehe Kap. 6) wahrgenommen und bestätigt, sondern die Gesamtgruppe signalisierte Wertschätzung und dadurch auch Akzeptanz.

Es gab ein gemeinsames Gruppenwissen. Sich bewährende Ideen der Jungen gingen genauso in den Erfahrungsschatz ein. Wodurch jeder von jedem profitieren konnte, nicht nur die Jungen von den Alten. **Risiko, Abenteuer und Grenzgänge mussten nicht ausschließlich außerhalb der Gruppe stattfinden.** Sie gehörten zum Alltag, waren nicht im Verbotenen angesiedelt und deshalb nicht zum gefährlichen Provozieren geeignet. Man kann sich vorstellen, dass ein junger Mensch von der Sippe zum riskanten Erkunden, zum Abenteuer geschickt wurde, auf seinen Aktionen begleitet vom physischen wie psychischen Rückhalt der anderen Gruppenmitglieder. Es ging um echte Herausforderungen, gefährlich aber auch als wichtig anerkannt und als wertvoll eingestuft. *„Ich weiß, warum ich es mache und sehe einen Sinn darin. Einen Sinn, der mich nicht von den anderen wegkatapultiert, sondern fester in die Gruppe einbindet."*

Alle diese Punkte werden die Identitätsfindung wesentlich erleichtert haben. In vielen verschiedenen Lebensaspekten wird ein nahezu täglicher Erfolg den nächsten wahrscheinlicher gemacht haben. Es war nicht wie heute, dass jemand, der im Fußballverein höchst erfolgreich ist, trotzdem am nächsten Tag in der Schule absolut verlieren kann, ohne ein identitätssicherndes Polster aus seinem Stärkebereich mitnehmen zu können. **Es gab Zeiten höchster Anspannung und genauso tiefe Entspannungsphasen.** Beides wurde von den Erwachsenen akzeptiert. Weil die Anstrengung ernstgenommen und als wichtig gesehen wurde, wurde „Faulenzen" ebenso für wichtig gehalten und nicht nur toleriert. Von echten Entspannungszeiten profitierten Konsolidierungsprozesse im Gehirn. **Man geht davon aus, dass in wirklich neuen Arbeitsbereichen oft anfangs primär ausprobiert wurde und erst nach einigem Experimentieren abstraktes Nachdenken ohne Handlungsbezug angesagt war.** Heute starten viele Lernangebote damit, dass etwas in abstrakter Form gelernt werden muss, lange bevor kleine Schritte des Handlungsablaufs tatsächlich nachvollzogen werden. Unser Gehirn scheint jedoch mit dieser Reihenfolge, noch immer typisch für die Schule, mehr Schwierigkeiten zu haben. **Alle hatten weitgehend dieselben Informationen zur Verfügung.** Neue Infos waren für alle interessant, jeder „bedachte" sie unter seinem Blickwinkel und bereicherte dadurch den Austausch mit seiner individuellen Sichtweise. Wir haben aber heute eine ungeheure Vielfalt und Menge an Informationen, die wir gar nicht wissen müssen. Es ist mühsam, zuerst zu klären, welche Neuigkeiten informieren mich, setzen mich in Kenntnis, kann ich verstehen, lassen mich weiterdenken und betreffen mich? Unser Gehirn ist sicher nicht mit der jetzt üblichen Beliebigkeit, Austauschbarkeit und fehlenden Verbindlichkeit von „News" vertraut. Es wird oft nicht wissen, wie es damit umzugehen hat, und wird in verunsichernden Situationen je nach Persönlichkeit mit Angst und Rückzug oder mit Angst und darauf folgender Aggression reagieren.

VORAUSSETZUNGEN FÜR LERNERFOLGE

Genügend Voraussetzungen für Lernerfolge unseres Gehirns sind bekannt, um ab morgen in den Schulen etwas zu ändern.

Die amerikanische Neurobiologin *Lise Eliot* weist in ihrem Standardwerk *„Was geht da drinnen vor?"* darauf hin, dass eine fürsorgliche, empathische, aber nicht übergriffige Erziehung, in der Angebote und Reaktionen den kindlichen Entwicklungsstand, das Momentanbefinden des Kindes und seine aktuellen Themen einbeziehen, als das Merkmal gilt, das den größten Anteil daran hat, dass sich „Rohintelligenz" in kompetente Lebensbewältigung umsetzen kann. Identisches gilt für das Gehirn Pubertierender, denn es ist dasselbe Gehirn.

Kindern und Jugendlichen kann man nichts beibringen, sie bilden sich letztlich selbst, auf der Basis dessen, was ihnen ihre Lebensumwelt anbietet. Der Pädagoge *Gerd Schäfer* (2003) weist darauf hin, dass Bildung und Lernen nicht so funktionieren, dass Wissen von jemandem, der etwas weiß, zu jemandem, der etwas noch nicht weiß, also hier ein Defizit hat, transportiert wird. Erst wenn gemeinsam an den richtigen Fragestellungen und Antworten gearbeitet wird, kommt es zu einem erweiterten Verständnis.

Wir können aus eigenen Erfahrungen lernen, aus dem, was wir selbst wahrgenommen, geordnet, in Bilder gefasst und schließlich in Sprache übersetzt haben, das ist **Lernen aus 1. Hand**. Unter **Lernen aus 2. Hand** verstehen wir die Übernahme von Erfahrungen anderer, von denen diese uns berichten. Das Lernen aus 2. Hand geht schneller. Man muss nicht selbst wahrnehmen und über seine Wahrnehmungen nachdenken, sondern bekommt die Gedanken bereits logisch geordnet geliefert. Aber hier taucht auch das Problem auf:

Man kann eigene Erfahrungen in Sprache fassen, aber umgekehrt kann man Mitgeteiltes nicht unmittelbar in Erfahrung umwandeln.

Das heißt, Erfahrungen, die einem Kind oder einem Jugendlichen mitgeteilt wurden, sind dadurch noch lange nicht zu seinen Erfahrungen geworden. Sicher weiß der junge Mensch dadurch etwas, aber um derart Mitgeteiltes begreifen zu können, in seiner Bedeutung einschätzen, es gar realistisch überprüfen und in ein anderes Gedankenszenario einsetzen zu können, muss er reale Erfahrungen gemacht haben, vor deren Hintergrund er das Mitgeteilte in bereits Bekanntes einordnen kann. *Schäfer* stellt hier die kritische Frage: *„Wie viel reale Erfahrung braucht ein Kind, um Erfahrungen, die ihm über die Sprache vermittelt werden, richtig verstehen, einschätzen und deuten zu können?"* (*Schäfer* 2003).

Vermutlich ignoriert oder unterschätzt man vor allem die Formen der Bildung, die aus eigenen Erfahrungen entstehen. Es geht um die Fähigkeit, neu auftretende Probleme zu lösen, für die man noch keine Theorie hat, sondern erst eine finden muss. Genau das wird die Aufgabe junger Menschen sein, nicht im Alleingang, sondern im sozialen Miteinander, während Interaktion und Kommunikation, d.h. beim gemeinsamen Handeln, Sprechen, Produzieren und Denken.

Jeder Mensch muss von sich aus aktiv werden. Die Neurobiologie lehrt, dass unsere Hirne die Denkfähigkeiten entwickeln, die in einem bestimmten Umfeld gebraucht werden, und diejenigen sich zurückbilden, die keine soziale Resonanz finden. Wenn man hier weiter denkt, muss man überlegen, was es bedeutet, dass Kinder als Entdecker und Erfinder auf die Welt kommen, ihnen aber unser Bildungssystem abverlangt, hauptsächlich das zu tun, was die Gesellschaft verbindlich erwartet und dabei die Sinnesfähigkeiten, Vorstellungswelten und erfinderischen Gedanken der Kinder und jungen Erwachsenen immer weniger zu Wort kommen lässt. Wir erziehen mit unserem Schulsystem **passive Konsumenten**.

Das haben viele Entwicklungsforscher erkannt, doch *Schäfer* hat es auf den Punkt gebracht: Unsere Kinder und Jugendlichen haben **auf Rezeptivität getunte Gehirne**, (d.h. auf möglichst schnelle Aufnahmefähigkeit von Angeboten getrimmte Gehirne) aber keine, die plötzlich wieder neugierig, selbständig, geist- und lustvoll neue Probleme angehen wollen, zu denen noch keine „Lösungsangebote" vorliegen.

Es geht nicht darum, wie bereits *Heraklit* feststellte, ein Fass zu füllen, sondern eine Flamme zu entzünden.

WIE MÜSSEN SCHULEN, „DIE TREIBHÄUSER DER ZUKUNFT", AUSSEHEN?

Diese spannende Frage stellt *Reinhard Kahl* in seinem äußerst sehenswerten, gleichnamigen Film. Alle Schultypen brauchen frischen Wind. Es gibt viele Visionen, deutlich voneinander abweichende Modelle, aber auch eindeutige Erkenntnisse – zum Beispiel:
- Belehrung wird immer und überall als unerträglich empfunden.
- *„In absehbare, mich interessierende Projekte, bei denen ich weiß, wofür ich es mache – da würde ich mich garantiert voll reinknien".*
- *„Ohne ¾-Stunden-Takt, bei mehr Mitgestaltungs-Möglichkeit und Eigenverantwortung, mehr Zutrauen in meine Leistungsfähigkeit würde ich in Grenzen alles geben".*

In diesen Zusammenhang gehören aber auch die Beobachtungen des Pädagogen *Hartmut von Hentig* (1993) zur schulisch nicht mehr aufzufangenden immer intensiveren Langeweile und Abstumpfungstendenz von dauernd „bespielten" Kindern und Jugendlichen ohne Eigenaktionen mit Lebensbezug, ohne die Beschäftigung mit Notwendigkeiten.

Schulkonzepte sollten auf jeden Fall berücksichtigen, dass selbst gestaltbare Freiräume von Jugendlichen weit attraktiver erlebt und viel engagierter genutzt werden als pädagogisch vorgestaltete Schonräume mit einschränkenden Vorgaben und zum Startzeitpunkt bereits festgelegtem Endziel.
- *„Wir tun so, als ob wir Ideen haben dürften, selbst planen und unsere Aktionen in Eigenregie durchführen könnten".* So beschrieben 16-Jährige den Grundtenor ihrer Projekttage.

Lernziele, die das Erkennen individueller Fähigkeiten in weitgehend eigenverantwortlichen Projekten zum Ziel haben, können, wenn sie richtig verstanden und konsequent umgesetzt werden, nicht nur Lernmotivation und Kompetenzen steigern, sondern auch einen wesentlichen Beitrag zum Selbstwertgefühl des einzelnen Jugendlichen liefern. Gelingt das, wird genügend Motivation vorhanden sein, die nächste, vielleicht noch anspruchsvollere Aufgabe zu übernehmen.

Schulkonzepte sollten jedes Mädchen und jeden Jungen auf ihrem Bildungsweg kompetent begleiten und Fortschritte – speziell für die Jugendlichen selbst – erlebbar machen. Denn das steigert die Motivation zum Vorwärtsgehen, auch wenn es mal anstrengend wird.

Viele Pädagogen, aber vor allem die Sozialwissenschaftler, führend *Klaus Hurrelmann*, fordern in diesem Zusammenhang eine grundlegende Veränderung der Schulstruktur. Die allein in Deutschland immer noch übliche frühe Aufteilung der Schüler nach der 4. Grundschulklasse in mindestens 3 unterschiedliche Schulformen ist unter sozialen Gesichtspunkten in dieser Form nicht länger tragbar, auch wenn es noch an Daten fehlt, ob unter bestimmten Umständen in diesem Schulsystem bessere Leistungen erbracht werden können. Nirgendwo in Europa ist der Zusammenhang zwischen sozialer Herkunft eines Kindes und seiner Leistungsbilanz so stark ausgeprägt und nachwirkend wie in Deutschland. Vor allem in den Hauptschulen entstehen selbst bei größtem pädagogischen Einsatz höchst problematische Lernmilieus. Es fehlt unter den Schülern an gegenseitiger Anregung, stattdessen kommt es zu kollektiver Demotivation. Es ist nachgewiesen, dass diese desillusionierende Schulatmosphäre zu einer starken strukturellen Benachteiligung der Hauptschüler führt und nicht in der Lage ist, vorhandene soziale Handicaps zu verringern, im Gegenteil. Deshalb plädieren pädagogische Weiterdenker für eine Umstrukturierung des Schulsystems, z. B. für einen Zusammenschluss von Haupt-, Real- und Gesamtschulen zu einer einheitlichen Schulform mit einem eigenen, auf Interdisziplinarität und Projektarbeit, Lebenswelt- und Praxisbezug ausgerichteten Konzept (*Hurrelmann*, Süddeutsche Zeitung 190, Montag, 20.8.07, S.16). Ein interessanter Gedanke, vor allem, wenn das Kollegium und Schulangebot wie geplant auf sozialpädagogische und psychologische Fachkräfte, ein Nachmittagsangebot in Zusammenarbeit mit vielen Trägern, Schülerfirmen und Kontakte zur lokalen Wirtschaft ausgedehnt wird. Eine derart geplante „andere Schule" könnte durchaus für das Gymnasium eine gesunde Konkurrenz darstellen. Denn dann müsste sich auch dieser Schultyp mit bislang fast ausschließlich wissenschaftsorientiertem Allgemeinbildungsprogramm um mehr Elemente mit Lebenswelt- und Praxisbezug bemühen, denn Selbstwirksamkeitserfahrungen in weitgehend eigenverantwortlicher Projektarbeit täten allen Jugendlichen bei der Identitätssuche gut.

BLÜTEZEIT PUBERTÄT

Die Pubertät ist der optimale Zeitpunkt, die Freude am Lernen und Denken zu erhalten, sogar zu steigern. Größtmögliche Gehirnaktivität ist gefragt. Wie wir gleich sehen werden, haben die Lebens- und Lernerfahrungen eines Jugendlichen enorme Rückwirkungen auf die ihm im Erwachsenenalter zur Verfügung stehende Gehirnstruktur. Der amerikanische Hirnforscher *Jay Giedd* ermuntert junge Leute: *„Ihr entscheidet selbst über die permanenten Verschaltungen in eurem Gehirn ... Willst du es durch Sport zur Reifung bringen, durch das Spielen eines Musikinstruments oder durch das Lösen mathematischer Aufgaben? Oder indem du auf der Couch vor dem Fernsehapparat liegst?"*

Eines hat die Entwicklungsforschung der letzten Jahre deutlich gezeigt: Das Zusammenleben zwischen Kindern, Jugendlichen und Erwachsenen ist höchst unzutreffend beschrieben, wenn vom Zusammentreffen zwischen Unwissenden und Wissenden ausgegangen wird. Ein von Erwachsenen und Heranwachsenden gemeinsam getragener Erfahrungs- und Kommunikationsprozess muss möglich gemacht werden.

Die Jugendlichen bringen so viel Lebendiges mit in die Schule. Doch dieses Selberdenken, diese naive Respektlosigkeit beim Hinterfragen, diese ungebändigte Kreativität gewöhnen Erwachsene Jugendlichen unbedachterweise bei der Art „von außen zu unterrichten" ab. Es ist die Aufgabe von Schulen, Kindern und dann Jugendlichen den Zugang zum Wissen zu ermöglichen, sie zum Handeln zu befähigen, vielfältigste Lernprozesse anzuregen, sie Kompetenzen und Qualifikationen erwerben zu lassen. Jede Schülerin, jeder Schüler muss in der Schule seinen Platz finden und seinen Weg machen dürfen. Doch das gelingt den Schulen bei viel zu wenigen Kindern.

Die Voraussetzungen für erfolgreiches Lernen sind bekannt. Woran hakt es dann immer noch?

Es lohnt sich, nochmal einen Blick auf die Schutzfaktorenliste von *Frick* zu werfen (siehe Kap. 4). 13 der 15 von ihm aufgelisteten schützenden Faktoren können auch durch schulische Angebote direkt bedient und gefördert werden. Wer sonst als die Schule ist so geeignet, ein unterstützendes Netz außerhalb der Familie zu bieten und erleben zu lassen? Neben der Familienzeit wird in dieser Institution die meiste Zeit verbracht.

Die Erfahrung von Sinn, Struktur und Bedeutung in der eigenen Entwicklung, das Gefühl von Eingebundensein und die Verankerung nach klaren Richtlinien gehören zu den schulischen Aufgabengebieten.

Schon die heutigen Fächer umfassen Angebote, die einen Beziehungsaufbau zur Natur, Förderung von Fantasie und Kreativität, Schreiben und Lesen zur Erschließung neuer, anderer Welten vorbereiten und ausbauen können.

Schule muss als Lern- und Lebensort attraktiv werden. Das gelingt ihr am ehesten durch das Angebot einer emotional warmen, offenen, aber auch strukturierten und normorientierten Erziehung.

Lehrpersonen wären prädestiniert, als soziale Modelle zum konstruktiven Bewältigen zu ermutigen und anzuregen und dosierte soziale Verantwortlichkeit und individuell angemessene Leistungsanforderungen erleben zu lassen.

Von ihnen muss man Problembewältigung und den aktiven Umgang mit Belastungen erlernen – durch das Erleben von Herausforderungen im Schulalltag.

Wo sonst als in der Schule sollten Kompetenzen gefördert werden, vielleicht sogar so, dass nicht mehr strikt zwischen guten Schulleistungen und Erfolgen bei individuellen Hobbys unterschieden wird, sondern jedes Engagement wahrgenommen, beantwortet und durch neue Aspekte bereichert wird.

Vielleicht muss Schule zu in den Alltag integrierter Lernwerkstatt oder zum Lerndorf mit Wissenstankstelle werden, um die richtige Lebenswelt für Kinder zwischen 6 und 18 Jahren zu sein, in der auch ein positives Welt- und Menschenbild, Optimismus und Humor zum Alltagserleben gehören.

Machen wir Erwachsenen uns genügend Gedanken darüber, wie Erfolg versprechende Herausforderungen aussehen? Vor allem Lehrpersonen muss klar sein, dass kommunikative Fähigkeiten, eine realistische Zukunftserwartung, günstige Selbstwirksamkeits- und internale Kontrollüberzeugung, Selbstvertrauen sowie ein positives Selbstbild einen lebenslangen Schutz darstellen.

Der Schule fehlt der salutogenetische Blick der modernen Medizin. Sonst würde sie alles daran setzen, Mädchen wie Jungen Vertrauen in ihre eigenen Fähigkeiten zu vermitteln und eine optimistische Zuversicht in die eigene Handlungsfähigkeit zu stärken. Dann würden sich Lehrpersonen – so meint *Gerald Hüther* – Kindern und Jugendlichen als Begleiter anbieten, damit sie eine Vorstellung oder wenigstens eine Vision davon erhalten, weshalb sie auf der Welt sind, wofür es lohnt, sich anzustrengen, eigene Erfahrungen zu sammeln, sich möglichst viel Wissen, Fähigkeiten und Fertigkeiten anzueignen. Kinder brauchen Orientierungshilfen, äußere Vorbilder und innere Leitbilder, die ihnen Halt bieten und an denen sie ihre Entscheidungen ausrichten. Dann können sie sich im Wirrwarr von Anforderungen, Angeboten und Erwartungen zurechtfinden.

Sie brauchen aber auch jemanden, der ihnen zeigt und beweist, dass sie etwas können. Es gilt, dem umfassenden Defiziterleben, das viele Pubertierende quält, etwas entgegenzusetzen, was eine positive Identitätsfindung in der Schule ermöglicht. Es braucht sehr viel Rückhalt, damit ein junger Mensch realistisch planen und handeln kann und die dazu erforderliche Motivation, Ausdauer und Weitsicht entwickelt.

Gerade die Schule und andere Ausbildungsstätten könnten Jugendliche auf den Chancenweg bringen, wenn sie umdenken würden.

Das Verhalten der Entwicklungsbegleiter, egal ob Eltern oder Lehrpersonen, ist maßgeblich daran beteiligt,

- ob aktive Problemlösestrategien gelernt oder abgeschaut werden können
- ob wiederholt konsistente Erfahrungen gemacht werden können und dadurch Verständnis erleichtert wird
- ob Interaktionsverhalten vorhersagbar und dadurch verlässlich ist
- ob individuelle Anforderungen weder zuviel noch zuwenig verlangen
- ob an der Gestaltung von Lernsituationen partizipiert werden darf

Was könnten Jugendliche leisten, wenn ...

man während der Pubertätsjahre den pädagogischen Angebotsrahmen den besonderen Lebensbedingungen von Jugendlichen anpassen würde, z.B.

- ihrem Aktivitätsrhythmus
- ihrer aktuellen Gehirnsituation
- ihren sozialen Anforderungen

WENN DIE NACHT ZUM TAG WIRD –
DER BESONDERE AKTIVITÄTS-RHYTHMUS

Jugendliche neigen dazu, abends länger aufzubleiben und morgens länger zu schlafen. Diese Besonderheit ist so auffällig, dass es Wissenschaftler gibt, die den Erwachsenenstatus eines Menschen daran festmachen, dass er abends wieder freiwillig ins Bett geht.

„Mach nicht die Nacht zum Tag, geh früher ins Bett", ist der Startsatz für eine hoffnungslose Diskussion. Das konnte die amerikanische Schlafforscherin *Mary Carskadon* in vielfältigen Untersuchungsdesigns nachweisen.

Es gibt tatsächlich einen biologischen Grund und nicht „nur" psychosoziale Anlässe für diese nächtlichen Ausschweifungen und die morgendliche Verpenntheit: Die Zirbeldrüse im Gehirn produziert das müde machende Melatonin während der pubertären Wachstumsphase mit einer täglichen Verspätung von etwa zwei Stunden. Weil das Melatonin später ausgeschüttet wird, meist erst gegen 22:30 Uhr, werden Jugendliche später müde, meist erst gegen Mitternacht. Morgens verbleibt das Melatonin aber auch länger im Gehirn, so dass die Spätschläfer morgens auch später munter werden. Mit fortschreitender Pubertät wird das Melatonin sogar immer noch etwas später produziert.

Eine weitere pubertäre Besonderheit kommt hinzu. Pubertierende haben einen weit höheren Schlafbedarf als Erwachsene. Ihnen reichen 7 - 8 Stunden pro Nacht, der durchschnittliche Schlafbedarf Erwachsener, nicht aus. 10 - 12 Stunden zu schlafen, ist für sie kein Luxus, sondern Notwendigkeit. Bekommen Jugendliche in der Nacht weniger als 9 Stunden Schlaf, leiden sie unter massivem Schlafmangel. Die Wahrscheinlichkeit, dass sie vormittags irgendwo einfach einschlafen, ist sehr groß. Wie groß ihr Schlafmangel gerade vormittags ist, zeigt die Tatsache, dass sie bei der ersten mehr oder weniger passenden Schlafgelegenheit sofort in die REM-Schlafphase fallen.

Könnten sich die jungen Menschen auf ihre veränderte Schlafsituation einstellen, wäre diese natürliche Phasenverzögerung und Schlafverlängerung kein Problem. Doch unser heutiger Alltagablauf, Schul- und Arbeitsbeginn sowie elterliche Nachtruhevorstellungen stehen diesem Bedarf konträr gegenüber. Schlechte Schulleistungen und psychische Niedergeschlagenheit sind die logische Folge dieser fehlenden Passung. Chronobiologen wie *Jürgen Zulley* kämpfen dafür, dass diese Rhythmusbesonderheiten wenigstens bei schulischen Leistungsüberprüfungen berücksichtigt werden.

Über die Gründe für diese Phasenverschiebung kann bislang nur spekuliert werden, zumal noch nicht geklärt ist, ob es einen direkten Zusammenhang zwischen der Melatonin-Phasen-Verschiebung und dem Hirnumbau gibt und ob sie für Lerchen (Frühaufsteher) wie Eulen (Spätaufsteher) gleichermaßen zutrifft:

• Vielleicht war es in den frühen Zeiten der Menschheitsgeschichte wichtig, dass junge Menschen aufgrund ihres guten Seh- und Hörvermögens, ihrer

Reaktionsschnelligkeit und Körperkraft die Schlafwache für die Familiengruppen übernahmen

- Vielleicht haben wir hier einen positiven (Neben-)Effekt für unsere heutige
Zeit, weil es so zu weniger Jung-Alt-Kontakten in den sensibleren frühen
Morgen- und späten Abendstunden kommt, so dass die gemeinsamen Haupt-
aktivzeiten mit weniger aufreibenden Aggressionen ablaufen können.

Für die Schule ist die Beantwortung dieser Frage nur theoretisch interessant.
Hochinteressant ist dagegen die Praxisrelevanz des Phänomens als solchem:
Ein für Pubertierende physiologischerer Schulbeginn und Tagesablauf würde
weit bessere Leistungsergebnisse und ein anderes „Klima" möglich machen.

Das Gehirn baut in der Pubertät um. Das ist keine Panne, sondern Voraussetzung für größte Flexibilität und Denkfreiheit.

In den letzten Jahren entdeckten Gehirnforscher, wie z. B. *Jay Giedd* aus Ma-
ryland bei der Untersuchung von über 100 pubertierenden Gehirnen mit dem
Kernspin-Resonanz-Verfahren eine Sensation: Das Gehirn ist in dieser Zeit
eine einzige Baustelle! Warum leistet sich das Gehirn in einer sowieso höchst
komplizierten Zeit eine so intensive Umbauphase? Und warum ändert sich die
Gehirnarchitektur?

Das hat natürlich einen Grund: Die Umbauphase geschieht als Voranpassung
an die zukünftig neu anstehenden Anforderungen und zunehmende Verantwortlichkeit für sich und andere. Der junge Mensch muss sich jetzt neu orientieren, er wechselt von der Welt der Kinder in die Welt der Erwachsenen, was
für das Gehirn die Übernahme neuer Aufgaben bedeutet. Die menschliche Entwicklung bietet hier die einmalige Chance, nochmals mit größtmöglicher Flexibilität auf die jeweils individuelle Umgebungsstimulation und Erwartungen
der Sozialgruppe zu reagieren. Nur durch diese evolutionäre Besonderheit wurde die Möglichkeit geschaffen, sich optimal an das anzupassen, was jetzt von
einem jungen Erwachsenen erwartet wird und wie er sich in die Gesellschaft
einbringen kann und möchte.

Zu Beginn der Pubertät erlebt das menschliche Gehirn nochmals einen unge-
heueren Wachstumsschub. Vor allem die Großhirnrinde, der sogenannte Kortex, der für alle kognitiven Aufgaben zuständig ist, nimmt gewaltig an Volumen
zu. Die langen Fortsätze der Nervenzellen werden mit Myelin, der sogenannten

weißen Gehirnsubstanz umhüllt. Dank dieser Isolation werden die Nervensignale nun 30-mal schneller weitergeleitet und erreichen Geschwindigkeiten von 100 Metern in der Sekunde. Außerdem kommt es zu Myriaden neuer Verschaltungen, mit deren Hilfe Informationen verarbeitet und gespeichert werden können. Aber nur die Verknüpfungen, die jetzt häufig beansprucht werden, bleiben erhalten und werden durch den Gebrauch noch verstärkt. Denken und geistiges Arbeiten wird belohnt. Verknüpfungen, über die kaum Nervensignale weitergeleitet werden, verkümmern und verschwinden. Wird das Gehirn jetzt nicht gefordert, häufig, vielfältig und intensiv, schaltet es auf Sparflamme, die Rückschritte sind direkt in der Gehirnarchitektur nachweisbar. *„Use it or lose it"* – ist das Motto! Man muss sich diese Vorgänge als eine Art Selbstorganisation des Denkapparats vorstellen, bei der nur die meistgenutzten Synapsen überleben.

Die Pubertät ist also eine Zeit, in der es wirklich nachhaltig schlimm ist, den Pubertierenden nichts Motivierendes zum Denken zu bieten, denn ungeheuere Potenzen warten auf Nutzung, um bestehen zu bleiben. Was jetzt nicht genutzt wird, wird abgebaut.

Barbara Strauch (2004) gelang eine präzise, gut zu lesende Zusammenfassung der spektakulären Ereignisse im Gehirn und ihrer Folgen für das Verhalten Jugendlicher. Wenn man das Wichtigste zusammenfasst, sieht der Ablauf der pubertären Gehirnumbauphase so aus:

Im motorischen und sensorischen Kortex, zuständig für Bewegung und Sinneswahrnehmung sind die baulichen Veränderungen am schnellsten beendet. Im sprachlichen Bereich dauert die Feinjustierung etwas länger.

Vom Umbau, zeitlich wie inhaltlich, ist vor allem der sogenannte präfrontale Kortex betroffen, eine Gehirnregion, in der Impulse und Regungen gehemmt oder gesteuert werden. Das Frontalhirn braucht insgesamt etwa 25 Jahre, um „erwachsen" zu werden. Es ist für komplexe Interaktionsaufgaben im menschlichen Miteinander zuständig. Alles, was mit Planung, Prioritätensetzung, Impulsregulation oder Abwägen von Konsequenzen zu tun hat, findet hier statt, und dieser wichtige Bereich ist nun tatsächlich zeitweilig außer Kraft gesetzt. Das bedeutet, dass es viel Unruhe und Durcheinander beim Denken und Planen gibt. Das heißt aber auch, dass in diesen Jahren Jugendliche von ihren Eltern und Lehrern verantwortungsvolle Begleitung brauchen – notfalls auch gegen ihren Widerstand, um möglichst unversehrt durch diese schwierige Zeit zu kommen, bis ihr Gehirn und somit sie wirklich in der Lage sind, für ihr Handeln Verantwortung zu übernehmen, verantwortungsvoll mit sich und anderen umzugehen. Der Neustart als Erwachsener sollte nicht durch Altlasten, Folgen von Jugendsünden eingeschränkt sein.

Wie sollte diese dringend notwendige Begleitung aussehen: großes Interesse und hohe Ansprechbarkeit, einzulösen als jederzeit zur Verfügung stehende Gesprächsbereitschaft, wohlgemeinte und überlegte Ratschläge, Klarheit bei nicht zur Diskussion stehenden Pflichten und Grenzen, alles ohne beschämende Zurechtweisung, erniedrigende Übergriffigkeit und generalisierte Herabsetzung, immer mit möglichst viel Achtung vor der Persönlichkeit des jungen Menschen, auch wenn hierbei vom Erwachsenen vielmals hohe Frustrationstoleranz gefordert wird. Diese für den jungen Menschen deutlich spürbare immer noch vorhandene Abhängigkeit widerspricht in starkem Maße seinem jetzt extrem vorhandenen Bedürfnis nach Autonomie und selbst gemachten Erfahrungen. Trotzdem ist sein Wunsch nach Nähe zeitweilig ebenso stark vorhanden, wie zu anderen Zeiten die kompromisslos geäußerte Forderung nach Distanz und Eigenleben. Diese gelebte Ambivalenz ist einer der Hauptgründe für die vielen massiven Auseinandersetzungen in dieser Zeit.

Jetzt sind die Erwachsenen gefordert: Nach heutigem Wissen praktizieren Eltern und Lehrer, die ihre oder die ihnen anvertrauten Kinder in dieser Zeit nicht unterstützen und Erziehung nicht ernstnehmen, eine Form von fahrlässiger Vernachlässigung.

Es gibt noch einen weiteren Grund, weshalb es vermehrt zu lautstarken und vehementen Auseinandersetzungen kommt: Bei Aussetzen des Präfrontalhirns wird der Mandelkern aktiver. Dieser – evolutionsbiologisch gesehen - „alte" Teil des Gehirns speichert bevorzugt Reaktionsmuster auf dramatische Ereignisse. Er ist für die alterstypische Begeisterung für Kampfspiele, Thrill und Sensationssuche verantwortlich, sein Leitthema ist: Suche nach Action, Wettkampf und Gefahr. Recht ungünstig, da die nun 2- bis 3-mal so hohe Risikobegeisterung mit einer mangelnden Abschätzung möglicher Konsequenzen des riskanten Verhaltens einhergeht. Hinzu kommt, dass der Nucleus accumbens, das so genannte Belohnungszentrum des Gehirns, bei Pubertierenden bedeutend weniger aktiv ist. D.h. er braucht viel stärkere Reize, um etwas als belohnend oder beeindruckend zu empfinden. Mit anderen Worten: Man muss Jugendlichen etwas bieten, um sie zu begeistern.

Betrachtet man die Arbeitssituation des Gehirns während der Pubertät, dann sollte jede und jeder Jugendliche mit einem Button auf der Brust herumlaufen: *„Wegen Umbauten ist vor allem in folgenden Bereichen in den nächsten 2-3 Jahren mit Behinderungen zu rechnen: Impulskontrolle, Handlungsplanung und Umgang mit Emotionen. Wir entschuldigen uns für Unannehmlichkeiten und danken für Ihr Verständnis!"*

DAUERND UNTER STROM STEHEN – DER FAST UNBEMERKTE SOZIALE STRESS DER PUBERTÄT

Es ist ein rundum beanspruchendes Erlebnis heranzuwachsen und fast täglich zu spüren, wie sich Körper und Seele, Aussehen und Gedankenwelt verändern (siehe Kap. 6 und Kap. 5). Besonders an der Umstellung der Bevorzugung des eigenen Geschlechts auf die Bevorzugung des anderen Geschlechts hat ein junger Mensch zu nagen. Es ist durchaus normal, das andere Geschlecht anfangs keineswegs nur attraktiv zu finden und den Umgang mit ihm zwar verlockend aber auch höchst anstrengend. Typisch für die Pubertät ist, dass alle Emotionen überstark erlebt werden, was im täglich anstrengenden Umgang mit den Eltern für beide Seiten den reinen Stress bedeuten kann. Im Umgang mit den Altersgenossen, vor allen Dingen auch mit denen des jeweils anderen Geschlechts, ist das bald von großem Vorteil, weil nun Emotionen – und zwar gezeigte – gefragt sind. Obwohl diese Gefühlsausbrüche wichtig sind, werden sie auch von Jugendlichen als äußerst Kräfte zehrend und irritierend erlebt und blockieren darüber hinaus lange Zeit sachliche und logische Gedankengänge.
Auch die soziale Intelligenz ist in dieser Zeit verlangsamt, Empathiefähigkeit ist zwar vorhanden, die dazu nötigen Reaktionen sind aber verzögert, was schnell zu lästigen Missverständnissen führt.
Häufige Irritation mit oft tief gehender Betroffenheit bereitet den Weg für rigide, kompromisslose Reaktionen vor, da nur diese auf den ersten Blick erfreulich eindeutig sind. So fallen bei Jugendlichen sehr klar geäußerte Moralvorstellungen auf, vor allen Dingen elterliches Verhalten betreffend. Ein unkontrollierter Ausbruch eines Vaters gegen den Jugendlichen selbst oder gegen andere Familienmitglieder, wobei der junge Mensch nur Zeuge der Szene wurde, kann zur Folge haben, dass der Vater für ihn „gestorben" ist, eine Rigidität, die beide Seiten lange leiden lassen kann. Trotz allem Stress erleichtert

aber gerade diese gelebte Klarheit die eigene Meinungsbildung und Identitäts-findung, trotz massiver Konflikte im Umfeld.

Der soziale Stress in diesem Entwicklungsabschnitt ist ein Grund, warum Jugendliche soviel und so oft „chillen" d.h. sich erholen, über nichts nachdenken, einfach nur abhängen ...

Dieses totale Relaxen scheint nötig zu sein, um wieder „in die Spur zu kommen", ist aber nur theoretisch von außen nachvollziehbar, nicht für Betroffene, die noch von den Auseinandersetzungen von vor wenigen Minuten angeschlagen sind.

- *„Mein Herz rast, ich bin schweißgebadet, mein Mund ist trocken und ich sehe keine Spur Gemeinsamkeit für den nächsten Tag, aber mein Sohn liegt voll entspannt, mit sich und der Welt im Reinen, offensichtlich auch mit mir, in der Hängematte, im Zustand Buddhas kurz vor dem Eintritt ins Nirwana – und ich versuche mich selbst damit zu beruhigen, dass ich mir sage, das muss so sein."*
  (Ausruf einer österreichischen Präventions-Spezialistin)

AUS SICHT DER JUGEND: EIN PERSÖNLICHER BLICK ZURÜCK

ANMERKUNG ZU DIESEM KAPITEL

Der gesellschaftliche Blick gegenüber Jugendlichen ist defizitorientiert. In aller Munde sind die immer schlechter werdenden Schüler, die sich für nichts interessieren und für nichts motivieren können. Das stimmt so sicher nicht. Die Fakten der Jugendstudien sehen ganz anders aus. Natürlich gibt es Verlierer und allen Jugendlichen fällt es schwer, während der Pubertätsjahre am Ball zu bleiben. Ich habe selbst erlebt, wie schwer das ist. Aber ganz sicher hat auch unser Schulsystem ein Motivationsproblem. Ich erinnere mich auch noch gut, dass wir uns als Jugendliche durchaus engagieren konnten – jedoch eher für Dinge, die uns schnell eine direkte Bestätigung brachten. Sowohl bei der Interaktion mit Freunden oder dem anderen Geschlecht, als auch beim Spielen von Computerspielen vergeht nur eine kurze Zeitspanne zwischen Ursache und Wirkung. Im positiven Fall kommt sofort eine Bestätigung. Das ist belohnend.
Ich habe immer wieder erlebt, wie lange in der Schule eine Bestätigung auf sich warten lassen kann. Sie ist dann auch oft nicht mehr mit einer genau fassbaren Anstrengung in Verbindung zu bringen. So hat mir leider oft der direkte Bezug zwischen der für das Lernen investierten Zeit und Anstrengung und der durch gute Noten beziehungsweise durch einen guten Abschluss erhaltenen Bestätigung gefehlt. Und gerade dieser direkt nachvollziehbare Bezug ist ein wichtiger Motivations-Faktor. Hinzu kommt, dass manche Noten relativ willkürlich vergeben scheinen und somit jeglicher Anreiz, dafür weitere kostbare Freizeit zu opfern, verloren geht.
Jugendliche sind durchaus nicht unmotiviert, sie haben bloß andere Motivationsauslöser als die von der Erwachsenenwelt für sie vorgesehenen. Natürlich muss man als Jugendlicher versuchen, sich trotz aller Probleme um eine gute Ausbildung zu bemühen. Darüber hinaus

gibt es aber auch vieles andere, wofür sich Jugendliche interessieren – zum Beispiel:

- Musik
- Computerhardware
- das andere Geschlecht
- andere Länder
- Menschen, die in unterschiedlichsten Zeiten Zivilcourage gezeigt haben
- das Heranwachsen anderer
- wie man kreativ und aktiv werden kann
- wie man seine Besonderheiten und Ideen einbringen kann
- was am Berufsleben für Jugendliche interessant ist

Ich kann heutigen Erwachsenen nur empfehlen, sich immer mal wieder in ihre eigene Jugend zurückzuversetzen, um sich zu erinnern, was ihnen als Jugendliche gefehlt hat, was sie damals gern gemacht hätten oder haben. Außerdem bin ich mir sicher, dass es auch schon damals manch einer/einem mitunter wichtiger schien, dem/der Verehrten zu gefallen, als irgendetwas von außen Vorgegebenes für die Schule zu lernen – und trotzdem ist aus ihr oder ihm etwas geworden.

Kapitel 7: Das Wichtigste in Kürze

▶ Schule braucht soziale Modelle konstruktiver Lebensbewältigung und die Berücksichtigung außerschulischer Kompetenzen.

▶ Der einseitige Blick auf schulisches Versagen leugnet, dass bei entsprechender Motivation gerade jetzt kognitive und kreative Höchstleistungen möglich sind.

▶ Visionäre Schulkonzepte unterstützen Selbstwirksamkeit und Identitätssuche, indem sie Jugendlichen eigenverantwortliche Freiräume zur Selbstgestaltung mit mehr Bezug zur Erwachsenenwelt zugestehen.

▶ Die Schule muss als Lern- und Lebensort attraktiver werden und den Aktivitätsrhythmus der Jugendlichen, die Neustrukturierung ihres Frontalhirns und die hohe Beanspruchung durch intensiv erlebten sozialen Stress berücksichtigen.

ERWACHSEN WERDEN MIT NETZ

In diesem Kapitel erfahren Sie, ...

▶ dass verschärfte Verbote innerhalb jugendlicher Problemfelder am Ziel vorbei gehen

▶ dass Jugendliche engagierte Eltern wollen, die nicht perfekt sind, aber ihnen Wertschätzung, Respekt und Akzeptanz entgegenbringen

▶ wie wichtig das Interesse am Denken des Anderen ist

▶ dass Jugendliche eigentlich keine Konsum-Verwöhnung wollen

▶ warum Jugendliche ihre Welt in so starkem Kontrast zur Erwachsenenwelt formulieren müssen

Die Aufgaben der Eltern und anderer Erwachsener

Eine einfache Lösung gibt es nicht

1940 beschrieb *John Steinbeck* in seinem Roman *„Früchte des Zorns"* die jüngere Generation als Pfeil, die ältere als Bogen. Der Bogen gibt bekanntlich die Geschwindigkeit und die Richtung vor, die Beschaffenheit des Pfeiles nimmt schwächeren Einfluss auf das Geschehen. Dieses Bild vor Augen wird die Bedeutung der Erwachsenengeneration für den Übergang zwischen der Kindheit und dem Erwachsenenalter klarer.

Die Begleitung durch Kindheit und Pubertät ist für Eltern und alle anderen Erwachsenen, die mit dem Kind und Jugendlichen in Kontakt kommen, eine große Herausforderung mit höchster Verantwortung.

Das verdeutlicht eine Stellungnahme des Kinder- und Jugendpsychiaters *Peter Riedesser* (2006): *„Die Schaffung optimaler Bedingungen für die Beziehungsentwicklung zu Kindern von der Schwangerschaft bis zur Adoleszenz ist nicht nur ein humanitäres Gebot, sondern die zentrale Voraussetzung für die Zukunftsfähigkeit unserer Gesellschaft, auch und gerade mit der Perspektive einer aktiven Mitgestaltung einer globalisierten Welt."*

Die größten Aufgaben haben mit Sicherheit die Eltern zu leisten – und das hoffentlich immer mehr durch vielfältigste Unterstützung der gesamten Gesellschaft, denn die Kinder sind die Zukunft aller. Wer ohne Netz groß werden muss, dem stehen auf seinem Entwicklungsweg nicht genügend Schutzfaktoren zum Abpuffern der Risikofaktoren zur Verfügung.

Ein falscher Weg: Verbote und Restriktionen

Die Lösung der Pubertätsprobleme liegt nicht in einem Verbot von Computerspielen, Internet, Alkohol und anderen Drogen oder in schärferen Strafen für kriminelle Jugendliche.

Selbstverständlich muss es einen wirksamen Schutz von Kindern und Jugendlichen vor gewaltbeherrschten Computerspielen und medialer Gewalt in Filmen und im Internet geben. Entscheidende Lücken im Gesetz müssen durch Gesetzesänderungen und gesetzliche Neuregelungen im Online-Bereich geschlossen werden, um den Jugendschutz gezielt zu verbessern. Die Erhöhung der

Zahl der Ständigen Vertreter der obersten Landesjugendbehörden bei der Unterhaltungssoftware Selbstkontrolle (USK) und die Einbindung von Beisitzern der Bundesprüfstelle für jugendgefährdende Medien (BPjM) in die Prüftätigkeit der USK sind erste Schritte.

Vor allem Jungen lassen sich durch mediale Gewalt zu Aggressionen verführen. Entscheidend für diesen Transfer ist aber das soziale Umfeld des Kindes, sein Familienleben und seine Schul- und Freizeiterlebnisse. Am nachhaltig einflussreichsten ist, ob die Kinder in der Familie Gewalt gelernt haben, ob sie Opfer oder Zeuge innerfamiliärer Gewalttaten wurden. Zusätzlich wirkt sich aus, ob sie unkontrollierten Zugang zu Gewaltdarstellungen hatten.

Die Quote derjenigen, die extrem viele Gewaltfilme anschauen, z.B. 12-Jährige, die bereits mehr als 50 Gewalt- und Horrorfilme gesehen haben, liegt etwa bei 8%, wobei das Einstiegsalter immer mehr in den Grundschulbereich rückt. Eine derartige Medienauswahl kann nur dann so früh so intensiv konsumiert werden, wenn Eltern diesem Freizeitinteresse und ihren Kindern selbst relativ gleichgültig gegenüber stehen, nicht einschreiten und keine Alternativbeschäftigungen anbieten. Diese Kinder sind in vielerlei Hinsicht als gefährdet einzustufen (*Huber* 2003). Vor allem, weil ihnen niemand das Recht auf körperliche und psychische Unversehrtheit zugestanden und gesichert hat.

Nicht zu vergessen ist, dass viele Eltern z.B. dem Chatten im Internet gegenüber aus Unwissenheit und Blauäugigkeit verantwortungslos agieren. Es fehlt an Problembewusstsein. Das sieht man z.B. an den geringen Anmeldezahlen für Eltern- oder Lehrerkurse zu diesem völlig unterschätzten Kommunikationsbereich. So wird weder zu Hause noch in der Schule der Umgang mit dem Internet zum Thema gemacht. Und dem Kind wird weder Orientierung noch Schutz geboten, von einem Angebot für einen kompetenten Umgang mit Medien ganz zu schweigen. Chatten nimmt einen immer größeren Stellenwert in der zwischenmenschlichen Kommunikation ein. Doch birgt die Anonymität, die das Chatten so beliebt macht, einige Risiken. Man kann Dinge schreiben, die einem, wäre man nicht anonym, Ärger oder sogar Strafen einbringen können. Und genau vor Leuten, die diese Anonymität negativ ausnutzen, muss man die Kinder schützen. Sie als Eltern müssen sich aktiv mit der Thematik befassen und Ihrem Kind bei seinen ersten Schritten in diese neue Welt begleitend zur Seite stehen. Sie müssen bei Problemen immer ansprechbar sein und Ihrem Kind erklären, was die Gefahren sind – aber auch, wie man sich davor schützen kann, z.B. auch durch die seitens des Kindes gewahrte Anonymität.

Wenige Eltern und viel zu wenige Lehrer können mit diesen Medien umgehen, im Gegensatz zu den immer jünger werdenden „Profis" unter den Kindern. Doch denen fehlt zu oft noch ein kritischer und selektiver Blick, um wirklich medienkompetent zu sein.

Überall wird getrunken. Es gibt kein Fest ohne Alkohol, und was allgegenwärtig und zumindest auf den ersten Blick bei guter Stimmung abläuft, wird als ungefährlich eingeschätzt. Nach einer Studie des Kinderhilfswerks trinken zwar immer weniger der 12- bis 17-Jährigen, egal ob Jungen oder Mädchen. Das ändert aber nichts daran, dass es eine Gruppe höchst exzessiver Trinker gibt, die zudem mit ihrem Alkoholkonsum sehr früh beginnen, bei denen mit massiver gesundheitlicher Schädigung zu rechnen ist.

Der vorverlegte Einstieg in den Alkoholkonsum wird auch den „fruchtig leckeren" Alkopops oder gekonnt gemachten Mischungen zugeschrieben, die den Alkohol kaum schmecken aber sehr wohl wirken lassen. Ein beachtliches Wirtschaftsinteresse steckt dahinter.

Ein Trinkverbot für Jugendliche, in dem immer noch viele eine Lösung vermuten, nützt nichts, kann keine Exzesse verhindern und ist sogar kontraproduktiv, wie Suchtexperten seit Jahren nachgewiesen haben. Ein kompetenter Umgang mit Alkohol muss gelernt werden und kann nicht heuchlerisch von heute auf morgen erwartet werden, wenn zuvor der Kennenlernzugang nicht begleitet, falsche Modelle gelebt und Eigenversuche unter Strafe gestellt werden. Flatrate-Partys unter dem Motto: *„Einmal zahlen, trinken soviel man kann"* sind gefährlich. Für Trinkexzesse gibt es hier nicht einmal mehr finanzielle Hürden.

Johannes Lindenmeyer (2005) spricht vom gestörten Trinkverhalten der Deutschen, weil da die Grenzen zwischen normalem und abnormalem Konsum verschwommen sind. Abstinenz muss nicht sein, denn ein gemäßigter Alkoholgenuss kann durchaus auch gesellschaftliche Funktionen haben: z.B. als Entlastung, als kurze Auszeit und als Kommunikationserleichterung. Doch das muss als Kind gesehen und erlebt werden und als junger Erwachsener gelernt werden – von den Erwachsenen. Doch von ihnen gehen oft falsche Signale an die Jugend aus. So feiert man beispielsweise jemanden für seine Trinkfestigkeit: *„Ohne einen richtigen Rausch wirst du kein Mann."* Wer in den Augen der Allgemeinheit noch nie was vertragen hat, ist auch sonst nicht ernst zu nehmen.

Warum eine Verschärfung des Jugendstrafrechts der falsche Weg ist, wird im Abschnitt *„Das Netz für Sozialisationserfolge"* beschrieben.

GROSS UND ÄLTER WIRD JEDES KIND VON ALLEIN, ABER ...

Groß und älter wird jedes Kind von allein, aber um gestärkt und mit Selbstwirksamkeitsgefühlen heranzuwachsen, braucht es die Unterstützung der Erwachsenen.

Was fehlt den auffälligen Jugendlichen?

Ihnen fehlen engagierte Eltern, die nicht perfekt sein müssen, aber „good enough", d.h. bemüht und zugewandt, in ihren Reaktionen voraussehbar und verlässlich. Ihnen fehlen sich für sie verantwortlich fühlende weitere Familienmitglieder, Nachbarn, pädagogisch-psychologische Berufsgruppen und staatliche Stellen, die sie auf ihre Stärken aufmerksam machen, sie unterstützen, ihre Schwächen auszugleichen und ihnen zeigen, wie man den Alltag meistert.

Kinder und Jugendliche fragen während ihrer Entwicklung elterliche und pädagogische Kompetenzen ab. Ein Erziehungsstil, bei dem Wertschätzung, Respekt und Akzeptanz dem Kind gegenüber auffällt und Sicherheit im Erziehungsverhalten zu spüren ist, zeigt die größten Erfolge. Ein konsistenter, emotional warmer und Struktur gebender Erziehungsstil gilt als Schutzfaktor der kindlichen und jugendlichen Entwicklung.

Israelische Wissenschaftler befragten junge Menschen zwischen 14 und 18 Jahren, wie ihre Eltern sein sollten und was deren Aufgaben seien. Die Aussagen der Heranwachsenden decken sich vielleicht gar nicht so überraschend mit Ergebnissen aus deutschen Jugendstudien:

Die Antwort der 14- bis 15-Jährigen

65,2% legten Wert auf Autorität und Vorbildfunktion ihrer Eltern – und das, obwohl gerade diese Altersgruppe den elterlichen Anweisungen häufig Widerstand entgegensetzt. Sie wünschten sich außerdem keine Laissez-faire-Erziehung, aber sie wollten, dass ihre Bedürfnisse respektiert werden. *„Gute Eltern beteiligen ihre Kinder an wichtigen Entscheidungen"* und *„vertrauen ihren Kindern"*.

Die Eltern sollten verständnisvoll sein und ihre Kinder unterstützen. Diese Altersgruppe legte zudem großen Wert darauf, dass Vater und Mutter ihre Zuneigung zeigen.

Die Antwort der 17- bis 18-Jährigen

Ein Drittel der Befragten legte Wert auf Autorität und Vorbildfunktion ihrer Eltern – auch wenn sie gleichzeitig Freunde in ihnen sehen wollten und nach Selbständigkeit und Unabhängigkeit strebten.

Eltern sollten sich nun *„nicht mehr zu viel einmischen"*, *„ihr Kind unabhängig sein lassen"* und verstehen, dass Kinder *„manches für sich behalten müssen"*.

25% dieser Altersgruppe wünschten sich ihre Eltern als Freunde. Auf elterliche Unterstützung (aber nur, wenn nötig) und auf Verständnis wird großer Wert gelegt. Küsse und Zärtlichkeiten sind in diesem Alter nicht mehr so erwünscht.

Die Erwartungen der Erwachsenen an Heranwachsende sind hoch.

Bei der nächsten Generation soll nichts von dem versäumt werden, was sich für Erwachsene im Laufe der Zeit als wesentlich erwiesen oder als ungenügend vorhanden herausgestellt hat. Die Jugendlichen sollen eigentlich mehr bieten, als man selbst in diesem Alter zu bieten hatte. Wenn möglich sollten sie sogar erkannte gesellschaftliche Defizite ausbügeln.

Ein Überblick über die bis zum Ende der Kindheit zu erreichenden Erziehungsziele in gängigen Erziehungsratgebern belegt das eindrucksvoll. Die in diesen Publikationen angestrebten oder allgemein für wichtig gehaltenen Erziehungsziele sind beeindruckend.

Erwachsene erwarten von heranwachsenden Kindern und Jugendlichen, dass sie

- auf jeden Fall beziehungsfähig, kommunikationsfähig, konfliktfähig und leistungsfähig sind
- aber auch immer mehr gruppenfähig, teilhabefähig, entscheidungsfähig und handlungsfähig werden

Wenn die Messlatte so hoch gelegt wird, sollte man sich auch überlegen, wie das Netz aussehen müsste, das junge Menschen bei ihrem Sprung von der Kindheit ins Erwachsenenleben vor folgenschweren Abstürzen sichert, einen Aufprall abpuffert und einen Wiederaufschwung wagen lässt.

JUGENDLICHE BRAUCHEN EIN NETZ

DAS NETZ FÜR DEN START IN DIE BEZIEHUNGS-, KOMMUNIKATIONS-, KONFLIKT- UND LEISTUNGS- FÄHIGKEIT

Beziehungsfähigkeit beginnt mit einer sicheren Bindung, wobei die Balance zwischen Bindungs- und Explorationsverhalten immer wichtiger wird. Das Bedürfnis nach Sicherheit gebender Beziehung und der Wunsch zu explorieren sind uns Menschen angeboren und schon bei Babys zu beobachten. Ein Kind gibt Signale, auf die seine Bezugspersonen achten müssen. Mal ist es ein bei Irritation und Verlassenheitsangst geäußerter Kontaktwunsch, der mit einem direkten Kontaktangebot beantwortet werden sollte. Mal ist es ein vehement signalisierter Selbständigkeitsdrang, sich zu entfernen oder etwas selbst in Angriff zu nehmen, dem nach Möglichkeit nachgegeben werden sollte. Eine sichere Bindung ist die Voraussetzung dafür, dass ein Kind sich seiner Umwelt zuwendet und diese erkundet. Sie ist somit die Voraussetzung für Lernen. Denn wer „den Rücken frei" hat, der hat auch den Kopf frei.

Halt geben und gleichzeitig loslassen – dieses empfohlene pädagogische Konzept scheint auf den ersten Blick ein Widerspruch, ist aber die Voraussetzung für eine altersgemäß voranschreitende Entwicklung durch die gesamte Kindheit. Deshalb wird zu einer Erziehung geraten, die Sicherheit und dadurch Ermutigung geben soll, Dinge selbst in die Hand zu nehmen. Permanente ängstliche Fürsorglichkeit schadet Kindern und Heranwachsenden. Denn es wird nicht Fürsorglichkeit sondern Angst weitergegeben.

Selbständigkeit stellt sich nicht von allein ein. Sie ist das Ergebnis vieler kleiner Ablöseschritte, vieler kleiner Trennungen, die eine gute Eltern-Kind-Beziehung begleiten und die nötige Abgrenzung ermöglichen, die es zu einer gelungenen Identitätsfindung braucht. Sie wiederum ist unverzichtbar, um später neue Bindungen eingehen und zulassen zu können.

Das Loslassen ist wichtig, auch wenn es schmerzhaft erlebt werden kann, vor allem, wenn die Partnerschaft zwischen den Eltern nicht funktioniert. Besonders Kleinfamilien und manche Alleinerziehende mit Kind können wegen fehlender Verwandter, weniger Freunde und nicht existierender Nachbarschaftskontakte auf Gedeih und Verderb aufeinander angewiesen sein – was mit überzogenen Erwartungen aneinander und automatisch mehr Konflikten und Überlastung einhergehen kann. Zu viel Kontrolle und zu wenig Vertrauen verhindern eigene Erfahrungen, Selbstwirksamkeit und Autonomie. Eltern von Kindern mit sicherer Bindung unterstützen ihre Kinder emotional, fördern deren Autonomie und sind über die außerhäuslichen Aktivitäten und Erlebnisse ihrer Kinder informiert. Die Eltern, deren Kinder eine unsichere Bindung aufgebaut haben, verhalten sich gegenüber ihren Kindern eher abweisend, wenig unterstützend und übermäßig kontrollierend.

Richtig Festhalten und richtig Loslassen sind in jedem Alter Gratwanderungen. Loslassen bedeutet nicht, die Beziehung zu seinem Kind zu verlieren, sondern sie zu verändern: Von einer körperlichen Nähe hin zu einer inneren Nähe, die durch Liebe und Verständnis, aber auch durch Absprachen, Konfliktbereitschaft, Zugeständnisse und Regeln gehalten wird. Wichtig sind Signale gegenseitiger Akzeptanz zwischen Erwachsenen und Jugendlichen – egal, was gerade beziehungsdynamisch ansteht. Es geht schon im Kleinkindalter nicht darum, dauernd um das Kind herum zu sein und es zu überwachen, sondern ihm in Gedanken nahe zu sein, präsent zu sein, sich für sein Befinden, seine Vorlieben, seinen Tagesablauf, seine Freunde, seine Ängste und sein Glück zu interessieren.

In der Pubertät müssen Sie als Eltern Ihre Beziehung zu Ihrem Kind neu definieren. Von Ihnen wird viel verlangt. Denn Sie sollten Ihr Kind motivieren, diesen wichtigen Schritt „raus aus dem Nest" zu machen. Sie müssen das Wunder vollbringen, mal Halt zu geben, mal loszulassen, beides manchmal fast gleichzeitig. Aber darin haben Sie ja schon seit Jahren Übung.

DIE BALANCE VON AUTONOMIE UND VERBUNDENHEIT

Die Entwicklung von Autonomie bei einer gleichzeitigen Aufrechterhaltung einer positiven Beziehung zu den Eltern ist eine in ihrer Wichtigkeit erst langsam verstandene Aufgabe des Jugendalters. In zwei spannenden Pionierstudien konnte *Fabienne Becker-Stoll* (2000) nachweisen, dass sich beim Ablauf eines Streitgesprächs zwischen Jugendlichen und ihren Eltern und einer gemeinsamen Urlaubsplanung Zusammenhänge zu der frühen Mutter-Kind-Bindung aufzeigen ließen, die bei diesen Jugendlichen damals im Alter von einem Jahr gemessen worden war. Das Ergebnis: Kinder, die als Einjährige eine sichere Bindungsbeziehung zu ihren Müttern hatten, waren auch als Jugendliche besser in der Lage, ihren eigenen Standpunkt zu vertreten und dabei dennoch die

Verbundenheit aufrecht zu erhalten – sowohl im kontroversen Streitgespräch als auch in der eher kooperativen Urlaubsplanung.

Inhaltlich lässt sich die Balance von Autonomie und Verbundenheit im Jugendalter mit der Balance zwischen Exploration und Bindung in der frühen Kindheit vergleichen. Auch hier ist eine sichere Bindung die Voraussetzung für eine situations- und altersgemäße Loslösung und für das Erkunden jetzt neu zu gestaltender Umweltkontakte.

Aus diesem Ergebnis darf aber nicht abgeleitet werden, dass eine einmal erworbene Bindungssicherheit (oder Bindungsunsicherheit) immer stabil bleibt. Verändert sich in der konkreten Erfahrung der Verfügbarkeit und der Zuwendung der Eltern etwas, verändert sich damit auch etwas in der Bindung und in der Bindungsrepräsentation. Außerdem ist die Bindungsqualität immer von den Aktionen und Reaktionen beider Interaktionspartner abhängig und damit auch umweltlabil.

DIE BASIS FÜR KOMMUNIKATIONS- UND KONFLIKTFÄHIGKEIT

Zuerst ist es die Sicherheit, die wesentlich ist, dann müssen die Beziehungsaspekte vielfältiger werden. Der sprachliche Austausch wird immer wichtiger. Erlebnisse, Sehnsüchte, Enttäuschungen – vor allem auch Missverständnisse und ambivalente und dadurch irritierende Erfahrungen – müssen sprachlich bearbeitet werden können. Durch die Versprachlichung werden Gefühle erkannt und interpretiert, aber auch das erlebte Beziehungsgeschehen wird gedanklich zugänglich. Eine erfolgreiche Kommunikation setzt die sprachliche Erschließung der Dynamik in wichtigen Beziehungen voraus (*Krappmann* 2001). Modell-Interaktionspartner sind gefragt, die vorleben und erfahren lassen, dass es sich lohnt, wenn trotz von der Sache her scharfer Diskussion mit Respekt und Achtsamkeit miteinander umgegangen wird. Es muss auch keine Einigung in allen Punkten geben, das wäre unrealistisch. Aber es muss das stillschweigende Abkommen geben, dass es trotz unterschiedlicher Positionen eine nicht in Frage stehende und schützenswerte Beziehung zwischen den beiden Kontrahenten gibt. Diese heiklen Spielregeln halten leider die Erwachsenen oft als erste nicht ein. Fühlt sich ein Erwachsener in einer Konfrontation verunsichert, setzt er seine Distanz schaffende Autorität ein. Um sich keine Blöße zu geben oder weil er sich nicht Ernst genommen fühlt, wird dem Jüngeren gedroht. Spätestens jetzt fühlt dieser sich unter Druck und wird verständlicherweise ausfallend. Weitere Eskalation droht – und nichts Erstrebenswertes wurde gelernt. Beide Seiten müssen begreifen, dass es bei Kommunikation um Werte geht, z. B. um Achtung vor sich selbst und vor anderen, um Ernstnehmen und Respekt. Es geht darum, im Gespräch zu bleiben und die Verbindung nicht abreißen zu lassen.

Manchmal helfen gedankliche Redeübungen vorab:

• Was will ich sagen?
• Und was will ich mit Sicherheit nicht wieder sagen?

Herrscht Gesprächskultur, kann auch in strittigen Situationen die Beziehung genossen werden. Oft geht es um den kleinsten gemeinsamen Nenner: *„Bis wohin sind wir uns einig? Was verstehen wir noch voneinander? Das leuchtet mir aus deiner Sicht ein, das kann ich nachvollziehen, aber hier steig ich aus, das geht nicht."*

Nicht immer kann oder muss gesprochen werden, trotzdem sollte der Kontakt nicht abreißen. Ein paar Zeilen neben der Frühstückstasse, auf dem Kopfkissen oder in der Schulmappe zu finden, kann das Gespräch wieder in Gang bringen. Es braucht Signale gegenseitiger Akzeptanz trotz bestehender Meinungsverschiedenheiten.

Übrigens hängt die Form, wie pubertäre Autonomie-Bestrebungen geäußert und beantwortet werden, davon ab, wie ansprechbar und dialogbereit Eltern und Kind über die Jahre geworden sind und welche Diskussionskultur gepflegt wurde. Die von Jugendlichen geforderte Autonomie zeigt sich vor allem verbal – mitunter auch in Schreianfällen, wenn für all das, was im Kopf vor sich geht, die richtigen Worte fehlen. Sie entwickeln deutlich vernehmbar ihre eigene Meinung, vertreten mit Power den jeweiligen Standpunkt und haben ihre Freude daran, bereits kleinste Widersprüche in den Aussagen der Eltern aufzuspüren. Sie fordern zum verbalen Schlagabtausch auf, durchaus anspruchsvoll, manchmal auch anstrengend und entnervend. Es gibt wohl kaum eine Zeit, in der Eltern ihre Worte öfter auf eine Goldwaage legen oder gelassener mit zum Teil wuchtigen Angriffen umgehen müssen.

Die wichtigsten Verhandlungspartnerinnen in Sachen Autonomie sind die Mütter, bei ihren Töchtern wie bei ihren Söhnen. Sie reagieren auf die anfangs unerwartet auftretenden Forderungen zuerst verstärkt restriktiv und eher ablehnend. Mit vielen Argumenten bemühen sie sich, ihren Standpunkt nicht verändern zu müssen – zumindest nicht sofort. Sie wollen Zeit gewinnen, um die neue Situation zu verkraften. Doch bald ändert sich ihr Verhalten: Nach einer gewissen Gewöhnung an die neuen Autonomieforderungen und der zunehmenden Einsicht, ein heranwachsendes Kind vor sich zu haben, beginnen sie langsam mehr Freiheiten und Eigenbereiche bei ihren Söhnen und Töchtern zu akzeptieren und dann auch zu gewähren. Das geschieht eher unbewusst. Doch wenn man genauer nachdenkt, stellt es sich als sehr günstige Strategie heraus, sich anfangs gegen die unrealistisch überzogenen Forderungen zu sperren und bei Erkennen einer zunehmenden Sachlichkeit in der Argumentation und deutlich steigenden Bewältigungskompetenzen nun auch offener und akzeptierender zu werden.

Mehrere Untersuchungen belegen, dass Eltern ihre Kampfpartner für die Pubertät während der Kindheit weitgehend selbst ausbilden. In Auseinandersetzungen lernt ein Kind Kommunikationsregeln, Argumentation und Diskussionsstil, und zwar am besten keineswegs als theoretische Lerneinheit, sondern optimal und nachhaltig direkt im Konflikt – selbst erlebt oder miterlebt am Ablauf und vor allem am Ausgang einer Streiterei. Auf diesem Weg sind Eltern maßgeblich am Erwerb von Sozialkompetenz beteiligt. Sie bestimmen die Klarheit der Meinungsäußerung, die Selbstsicherheit des Auftretens, die Aufgeschlossenheiten anderen Argumenten gegenüber, die Kompromissbereitschaft und den Umgang mit dem „Gegner" – aber auch, inwieweit letztendlich mit abwertender Zurückweisung und Druck gearbeitet wird.

In Kommunikationen erlebt ein Kind, wie mit Gemeinsamkeit und Differenz umgegangen wird. Diese kommunikativen Prozesse muss eine Familie anbieten, niemand darf sich verweigern, sonst entsteht zwangsläufig ein negatives, einseitiges Beziehungsmuster, in dem Konflikte, Streit und sogar Gewalt wahrscheinlicher sind als in munteren kommunikativen Beziehungen (*Fuhrer* 2005). Diese sind nicht dadurch gekennzeichnet, dass es nie Krach oder Auseinandersetzungen gibt, sondern dass immer wieder Übereinstimmungen signalisiert und Differenzen wahrgenommen, aber dann auch ausgehandelt und ausbalanciert werden. Es geht um das Bemühen, die Interessen der jeweils anderen zu verstehen.

Für die Konfliktfähigkeit junger Menschen ist es wesentlich,

• wie oft sie als Kind an familiären Entscheidungen beteiligt waren
• wie viel Selbständigkeit ihnen im Alltag zugestanden wurde
• wie vertrauensvoll sie sich in schwierigen Situationen an ihre Eltern wenden konnten
• welcher Art die meisten familiären Interaktionen waren: ob mehr gemeinsame Tätigkeiten und Erlebnisse oder Konflikte überwogen

Der Kinder- und Jugendpsychiater *Peter Riedesser* befürchtet, dass zu wenige junge Menschen Modelle gelingender Elternschaft in sich tragen, an die sie anknüpfen könnten. Dabei hat jedes Kind den tiefen vitalen Wunsch, in einer heilen Familie zu leben und selbst später eine eigene Familie zu haben. Doch anhand gemachter Erfahrungen kann leicht die Kontinuität von Beziehungen als inneres Arbeitsmodell aufgegeben werden.

Deshalb ist es eine Aufgabe der Eltern, negative Voraussetzungen des Aufwachsens soweit wie möglich zu vermeiden oder zu entschärfen. Den Umgang miteinander – in guten und wie in schlechten Tagen – lernt man von seinen Eltern, vor allem auch, dass heile Welt eher selten ist und Problemlösung eigentlich täglich ansteht, aber genau in diesen Lösungsmomenten auch das Glück der Beziehung liegen kann.

DAS NETZ FÜR LERN- UND LEISTUNGSFÄHIGKEIT

Die Verantwortung für die Ausbildung der Fähigkeit von Kindern und Jugendlichen, sich ihre Umwelt kreativ anzueignen und mitzugestalten, liegt in der Verantwortung der Eltern, der Kindergärten, Schulen, Nachbarn und der Arbeitswelt.

• Jedes Kind kommt mit einer riesigen Begeisterung zu lernen zur Welt (siehe Kap. 4 und 7).
• Jedes Kind macht sich auf den Bildungsweg, auf die eigenaktive Suche nach möglichst vielfältiger Erfahrungsbeute.
• Jedes Kind braucht Erwachsene, die seine Lernbegeisterung nicht bremsen,

sondern es in anregungsreich gestalteten Umgebungen und jederzeit gesprächsbereit immer neue Erfahrungen machen lassen.

• Jedes Kind braucht in Zeiten der Irritation jemanden, der ihm seine Stärken zeigt und es ermutigt, trotz Mühen und Widerständen Schwächen anzugehen.

Wenn es uns gelingt, Kindern die Freude am Lernen und Denken zu erhalten, dann lassen wir sie zu selbständigen Jugendlichen, zu starken Persönlichkeiten werden und schützen sie gegen Ideologien aller Art. Starke Kinder und Jugendliche akzeptieren wenig, sie zweifeln oft, untersuchen erneut, stellen „dumme" Fragen, haben kein die Erwachsenen bremsendes Schubladendenken, ignorieren hemmungslos von den „Etablierten" einseitig beschlossene Denkverbote und stellen in Unkenntnis der geltenden Absprachen Tabus mit dem wichtigen Satz *„Warum nicht?"* in Frage.

Auch in Bezug auf die Schule müssen Jugendliche spüren, dass ihre Eltern Fortschritte für möglich halten, ihnen also zutrauen, die an sie gestellten Anforderungen im sozialen und im Leistungsbereich zu bewältigen.

Weiß man, wie eine chancenreiche Involviertheit der Eltern in schulische Belange aussehen kann?

Die Pädagogische Psychologie hat hier Erfahrungswerte zur Hand, wie Heranwachsende in der Zeit, in der sie besonders sensibel auf Handlungsvorgaben reagieren, unterstützt werden können. Die Schule muss auch im Familiengespräch Thema sein, weil durch häufige interessierte Diskussionen über Schule, Schulaufgaben und Schulleistungsanforderungen die Kinder in der Lage sind, intelligentere Entscheidungen zu treffen und offener für die elterlichen Erziehungsbemühungen zu werden. So kann fachspezifisches Interesse der Eltern zu besseren Leistungen der Kinder führen.

Heranwachsende Kinder lassen sich eher etwas sagen, wenn sie elterliche Zugewandtheit und Akzeptanz spüren, Aufmerksamkeit und echtes Interesse merken und auch Anteilnahme mit Unterstützung und Anleitung erleben. Wenn Eltern ihre Unterstützung abgestimmt auf die jeweiligen Kompetenzen und Bedürfnisse nach Autonomie, Selbstverantwortlichkeit und Selbstentfaltung und das Maß an Aufsicht und Kontrolle kindlicher Aktivität laufend neu abwägen, aushandeln und austarieren, kommt es zu einer Passung zwischen elterlichen Handlungsvorgaben und kindlichen Bedürfnissen und Entwicklungsvoraussetzungen (*Fuhrer* 2005).

Lern- und Leistungsfähigkeit zu unterstützen, bedeutet Prävention. Deshalb sollten Erwachsene Anforderungen an die Jugendlichen stellen, die zeigen, dass man ihnen anspruchsvolle Leistungen auch zutraut. Und sie müssen klar zum Ausdruck bringen, welches Verhalten sie erwarten und welches von ihnen nicht akzeptiert wird.

Wären Kinder zum Entscheiden erzogen (Stichwort: Partizipation schon im Kindergartenalter), wären Jugendliche auch fähiger zum Handeln. Erziehung zum Passivismus kann aber gefährlich werden, weil die Folge kraftlose, ängstliche, leistungsschwache, unmotivierte und an jede Strömung schnell angepasste Egoisten wären, die alle Hürden weggeräumt und immer angenehme Gefühlszustände ermöglicht haben möchten. Und ja keine Durststrecke und kein Verzicht, denn das würde als persönlicher Angriff verstanden und mit Aggression beantwortet werden.

Wir halten Jugendliche für wenig belastbar. Dieser Vorwurf trifft die Falschen. Wie oft wird Kindern etwas abgenommen, damit es schneller geht, besser wird, das Ziel erreicht wird, das die Erwachsenen im Blick haben. Jedes Mal wird ein Kind entmutigt. *„Will allein"*, *„Selber machen"* ... Das Aufbegehren wird immer weniger. Wird Erfolg ohne Vorleistung erfahrbar, wird Passivismus belohnt. Nötige Auseinandersetzungen werden vermieden und Anspruchsdenken gefördert. Viele Jugendliche sehen tatsächlich Anstrengung und Ausdauer nicht mehr als Voraussetzung für Erfolg – nur bleibt die daraus resultierende Zufriedenheit aus, ebenso Freude, Stolz und Zuversicht. Doch diese wichtige Erfahrung hat man ihnen vorenthalten, da niemand in ihrer emotionalen Nähe den Mut zur liebevollen Begleitung auf dem Weg zur Eigenverantwortung hatte. Der Erziehungswissenschaftler *Albert Wunsch* hat diesen Zusammenhang in seinen Büchern (2000, 2003) faszinierend dargestellt.

Verwöhnung hat ihren Preis, sie geht immer mit Einschränkung einher, die im Endeffekt hilflos macht. Manche Kinder reagieren mit Passivität oder Rückzug auf zu wenige eigene Erlebnisse, zu wenige Erfolge, zu wenig Einflussnahme. Zuviel oder unerwünschte Unterstützung durch Erwachsene führt zu Unselbständigkeit und Abhängigkeit. Wer so lebt, hat gelernt, dass Rettung „von außen" kommen muss, sieht schnell unbewältigbare Hürden und leidet unter Versagensängsten. Andere laufen Gefahr, im Konsum einen vermeintlichen Ausweg aus diesem Dilemma zu suchen. Sie machen sich notgedrungen, da ihnen der Originalweg versperrt ist, an einen schnellen Ersatzlustgewinn ohne vorangegangene eigene Idee oder genussvolles Hinarbeiten. Alles, was es mit wenig Anstrengung, aber mit Geld zu konsumieren gibt, lassen sie sich angedeihen, um sich kurzfristig besser zu fühlen. Da der Wert dieser Eigenbelohnung immer mehr sinkt, immer mehr nachgeliefert werden muss, bleiben sie jedoch enttäuscht und unbefriedigt zurück. Es wird verwöhnt und Konsum gepredigt, wenn ein konfliktfreies Miteinander das höchste Ziel ist. Eltern verwöhnen, um sich selbst zu entlasten.

Zuwendung wird oft mit finanzieller oder Entmündigungs-Verwöhnung verwechselt. Alters- und situationsgemäße Zuwendung ist etwas ganz anderes, etwas sehr Wichtiges. Zuwendung bedeutet, Kindern Zeit und Aufmerksamkeit zu schenken. Zuwendung lassen Eltern ihren Kindern zukommen, abgestimmt auf deren Entwicklungsstand, ihre Erwartungen, Möglichkeiten und Grenzen. Zuwendung ist wohlwollend. Sie ermutigt, bestärkt, macht sicher, spornt an und lässt nach den eigenen Ressourcen suchen (*Frick* 2005, *Haug-Schnabel & Schmid-Steinbrunner* 2002).

Das Netz für Sozialisations-Erfolge

Es geht um Teilhabe-, Entscheidungs- und Handlungsfähigkeit

Jugendliche wollen gruppenfähig sein. Dass zu viele es nicht sind, ist meist nicht ihre Schuld, sondern das vorhersehbare Ergebnis fehlender Beziehungsangebote sowie einer mangelhaften Beziehungskultur in der Gesellschaft, in der sie groß geworden sind.

Jugendlichen ist es wichtig, in viele Prozesse des Familienlebens und des Arbeitsalltags kommunikativ eingebunden zu sein. An Regeln und Aufgabenpläne, an deren Erstellung sie selbst beteiligt waren, halten sich Kinder und Jugendliche deutlich bereitwilliger. Von ihnen miterarbeitete Strukturen werden als Orientierungshilfe genutzt. Initiativen, die von Seiten der Kinder und Jugendlichen kommen, aufzugreifen, ist für diese, wie für die gesamte Gesellschaft wichtig.

Die Fähigkeit, sein Leben aktiv und verantwortlich gestalten zu können, ist ein elementarer Schutzfaktor, der nachgewiesenermaßen suchtpräventiv wirkt. Es ist ein wichtiger Erfahrungsprozess, von Anfang an in altersgemäß überschaubare Entscheidungsprozesse mit eingebunden zu sein, zu partizipieren. Diese

Erfahrung macht es im späteren Leben leichter, entscheiden zu können, was man selbst im Rahmen seiner Sozialgruppe will und braucht. Forschungen über die stammesgeschichtliche Entwicklung des Menschen sowie Erfahrungen über die Bedeutung Jugendlicher in traditionalen Kulturen zeigen, wie früh Heranwachsende einen wesentlichen und anerkannten Beitrag zum Gruppenleben erbringen mussten und wie selten es zu Pubertätskrisen kam (siehe Kap. 7).

JUGENDLICHE SIND GRUPPENFÄHIG

Das zeigt die Bedeutung der Peer Groups für diese Altersgruppe (siehe Kap. 6). Doch gruppenfähig wird man nicht von allein. Bemühen sich Eltern vom Kleinkindalter an aktiv um die Sozialkontakte ihrer Kinder zu Gleichaltrigen, haben diese Kinder nicht nur mehr Freundschaften und Spielkameraden, sondern sind durchschnittlich auch beliebter als Kinder, die von ihren Eltern nur mäßig bei der Kontaktsuche unterstützt werden. Gerade bei Pubertierenden übernehmen die Gleichaltrigen mit ähnlichen Wertvorstellungen wichtige Funktionen in der weiteren Sozialisation.

Es ist aber für einen jungen Menschen, der gezielt nach anderem als dem, was das Elternhaus bietet, sucht, schwer zu entscheiden, ob das auch die richtige, sprich positiv förderliche Gruppenumgebung für ihn ist. Viele Pubertätsforscher weisen darauf hin, dass Peer Groups einerseits eine emotional stützende Balance-Funktion haben, aber auch durch ihre Dynamik und durch die Einflüsse jener Personen, die das Gruppengeschehen dominieren, gesundheitliches Risiko- und Fehlverhalten fördern können.

Deshalb sollten die Eltern sich für die Aktivitäten ihrer Töchter und Söhne interessieren. Sie sollten wissen, mit wem sie wo und wie lange zusammen sind und was sie dort genau tun.

Pädagogische Psychologen unterscheiden in diesem Zusammenhang ein so genanntes *informierendes Monitoring* von einem *überwachenden Monitoring*. Ersteres unterstützt die Autonomiebestrebungen Heranwachsender: Die Eltern beobachten das Streben nach aktiver Auseinandersetzung mit der Umwelt und die dabei gemachten Erfahrungen, aber sie kontrollieren nicht zu stark, so dass jederzeit Schutz, aber genauso auch eigeninitiatives Vorangehen möglich ist. Im Gegensatz dazu schränkt ein überwachendes Monitoring die kindliche Autonomie stark ein und hemmt die dringend nötige Selbstregulationsfähigkeit, statt sie zu fördern. Außerdem reizt jede Überwachungslücke zu riskantem Verhalten.

Jugendliche hätten alle Voraussetzungen, um in der Erwachsenenwelt dazu gehören zu können, wenn ...

... wenn man sie dort ihren Platz finden ließe. Der Abstand zwischen der Welt der Jugendlichen und der Welt der Erwachsenen ist zu groß, er muss dem jungen Menschen nahezu unüberwindbar scheinen. Aber irgendwann wird dann plötzlich Selbständigkeit, Dazugehören, sich Bewähren und Verantwortung Übernehmen verlangt. Der Freiraum und die Möglichkeit, entsprechende Erfahrungen und vielleicht schon Erfolge in der Welt der Erwachsenen zu sammeln, wurde jedoch bislang nicht gegeben. Die Chance, eigene Wege zu gehen und auch mal einen Fehler machen zu dürfen, schon gar nicht.

Warum fällt es den Erwachsenen so schwer, die Jungen in ihre Welt rein zu lassen?

Der amerikanische Psychologe *Robert Epstein* hält exzessive Jugendprobleme für von der westlichen Gesellschaft selbst gemacht. Für Emotionsschwankungen, Irritationen und Turbulenzen sind seiner Meinung nach Hormonumstellungen und der Gehirnumbau zuständig (siehe Kap. 7). Aber für folgenschwere Teenagerprobleme sieht er andere Ursachen: Exzessive Jugendprobleme sind das Ergebnis einer künstlichen Verlängerung der Kindheit über das Einsetzen der Pubertät hinaus. Vieles spricht dafür, dass Jugendliche infantilisiert werden, indem die Erwachsenen ältere Heranwachsende noch wie Kinder behandeln und von der Erwachsenenwelt fernhalten. Statt ihre kognitiven und sozialen Fähigkeiten in der Echtwelt erproben und trainieren zu dürfen, wird ihnen eine künstliche Ersatzwelt angeboten. Eine gigantische Industrie, die ausschließlich Konsumartikel für Jugendliche produziert und diesen „künstlichen" Markt zu vergrößern versucht, indem man bis jenseits der 30 „jugendlich" bleiben soll, sorgt dafür, dass die Jugend in dieser gesellschaftlichen Isolation bleibt. *„Doch füllen Popmusik, Markenfetischismus und Make up, Computerspiele und andere Zeitvertreibe bei Heranwachsenden oft nur die innere Leere, die durch die beschriebene Infantilisierung erst hervorgerufen wird."* (*Epstein* 2007, 2008)

Die zeitlich extrem ausgedehnte Lebensphase „Jugend" wird von den Jugendlichen nicht, wie oft vermutet, als Schonraum empfunden. Denn die Veränderungen des Arbeitsmarktes und der Sozialsysteme wirken heute bereits ängstigend bis in die frühe Jugend, sogar in die Kindheit hinein (*Gille* et al. 2006). Das allen Jugendlichen schon seit mindestens zwei Generationen bekannte *„Wenn du so weiter machst, wirst du es zu nichts bringen!"* ist heute angesichts der problematischen Ausbildungs- und Berufseinstiegs-Situation für viel zu viele junge Menschen weit gravierender und belastender. Erst in vielfältigen Erprobungsfeldern können Jugendliche eigene Stärken und Interessen erfahren – und dadurch motivierter, engagierter und gezielter in Richtung *„Meine Zukunft"* gehen.

Doch von den anspruchsvollen Fähigkeiten, die sie genauso gut wie Erwachsene beherrschen, davon, dass sie selbständig, verantwortungsfähig, einfallsreich und sozial geschickt sind, dass sie Erwachsenen in Sachen Leistungsfähigkeit und schnelle Auffassungsgabe sogar überlegen sind, sieht man wenig. Weil die ihnen typischerweise zugestandenen Umgebungen ihre Kompetenzen und Fähigkeiten nicht zum Vorschein kommen lassen. In dieser „Ghetto-Situation" können sie nur von Gleichaltrigen, die ähnlich eingeschränkt sind, lernen. Was fehlt, sind lebensechte Situationen, in denen sie von älteren Vorbildern, zu deren Gruppe sie dann wenige Jahre später plötzlich gehören sollen, lernen und ihre Gedanken zur Lösung gemeinsamer Probleme einbringen könnten. Das ist vielleicht auch der Grund, weshalb es Haupt- und Realschülern, denen es gelingt, bereits mit 15 oder 16 Jahren über ihre Lehre ins Echtleben einzusteigen, mitunter leichter fällt, durch die Pubertät zu kommen, als 19-jährigen Studienbeginnern, die mindestens noch vier weitere Jahre in einer – was das Echtleben betrifft – anforderungslosen Seifenblasenwelt verbleiben müssen, bis sie sich endlich wirklich profilieren können.

Peter Riedesser sieht eine Lösung darin, dass jede/r Jugendliche die Garantie für einen Ausbildungsplatz und für drei Jahre eine (gegebenenfalls subventionierte) Anstellung bekommt – sein Anrecht auf einen von ihm auszubauenden Platz in dieser Gesellschaft.

„*Straffällige Jugendliche haben kein strafrechtliches oder gar ethisches Problem, sondern ein soziales Problem*", Pressemitteilung des Deutschen Kinderhilfswerks vom 7.1.2008

So wie die Bindung im Säuglings- und Kleinstkindalter ein dialogischer Prozess ist, kommen auch individuelle Kompetenzen im sozialen Miteinander zustande. Die Überzeugung vom Wert der eigenen Persönlichkeit kommt durch rückgespiegelte Wertschätzung durch andere zustande und wird so stabilisiert. Erst der zugewandte und rücksichtsvolle Umgang miteinander im Alltag lässt ein Recht auf Unversehrtheit spüren und diese in sein eigenes Lebenskonzept einbauen.

So kann auch ein „Wegsperren" straffälliger Jugendlicher keine Lösung bringen. Denn sie haben schon vorher nicht dazugehört und werden die Zugangsfähigkeiten allein durch Strafmaßnahmen erst recht nicht bekommen.

„In einer Zeit, in der Jugendliche an den Rand der Gesellschaft gedrängt werden, in der ihre gesellschaftlichen Bildungs- und Zugangschancen sich zunehmend verschlechtern, ist der alleinige Ruf nach Bestrafung und Abschiebung unseriös, ja zynisch", so *Dr. Heide-Rose Brückner,* Bundesgeschäftsführerin des Deutschen Kinderhilfswerkes, am 7. Januar 2008 in Berlin.

Wer Persönlichkeitsentwicklung will, sollte zuvorderst an pädagogische Maßnahmen denken. Denn es ist bekannt, dass solche Maßnahmen Erfolg versprechen, weil sie die Jugendlichen befähigen, ihren Alltag zu meistern. Sie müssen Handlungsregulation erlernen, an ein strukturiertes Leben gewöhnt werden und an gesellschaftlichen Angeboten von Arbeit und Freizeit teilhaben können.

ENTSCHEIDUNGS- UND HANDLUNGSFÄHIG – AUCH FÜR ERWACHSENE NOCH EINE ECHTE HÜRDE, ABER LOHNEND

Es ist nicht einfach, in einer Welt, die jedem vorgaukelt, alles sei machbar, wirklich etwas zu machen und den Eindruck zu gewinnen: *„Ich habe mich für das Richtige entschieden."*

Der „unendliche Spielraum" macht Angst. Die Problematik heutiger Jugendlicher ist schnell umschrieben: Sie müssen in einer Gesellschaft, die sich dauernd verändert, ihren Platz finden. Die Zukunft wirkt unüberschaubar, vom einzelnen als nicht steuerbar erlebt. Es gibt zu viele Möglichkeiten, zu viele alternative Lebensmodelle für Erwachsene werden als theoretisch machbar verkauft (*Keupp* 2004).

Der Heidelberger Kinder- und Jugendpsychiater *Franz Resch* beklagt, dass Eltern keine Bergführer mehr sind. Es fehlt ihnen an Kompetenz und Autorität, allzu oft kennen sie selbst den Weg nicht.

Erziehungsberatung hat in Kindheit und Vorpubertät Hochkonjunktur, weil viele Eltern leicht verunsichert und schnell überfordert sind. Weil besonders sogenannte infantile Eltern, die es unter heutigen Anforderungen selbst noch nicht geschafft haben, erwachsen zu werden, einfach nicht bereit oder in der Lage sind, Verantwortung oder Erziehungsautorität zu übernehmen und deshalb zu keiner Entscheidung und Strukturgebung fähig sind. Das ist in unserer *„Alles geht"*-Gesellschaft besonders schlimm. Aufgrund der vielen Wahlmöglichkeiten – sowohl bei Alltagsdingen als auch bei den großen Lebensfragen – stecken wir in dem Dilemma, uns ständig für und zugleich gegen vieles andere entscheiden zu müssen. Soll das einigermaßen gelingen, müssen dauernd Informationen eingeholt, Zusammenhänge erkannt und Folgen abgeschätzt werden. Immer mehr Elternkurse verfolgen zwar verschiedene Ansätze, aber auf das Wesentliche reduziert haben sie alle das gleiche Ziel: Eltern darin zu stärken, bewusst Erziehungsverantwortung zu übernehmen und sich in kritischen Situationen im Umgang mit ihren Kindern sicherer zu fühlen, weil sie dadurch den Kindern Struktur und Orientierung bieten. Denn das erleichtert den Kindern die Identitätssuche.

In früheren gesellschaftlichen Epochen, meint der Sozialpsychologe *Heiner Keupp*, sei die pubertäre Lebensbewältigung leichter gewesen, weil ein bereits vorgefertigtes Identitätspaket von den Eltern, wenn nicht sogar Großeltern übernommen werden konnte. Heute ist die Fähigkeit, von sich aus aktiv und tätig zu werden, sich in seiner Lebenswelt einzubetten und sich arbeits- und freizeitmäßig selbst zu organisieren, wesentlich wichtiger geworden. Aber genau dazu brauchen Jugendliche Orte und Räume, in denen man diese Prozesse ganz einfach lernen kann: *„Wie geht das eigentlich? Und wann stimmt das für mich? Das passt zu mir, da kann ich authentisch sein."* Außerdem braucht jeder junge Mensch einen Rahmen, in dem er – so wie er ist – anerkannt und akzeptiert wird. *„Wer aktiv einsteigt, beginnt gestaltend in die Welt einzugreifen"* (*Keupp* 2004).

Kinder brauchen auf ihrem Weg zum Erwachsenwerden Erwachsene, aber auch diese brauchen die junge Generation. Dieser überaus wichtige Zusammenhang soll noch durch Originalzitate beider Gruppen verdeutlicht werden.

Wozu braucht man in der Pubertät Erwachsene?

Diese Frage wurde 32 Jugendlichen zwischen 14 und 18 Jahren gestellt.
Die Antworten:

- Als Stütze
- Als verständnisvolle Zuhörer
- Um einen zu bestätigen
- Damit sie einem die Welt wirklich erklären
- Als Menschen, die einem bereitwillig und von sich aus Freiheiten eingestehen
- Als Kumpel, mit denen man gescheit reden kann
- Bei Liebeskummer
- Für Aufklärungsgespräche
- Zur Taschengelderhöhung
- Für Tipps bezüglich Klamotten und Schule
- Zur Unterstützung bei allgemeinem Kummer
- Um Sicherheit zu geben, immer Unterstützung zu bekommen
- Um BH und Make up einzukaufen
- Um Sicherheit zu geben, dass immer jemand da ist, der einen mag
- In schwierigen Situationen, z.B. wenn man mit Freund oder Freundin Streit hat
- Zur Rückendeckung
- Als jemanden, der einen ernst nimmt und merkt, dass man nun selbst erwachsen wird und ernst genommen werden möchte
- Nicht um zu zeigen, dass man alles noch nicht weiß, noch nicht kann und wie wenig Erfahrung man hat und wie viel Erfahrungsvorsprung die Erwachsenen haben
- Als jemanden, den man respektiert und von dem man respektiert wird
- Als jemanden, der einem ein lebendiges Vorbild dafür ist, dass es sich lohnt, erwachsen zu werden
- Als jemanden, der einem schrittweise immer mehr Verantwortung übergibt
- Als jemanden, der Intimitätsräume akzeptiert und nicht überschreitet
- Als jemanden, der Freiräume bietet
- Als jemanden, der in das „Wissen" der Erwachsenenwelt einweist

- Als jemanden, der lockt, erwachsen und zu werden und nicht Angst davor macht, erwachsen zu werden und dabei etwas zu verlieren oder wenig bis gar nichts dazu zu gewinnen
- Zur Stabilisierung
- Zur Unterstützung
- Als Hilfestellung bei Problemen
- Als Gesprächspartner nach dem Motto *„Wie war das bei dir früher?"*
- Als Kritiker, der einem auch mal die Meinung sagt
- Um einen merken zu lassen, dass in der Pubertät wirklich etwas passiert und man nicht das Gefühl hat, sie fände gar nicht statt
- Um auch spaßorientierte Phasen zu haben, in denen man kurzweiliges Vergnügen sucht und oft wenig überlegen möchte
- Zum Ausgleich – z. B. Väter, weil sie standhaft bleiben angesichts der eigentlich gut gemeinten aber überdosierten Übermutterung der Mütter
- Vor allem Väter, weil die mehr fordern als füttern
- Wegen der finanziellen Sicherheit
- Weil sie akzeptieren, dass man in dieser Zeit seine Probleme lieber für sich behalten möchte und sich vielleicht gar nicht helfen lassen möchte, sie aber trotzdem merken, was mit ihrem Kind los ist
- Vielleicht weil jeder eine Therapeutin, eine Ärztin braucht
- Nicht dazu, dass jemand meint, über mich besser Bescheid zu wissen als ich, besser zu wissen, wie es mir geht und was gut für mich ist.

WARUM IST ES EIN GLÜCK, JUGENDLICHE UM SICH ZU HABEN?

Dazu wurden 172 Pädagogen und Pädagoginnen während 8 Veranstaltungen in Deutschland (5), Österreich (1) und Italien (2) befragt. Vom Sinn her gleich lautende Aussagen wurden zusammengefasst:
- An ihnen kann man die Zukunft sehen
- Sie lassen an die eigene Vergangenheit denken und vergleichen
- Durch sie kann man erleben, wie man verzweifelt danniederliegt und wieder aufsteht
- Durch sie wird man mit den Fragen *„Warum?"* und *„Warum nicht?"* konfrontiert

- Wegen ihnen geht man sorgfältiger und bewusster mit der Zukunft um
- Mit ihnen lotet man seine Risikoeinschätzung neu aus
- Man entdeckt durch sie etwas wieder, was lange vergessen und vorbei schien
- Um zu sehen, dass es sich mitunter lohnt, sein Urteil zu revidieren
- Weil man sieht, dass Neues spannend sein kann
- Weil man merkt, dass man sich doch noch für Neues interessiert
- Sie stellen die wichtige Frage: *„Muss dein Weg auch mein Weg sein?"*
- Sie bringen den Erwachsenen zum Nachdenken: *„Habe eigentlich nur ich mit dieser Zeit Probleme oder der Jugendliche auch?"*
- Weil sie mich anregen nachzudenken: *„Bremse ich immer aus Angst, oder ermögliche ich Neues?"*
- Die Auseinandersetzung mit Jugendlichen stellt die Erwachsenen immer wieder vor die Frage: *„Was ist eigentlich doch möglich, was ist wirklich nicht möglich?"*
- Sie bringen zum Nachdenken: *„Zeige ich immer nur Probleme auf, oder zeige ich auch Lösungen?"*
- Sie nehmen nicht alles als gegeben hin
- *„So ist es eben, basta!"* gibt es bei ihnen nicht
- Sie lassen mich bewusst werden, wo ich Scheuklappen habe und Denkängste
- Sie verlangen von mir genaueres Nachdenken
- Sie zeigen einem, wie man hungrig bleibt und nicht sofort satt wird
- Sie signalisieren mir, wann und wo ich übergriffig bin
- Sie bringen einen dazu, dass man über Sätze nachdenkt, die man sich selbst mal anhören musste: *„Dich hat der Esel aus der Wand geschlagen", „Dich haben die Zigeuner im Galopp verloren", „Dich hat der Teufel beim Plündern verloren"*
- Sie wollen, dass ich meine Intelligenz wieder benutze
- Sie zwingen mich, in Kommunikation und Vorgehen überlegt zu sein
- Ihr Verhalten regt mich an, mal wieder über die Zeit nachzudenken: Was heißt Zeit sinnvoll nutzen? Was heißt Zeit vertreiben, Zeit totschlagen – und was ist wirklich verlorene Zeit?
- Von ihnen lerne ich, was Ausspannen bedeutet
- Von ihnen lerne ich, die Freude am Leben spüren
- Von ihnen lerne ich, wirklich Neues vor Augen zu haben

- Von ihnen lerne ich, in Richtungen zu denken, in die man selbst nie gedacht hat
- Durch sie lasse ich mich anstecken, öfter nochmals nachzudenken und um- zudenken
- Sie zeigen, dass man auch unbeschwert sein kann
- Sie kämpfen für ihre Ideen
- Sie regen an, eingefahrene Spuren zu verlassen und nach neuen Wegen zu suchen
- Ihre Nähe tut gut, weil sie jeden Tag was Neues bieten
- Man kann von ihnen viel lernen
- Man kann mit ihnen Spaß haben
- Weil sie „Tod dem Trott" leben
- Weil sie so leistungsfähig sind
- Weil sie sich von der Welt anfressen lassen
- Weil sie nicht alles als gegeben hinnehmen
- Weil sie die Welt auf den Kopf stellen
- Weil sie Lehrern einen spannenden Arbeitsplatz bieten
- Weil sie Festrituale kreieren
- Weil sie so viele Begabungen haben
- Weil sie so kreativ sind
- Weil sie Neues denken, keinen Stillstand erleben
- Weil sie spontan sein können
- Weil dank ihrer das Leben spannend bleibt
- Weil sie vielleicht Europa Initiationsrituale zurückgeben werden
- Weil bei ihnen alles noch möglich ist
- Weil mit Jugendlichen leben und arbeiten Kreativität pur ist
- Weil sie noch so fröhlich unbeschwert lachen können
- Weil sie mich zur Inventur meiner Vorstellungen zwingen

Aus Sicht der Jugend: Ein persönlicher Blick zurück

1. Anmerkung zu diesem Kapitel

Unwissenheit ist schlecht. Das ist ganz klar. Sie wird besonders brisant, wenn sich ein Erwachsener gerade in einer erklärenden oder tadelnden Situation befindet und mit seiner Argumentation falsch liegt. Viel zu viele Erwachsene denken dann, ihre Position werde dadurch untergraben, dass sie zugeben, etwas nicht zu wissen oder nicht richtig verstanden zu haben. Doch genau das Gegenteil ist der Fall. Ich fand es als Jugendlicher immer ganz toll, wenn Erwachsene offen gesagt haben, dass sie etwas nicht wissen – ohne das irgendwie als Schwäche zu empfinden. Damit haben mir die Erwachsenen die Möglichkeit zum Widerspruch gegeben und die Chance, ihnen etwas zu erklären, worüber ich mehr wusste als sie. Das ist Vorbereitung auf das „echte" Erwachsenenleben, in dem es nichts Positives ist, alles als gegeben hinzunehmen. Niemand hebt sich aus der Masse hervor und kann etwas verändern, wenn er ohne Hinterfragen alles glaubt und hinnimmt, was ihm vermittelt wird.
Erwachsene, die ihre Fehler offen eingestanden haben, hatten bei meinen Freunden und mir ein viel höheres Ansehen, weil wir ihre Stärke – auch in schwachen Momenten – spürten und außerdem wahrnahmen, dass sie uns Jugendliche nicht als kleine dumme, leicht zu Recht zu biegende Kinder behandelten, sondern als gleichwertige Gesprächspartner. Hier geht es auch um einen gegenseitigen Vorschuss an Vertrauen.

2. Anmerkung zu diesem Kapitel

Warum will man Jugendliche so lange wie möglich nicht wie Erwachsene behandeln? Warum will man als Erwachsener bis Ende 30 und länger noch jugendlich wirken? Und warum haben genau diese Fragen etwas Entscheidendes gemeinsam?

Erwachsen sein bedeutet Ernsthaftigkeit, Nüchternheit, Weisheit und Bodenständigkeit. Dieses Bild wird seit Jahrhunderten propagiert und auch öffentlich gelebt. Doch wird hier etwas Wichtiges vergessen: Ein solcher Lebensstil ist auch für Erwachsene unsagbar langweilig. Erwachsene wollen auch albern, unvernünftig und leidenschaftlich sein und etwas riskieren. Im heutigen Westeuropa setzen weder Hungersnöte, noch Kriege oder dogmatische Religionen dem Leben des Einzelnen Grenzen. Eigentlich hat man jetzt als Erwachsener die Zeit und die Chance, manchmal noch Kind sein zu dürfen – und das bis ins hohe Alter. Man kann heute als Erwachsener als Ritter verkleidet durch den Wald rennen und es Rollenspiel nennen, in wunderbaren Landschaften kleine Bällchen über weite Strecken in Löcher schleudern, mit Überschallautos durch die Salzwüste rasen, ..., ohne dass man gesellschaftlich geächtet wird. Man kann auf kleinen, albern aussehenden Metallrollern zur Arbeit „cruisen" und in der Mittagspause zur Entspannung Jojo spielen oder Schattenboxen. Denn fast jeder Erwachsene möchte eigentlich nie ganz erwachsen werden.

Aber warum dürfen dann Jugendliche so lange nicht „richtig" erwachsen werden? Vielleicht auch, weil viele Erwachsene Angst davor haben, dass ihre Kinder die Balance zwischen Erwachsenen-Freizeit und Erwachsenen-Arbeitswelt nicht genügend halten können. Oder dass sie zu weit hinter die Kulissen schauen können, um festzustellen, dass Erwachsene mehr mit ihnen gemein haben, als sie es sich je eingestehen würden. Wie soll man seinen Sohn überzeugen, dass er zuviel Computer spielt, wenn er erfährt, dass Papa genauso gern mal den Alltag vergisst und in eine virtuelle Welt eintaucht? Wie soll man Tochter oder Sohn davon überzeugen, mehr für die Schule zu machen und weniger Quatsch mit den Freunden, wenn Mama auch gern mit ihren Freundinnen Quatsch macht? Ganz einfach: Ehrlich sein zu seinem Kind und ihm erklären, dass auch Erwachsene oft noch gern Kind sind. Vielleicht kann man ja auch eine „kindliche" und aus Erwachsenen-Sicht völlig „sinnlose" Aktivität mit seinem Kind zusammen machen. Ich kann aus eigener Erfahrung sagen, dass wenn man mit einem Erwachsenen zusammen zu lauter Musik wild „Luftgitarre" spielt oder gemeinsam einen verregneten Sonntag lang nach einem wichtigen Item im Adventure-Spiel sucht, das sich letztendlich als völlig unwesentlich herausstellt, und dabei sieht, dass er hier genauso Kind ist wie man selbst – dann hat man weit mehr Hochachtung und Verständnis für ihn und seine Anliegen. Und vielleicht überlegt man sich dann als Jugendlicher eher, einige der Wünsche der Erwachsenen in die Tat umzusetzen, vielleicht sogar einen Sinn darin zu entdecken.

ZUM GUTEN SCHLUSS

Die Antworten der Erwachsenen und der Jugendlichen in diesem Kapitel zeigen uns deutlich, dass nicht nur die Jugendlichen die Erwachsenen zum Erwachsenwerden brauchen, sondern dass für die Erwachsenen die junge Generation genauso wichtig ist, um mit ihrem Leben in der heutigen Welt zurechtzukommen.

In der oft schwierigen, meist spannenden, aber immer chancenreichen Zeit der Pubertät können Erwachsene und Jugendliche nur voneinander lernen und profitieren. Wenn sie bereit sind, etwas voneinander anzunehmen. Wenn sie immer zuhören. Wenn sie bereit sind, die Gedanken des anderen aufzugreifen und sich ernsthaft damit auseinanderzusetzen. Wenn sie bereit sind, ihren eigenen Standpunkt zu überdenken. Wenn sie Respekt voreinander haben.

Wir – Mutter und Sohn –, die wir das Phänomen „Pubertät" aus der Sicht zweier Generationen und aus der Sicht der Wissenschaft beleuchtet haben, wünschen Ihnen, dass Sie die Pubertät nicht nur als Problem sehen, das bewältigt werden muss – sondern als Chance, den Schritt in ein neues gemeinsames Leben zu tun.

Gabriele Haug-Schnabel   Nikolas Schnabel
(Mutter)   (Sohn)

KAPITEL 8: DAS WICHTIGSTE IN KÜRZE

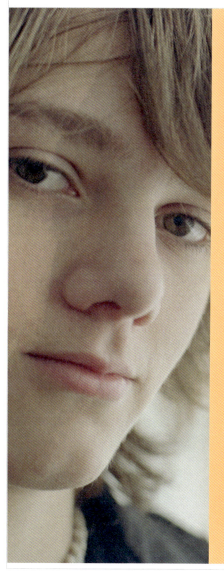

▶ Selbständig werden ist ein Prozess in kleinen Schritten. Wichtig ist das bleibende Interesse am Anderen.

▶ Um die Erwartungen der Erwachsenen zu erfüllen, braucht es keine Verschärfung des Jugendstrafrechts, sondern ein sicherndes Netz für den Start in Beziehungs-, Kommunikations-, Konflikt- und Leistungsfähigkeit.

▶ Jugendliche werden zu lange von der Erwachsenenwelt ferngehalten, obwohl sie die Voraussetzungen für den Einstieg hätten.

▶ Jugendliche wollen keine Konsum-Verwöhnung, sondern bestärkende Anforderungen mit aktiver Teilhabe an Entscheidungen.

▶ Die Erwachsenen brauchen die Heranwachsenden, um zum Nachdenken gebracht zu werden und von der Kreativität der Jungen zu profitieren.

INFO-MAGAZIN

- ▶ Literatur
- ▶ Nützliche Adressen
- ▶ Wichtige Internet-Adressen
- ▶ Stichwort-Verzeichnis

LITERATUR

AG Sozial- und Jugendhilfeplanung der Stadt Siegen (2002) **Siegener Jugendstudie 2002.** Siegen: Stadt Siegen.

Bauer, J. (2005) **Warum ich fühle, was du fühlst.** Intuitive Kommunikation und das Geheimnis der Spiegelneurone. Hamburg: Hoffmann und Campe.

Becker-Stoll, F., Lechner, S., Lehner, K. Pfefferkorn, H., Stiegler, E. & Grossmann, K. E. (2000) **Autonomie und Verbundenheit bei Jugendlichen und jungen Erwachsenen.** Zeitschrift für Soziologie der Erziehung und Sozialisation 20 (4), 345-361.

Bischof, N. (1985) **Das Rätsel Ödipus: Die biologischen Wurzeln des Urkonfliktes von Intimität und Autonomie.** München: Piper.

Bundeszentrale für gesundheitliche Aufklärung (2006) (Hrsg.) **Jugendsexualität.** Repräsentative Wiederholungsbefragung von 14- bis 17-Jährigen und ihren Eltern. Köln: BZgA.

Bundeszentrale für gesundheitliche Aufklärung (2007) (Hrsg.) **Über Sexualität reden.** Köln: BZgA.

Eliot, L. (2001) **Was geht da drinnen vor?** Die Gehirnentwicklung in den ersten fünf Lebensjahren. Berlin: Berlin Verlag.

Epstein, R. (2007) **The case against adolescence: Rediscovering the adult in every teen.** Sanger California: Quill Driver Books.

Epstein, R. (2008) **Der Mythos vom Teenager-Gehirn.** Gehirn & Geist (1-2), 24-29.

Farin, K. (2001) **Generation-kick.de.** Jugendsubkulturen heute. München: Beck.

Fend, H. (1991): **Identitätsentwicklung in der Adoleszenz.** Entwicklungspsychologie der Adoleszenz in der Moderne. Band 2. Bern: Hans Huber.

Fend, H. (1992 Nachdruck): **Vom Kind zum Jugendlichen.** Der Übergang und seine Risiken. Entwicklungspsychologie der Adoleszenz in der Moderne. Band 1. Bern: Hans Huber.

Fend, H. (1994) **Die Entdeckung des Selbst und die Verarbeitung der Pubertät.** Entwicklungspsychologie der Adoleszenz in der Moderne. Band 3. Bern: Hans Huber.

Frick, J. (2003) **Resilienz − Konsequenzen aus der Forschung für die Praxis.** kindergarten heute (9), 7-13.

Frick, J. (2005) **Die Droge Verwöhnung.** Beispiele, Folgen, Alternativen. Bern: Hans Huber.

Fuhrer, U. (2005) **Lehrbuch Erziehungspsychologie.** Bern: Hans Huber.

Gille, M., Sardel-Biermann, S., Gaiser, W., de Rijke, J. (2006) **Jugendliche und junge Erwachsene in Deutschland.** Lebensverhältnisse, Werte und gesellschaftliche Beteiligung 12- bis 29-Jähriger. Schriften des Deutschen Jugendinstituts, Jugendsurvey 3. Wiesbaden: VS-Verlag.

Großegger, B. (2004) **„Nimm dein Leben selbst in die Hand" - Jugend in Österreich.** Der 4. Bericht zur Lage der Jugend in Österreich. Online-Familienhandbuch. Erhältlich über: www.familienhandbuch.de/cmain/f_Fachbeitrag/a_Jugendforschung/s_1521.html

Guggenbühl, A. (2004) **Pubertät echt ätzend.** Gelassen durch die schwierigen Jahre. Freiburg: Herder.

Hassenstein, B. (2004) **Klugheit - Bausteine zur Naturgeschichte unserer geistigen Fähigkeiten.** Berlin: Bucheinband.de.

Haug-Schnabel, G. (1993) **Verunsichernde Zeit der Reife.** Psychologie Heute 20 (8), 36-40.

Haug-Schnabel, G., Schmid-Steinbrunner, B. (2002) **Wie man Kinder von Anfang an stark macht.** So können Sie Ihr Kind erfolgreich schützen - vor der Flucht in Angst, Gewalt und Sucht. Ratingen: Oberstebrink.

Hondrich, K.-O. (2000) **Jugend – eine gesellschaftliche Minderheit.** Diskurs (1), 79-86.

Hrdy, S. B. (2005) **Evolutionary context of human development: The cooperative breeding model.** In C. S. Carter, L. Ahnert, K. E. Grossmann, S. B. Hrdy, M. E. Lamb (Eds.), Attachment and bonding: A new synthesis. Dahlem Workshop No. 92 (pp. 9-32) Cambridge, Massachusetts: M.I.T. Press.

Huber, A. (2003) **Die Lebensweisheit der 15-Jährigen.** Warum unsere Jugend besser ist als ihr Ruf. Kreuzlingen: Hugendubel.

Hurrelmann, K. (1999) **Lebensphase Jugend: Eine Einführung in die sozialwissenschaftliche Jugendforschung.** Weinheim: Juventa.

Hurrelmann, K. (2001) **Warum die junge Generation politisch stärker partizipieren muss.** Aus Politik und Zeitgeschehen 44, 3-7.

Hurrelmann, K., Albert, M. (2002) Jugend 2002. 14. **Shell Jugendstudie. Franfurt am Main: Fischer Taschenbuch Verlag.**

Hüther, G. (2001) **Bedienungsanleitung für ein menschliches Gehirn.** Göttingen: Vandenhoeck & Ruprecht.

Janke, K., Niehus, S. (1996) **Echt abgedreht. Die Jugend der 90er Jahre.** München: Beck.

Kahl, R. (2004) **Treibhäuser der Zukunft. Wie in Deutschland Schulen gelingen. Archiv der Zukunft.** Weinheim: Beltz (3 DVDs).

Keupp, H. (2004) **Von der (Un-)Möglichkeit in der postmodernen Welt erwachsen zu werden.** Eine salutogenetische Perspektive. CD von der Jahrestagung der Milton Erickson Gesellschaft für Klinische Hypnose 18.3.-21.3.04. Müllheim, Auditorium Netzwerk.

Kirkilionis, E. (2008) **Bindung stärkt.** Emotionale Sicherheit für Ihr Kind – der beste Start ins Leben. München: Kösel.

Klausmeier, R.-G. (1999) **Die wunderbare Reise des Nils Holgersson.** Oder: Abschied von der Kindheit. Psyche 53, 634-650.

Klosinski, G. (1991) (Hrsg.): **Pubertätsriten. Äquivalente und Defizite in unserer Gesellschaft.** Bern: Hans Huber.

Krappmann, L. (2001) **Bindungsforschung und Kinder- und Jugendhilfe – Was haben sie einander zu bieten?** Neue Praxis 31 (4), 338-346.

Largo, R. H. (2000) **Kinderjahre.** Die Individualität des Kindes als erzieherische Herausforderung. München: Piper.

Largo, R. H. (2005) **Babyjahre.** Die frühkindliche Entwicklung aus biologischer Sicht. München: Piper.

Liebich, D. (2006) **So klappt's mit dem Familienleben.** Vom Baby bis zur Pubertät: Entwicklungs-Schritte und Erziehungs-Phasen. Ratingen: Oberstebrink.

Liebich, D., Garnett-von der Neyen, S. (2007) **Wie Sie Ihr Kind erfolgreich fördern.** So stärken und entwickeln Sie die Kompetenzen Ihres Kindes. Ratingen: Oberstebrink.

Lindenmeyer, J. (2005) **Lieber schlau als blau.** Weinheim: Beltz.

Mann-Luoma, R., Goldapp, C., Khaschei, M., Lamersm, L., Milinski, B. (2002) **Integrierte Ansätze zu Ernährung, Bewegung und Stressbewältigung.** Gesundheitsförderung von Kindern und Jugendlichen. Bundesgesundheitsblatt - Gesundheitsforschung - Gesundheitsschutz 12, 952-959.

Riedesser, P. (2006) **Die Bedeutung der kindlichen Beziehungsentwicklung im Zeitalter der Globalisierung.** Vortragsmanuskript 12.06.2006, Berlin.

Robert-Koch-Institut (2006) (Hrsg.) **Erste Ergebnisse der KiGGS-Studie zur Gesundheit von Kindern und Jugendlichen in Deutschland.** Zugriff am 25.5.07 unter http://www.kiggs.de/experten/dokumente/kiggs_elternbroschuere.pdf

Schäfer, G. E. (2004) (Hrsg.) **Bildung beginnt mit der Geburt.** Berlin: Cornelsen Scriptor.

Schloß, M. (Hrsg.) (2006) **Wie Geschwister Freunde werden.** So helfen Sie Ihren kleinen Rivalen, sich zu verstehen und zu vertragen. Ratingen: Oberstebrink

Schorb, B., Theunert, H. (2000) (Hrsg.) **„Ein bisschen wählen dürfen ...".** Jugend – Politik – Fernsehen. München: KoPäd Verlag.

Schröder, A. (2003) **Die begrenzte Reichweite der Bindungstheorie für Jugendarbeit und Jugendhilfe.** Neue Praxis 33 (1), 189-198.

Schulte-Markwort, M. (1994) **Gewalt ist geil.** Mit aggressiven Kindern und Jugendlichen umgehen. Reinbek: Thieme.

Schulte-Markwort, M. (1999) **Kraftquelle Familie.** Stern (52), 28-29. (Ergebnisse der Stern-Studie)

Seiffge-Krenke, I., Becker-Stoll, F. (2004) **Bindungsrepräsentation und Coping im Jugend- und jungen Erwachsenenalter.** Kindheit und Entwicklung 13 (4), 235-247.

Seyfarth, K. (2001) **Mitmischen statt Rumhängen.** Warum soziales Engagement Spaß macht und sich lohnt. München: Kösel.

Strauch, B. (2003) **Warum sie so seltsam sind.** Gehirnentwicklung bei Teenagern. Berlin: Berlin Verlag.

Tramitz, C. (2003) **Kindergeheimnisse.** Die verborgenen Welten der Elf- bis Achtzehnjährigen. München: Droemer.

Tschöpe-Scheffler, S. (2003) **Fünf Säulen der Erziehung.** Wege zu einem entwicklungsfördernden Miteinander von Erwachsenen und Kindern. Mainz: Matthias-Grünewald-Verlag.

Viciano, A. (2006) **Zahlen statt Mythen.** Interview mit B.-M. Kurth, Projektleiterin des Bundes-Gesundheitssurveys sowie des Kinder- und Jugendsurveys. Die ZEIT (40), 28.9., 45.

von Hentig, H. (1993) **Die Schule neu denken.** München: Carl Hanser.

Willenbrock, H. (2005) **Warum sie so seltsam sind.** GEO (9), 134-158.

Wißkirchen, H. (2002) **Die heimlichen Erzieher.** Von der Macht der Gleichaltrigen und dem überschätzten Einfluss der Eltern. München: Kösel.

Wunsch, A. (2000) **Die Verwöhnungsfalle.** Für eine Erziehung zu mehr Eigenverantwortung. München: Kösel.

Wunsch, A. (2003) **Abschied von der Spaßpädagogik.** Für einen Kurswechsel in der Erziehung. München: Kösel.

NÜTZLICHE ADRESSEN

Deutschland

Berufsverband der Kinder- und Jugendärzte e.V. (BVKJ)
Mielenforster Str. 2
D-51069 Köln
Tel.: 02 21/68 90 9-0
Fax: 02 21/68 32 04
www.bvkj.de

Bundesarbeitsgemeinschaft Elterninitiativen e.V.
Einsteinstraße 111
D-81675 München
Tel.: 089/47 06-5 03
Fax: 089/41 90 28-38
E-Mail: bage.mitarbeit@t-online.de
www.bage.de

Bundesarbeitsgemeinschaft Familienbildung und Beratung e.V.
Hamburger Str. 137
25337 Elmshorn
Tel.: 0 41 21/43 80 63
Fax: 0 41 21/43 80 64
infos@familienbildung.de

Bundesarbeitsgemeinschaft Kinder- und Jugendschutz e.V.
Mühlendamm 3
D-10178 Berlin
Tel.: 0 30/4 00 40-3 00
Fax: 0 30/4 00 40-3 33
E-Mail: info@bag-jugendschutz.de
www.bag-jugendschutz.de

Bundesgeschäftsstelle des Verbandes berufstätiger Mütter
Postfach 29 04 26
D-50525 Köln
Tel.: 02 21/32 65-79
Fax: 0 12 12/56 78-0 38 41
E-Mail: info@berufstaetige-muetter.de
www.berufstaetige-muetter.de

Bundeskonferenz für Erziehungsberatung (bke)
Fachverband für Erziehungs-, Familien- und Jugendberatung
Herrnstraße 53
D-90763 Fürth
Tel.: 09 11/97 71 40
Auf der Website www.bke.de sind alle deutschen Erziehungsberatungs-stellen abrufbar oder als Broschüre zu bestellen.

Bundesministerium für Familie, Senioren, Frauen und Jugend

D-11018 Berlin

Tel.: 0 30/2 06 55-0

Fax: 0 30/2 06 55-11 45

E-Mail: info@bmfsfjservice.bund.de

www.bmfsfj.de

Bundeszentrale für gesundheitliche Aufklärung (BzgA)

Ostmerheimer Straße 220

D-51109 Köln

Tel.: 02 21/89 92-0

Fax: 02 21/89 92-3 00

E-Mail: poststelle@bzga.de

www.bzga.de

Deutsche Gesellschaft für Ernährung e.V.

Godesberger Allee 18

D-53175 Bonn

Tel.: 02 28/3 77 66 00

www.dge.de

Deutsche Liga für das Kind

Chausseestraße 17

D-10115 Berlin

Tel.: 0 30/28 59 99 70

Unter www.Liga-kind.de finden Eltern eine breite Palette wichtiger Informationen über Kindheit und Entwicklung

Deutscher Kinderschutzbund Bundesverband e.V.

Hinüberstr. 8

D-30175 Hannover

Tel.: 05 11/3 04 85-0

Fax: 05 11/3 04 85-49

Auf der Website www.kinderschutzbund.de kann man über den Menüpunkt „Verbandsdatenbank" direkt auf Beratungssuche gehen.

Mütterzentren-Bundesverband

Müggenkampstr. 30 a

D-20257 Hamburg

Tel.: 0 40/40 17 06 06

Fax: 0 40/4 90 38 26

Notmütterdienst Familien- und Altenhilfe

Sophienstr. 28

D-60487 Frankfurt / Main

Tel.: 0 69/77 90 81 oder 77 66 11

Fax: 0 69/77 90 83

Verband alleinerziehender Mütter und Väter, Bundesverband e.V.

Hasenheide 70

10967 Berlin

Tel.: 0 30/69 59 78 6

Fax: 0 30/69 59 78 77

kontakt@vamv.de

www.vamv.de

Österreich

Schweiz

Mütterberatung – Amt der Salzbur-
ger Landesregierung
Postfach 527
A-5010 Salzburg
Tel.: 06 62/80 42 35 79
Fax: 06 62/80 42 32 02

Verein Mütterhilfe
Beratungsstelle Mütterhilfe
Badenerstr. 18
CH-8004 Zürich
Tel.: 01/2 41 63 43
Fax: 01/2 91 05 12

WICHTIGE INTERNET-ADRESSEN

Jugendtheater:
www.jugendtheater.net
www.theaterverzeichnis.de
www.marienbad.org

Jugend forscht:
www.jugend-forscht.de

Jugendherbergen:
www.jugendherberge.de

Jugendreisen und Jugendfreizeiten:
www.gruppenreisen.de
www.ak-freizeiten.de
www.aventerra.eu
www.jugendwerk24.de
www.fit-jugendreisen.de

Sprachreisen:
www.carpe.de
www.flamenco-sprachreisen.de
www.language-net.de
www.kolumbus-sprachreisen.de
www.ef-deutschland.de

Kreatives:
www.gedichte.com
www.kunstnet.de
www.deviantart.com
www.bjf.info
www.jugend-musiziert.org
www.jugend-debattiert.ghst.de
www.victor-klemperer-wettbewerb.de
www.jugendcreativ.bvr.de
www.jugend-filmt.de

Beratungsstellen:
www.von-mir-aus.de
www.profamilia.de/topic/F_uer_Jugendliche
www.schulpsychologie.de
www.schueler-notruf.de
www.jugendmigrationsdienste.de
www.kinderaerzteimnetz.de
www.bzga.de

Jugend allgemein:
www.jetzt.sueddeutsche.de
www.jugend-bewegt-politik.de
www.jugendkulturen.de
www.culture-on-the-road.de

Öko:
www.greenpeace-jugend.de
www.wwf.de/kinder-jugend
www.bne-portal.de
www.naju.de

Mädchen:
www.maedchen-checken-das.de

Beruf/Politik:
www.jugend-gruendet.de
www.deutsche-kultur-international.de
www.bpb.de

Soziales:
www.jugend-hilft.de
www.schule-ohne-rassismus.org
www.aktioncourage.org

Informationen für Eltern:
www.jugendszenen.com

STICHWORT-VERZEICHNIS

DIE RICHTIGEN ELTERN-RATGEBER FÜR DIE WICHTIGEN JAHRE

ENTWICKLUNG UND ERZIEHUNG

978-3-934333-33-8

978-3-934333-34-5

978-3-934333-35-2

978-3-934333-22-2

GESUNDHEIT

978-3-934333-11-6

978-3-934333-07-9

978-3-934333-28-4

978-3-934333-29-1

978-3-934333-13-0

978-3-934333-14-7

978-3-934333-08-6

978-3-934333-05-5

OBERSTEBRINK
ELTERN-BIBLIOTHEK

KINDERGARTEN UND SCHULE

978-3-934333-19-2

978-3-934333-12-3

978-3-9804493-2-8

978-3-934333-16-1

FAMILIE

978-3-9804493-6-6

978-3-934333-32-1

978-3-934333-26-0

978-3-934333-27-7

978-3-934333-01-7

978-3-934333-06-2

UNSER HAUSARZT
ist der
Kinder- und Jugendarzt

bvkj.

Berufsverband der
Kinder- und Jugendärzte e.V.